汉译世界学术名著丛书

宪法秩序的经济学与伦理学

〔美〕詹姆斯·M.布坎南 著

朱泱 毕洪海 李广乾 译

商务印书馆
创于1897
The Commercial Press

James M. Buchanan
THE ECONOMICS AND THE ETHICS OF CONSTITUTIONAL ORDER

Copyright © by the University of Michigan Press 1991
All rights reserved
本书根据密歇根大学出版社 1991 年版译出

汉译世界学术名著丛书
出 版 说 明

我馆历来重视移译世界各国学术名著。从20世纪50年代起，更致力于翻译出版马克思主义诞生以前的古典学术著作，同时适当介绍当代具有定评的各派代表作品。我们确信只有用人类创造的全部知识财富来丰富自己的头脑，才能够建成现代化的社会主义社会。这些书籍所蕴藏的思想财富和学术价值，为学人所熟悉，毋需赘述。这些译本过去以单行本印行，难见系统，汇编为丛书，才能相得益彰，蔚为大观，既便于研读查考，又利于文化积累。为此，我们从1981年着手分辑刊行，至2016年年底已先后分十五辑印行名著650种。现继续编印第十六辑、十七辑，到2018年年底出版至750种。今后在积累单本著作的基础上仍将陆续以名著版印行。希望海内外读书界、著译界给我们批评、建议，帮助我们把这套丛书出得更好。

商务印书馆编辑部

2018年4月

目 录

前言 …………………………………………………………… 1

第一编　政治经济学和宪法秩序

第一章　宪法政治经济学的范围 ……………………………… 7
第二章　论经济的结构：重新强调古典学派的一些基础 …… 29
第三章　作为宪法秩序的经济 ………………………………… 44
第四章　为复合共和制辩护：对《同意的计算》的
　　　　回顾性解释 ………………………………………… 63
第五章　立宪选择中的利益与理论 …………………………… 72

第二编　达成宪法合意的策略

第六章　市场失灵政治化 ……………………………………… 93
第七章　契约论政治经济学与宪法解释 ……………………… 110
第八章　宪法革命策略序言 …………………………………… 119
第九章　实行经济改革 ………………………………………… 131
第十章　经济学家与交易收益 ………………………………… 145
第十一章　古典自由主义的契约论逻辑 ……………………… 164
第十二章　宪法建设中的领导与顺从 ………………………… 179

第三编　伦理学基础

第十三章　宪法秩序的伦理学……………………………… 199
第十四章　经济上的相互依赖与工作伦理…………………… 206
第十五章　伦理约束的经济起源……………………………… 233
第十六章　戈塞尔的事业……………………………………… 253

第四编　科学、哲学和政治学

第十七章　沙克尔和匹兹堡讲演……………………………… 281
第十八章　规范个人主义的基础……………………………… 287
第十九章　建构主义、认知与价值…………………………… 300
第二十章　组成社会的人类的潜能与限度…………………… 311
作者索引…………………………………………………………… 328
名词索引…………………………………………………………… 332

编辑说明…………………………………………………………… 340

前　　言

本书最初的副标题是说明性的:"获诺贝尔奖之后的政治经济学论文",旨在表明这些分别写出的论文在时间上的相互关联。其实,自1986年10月颁发诺贝尔奖以来至今,我写的所有东西都包括在本书中了。没有收入的是自传性文章(它们最终将放在一起,编成另一本书)、几篇侧重于讨论政策的文章(它们不会有持久的生命力)以及一些应时之作(其中每一篇都源自错误的承诺)。

仅仅写作时间上的邻近,就至少会确保某种程度的统一。在写作这些文章的三年时间里,我很难大幅度地长时间改变我的兴趣。当然,相反的危险在于我的文章可能冗长而重复。这些文章都是为了特定目的而独立撰写的;我希望,它们至少重申了我的中心主题和思想。由此必然有这样一个好处,那就是每篇文章都可以单独阅读。

本书共收录了二十篇文章,其中十八篇是获诺贝尔奖后接受邀请发表的演讲或为各种会议提交的论文。在可能的范围内,只要我的能力和兴趣允许,我在每一篇文章中都尽力满足邀请者的喜好。列出邀请者所在的地点,或许可以多少显示出这些文章牵涉到的地理范围和国际气息:波恩,西德(第一章);匹兹堡,宾夕法尼亚(第二章);卡拉马祖,密歇根(第三章);塔拉哈西,佛罗里达

（第四章）；尼亚加拉湖滨镇，加拿大（第五章）；威滕－黑尔德克，西德（第六章）；芝加哥，伊利诺斯（第七章）；卢加诺，瑞士（第八章）；克赖斯特彻奇，新西兰（第九章）；达拉斯，得克萨斯（第十章）；鲍灵格林，俄亥俄（第十一章和第十五章）；圣克鲁斯，加利福尼亚（第十八章）；阿尔波巴赫，蒂罗尔，奥地利（第十九章）以及名古屋，日本（第二十章）。

其中十四篇文章已经在不同的杂志或书籍中发表过，一些与本书的版本有不同程度的差异。只有第七章在一本广泛发行的专业杂志上发表过。尽管可以很容易地找到这篇文章，但我还是把它收入了本书，因为这是我力图将我的分析方法运用于司法机关提出的宪法解释问题的唯一一篇文章。我在各章的脚注中精确地注明了各篇文章已经发表的版本。在此谨一并感谢有关各方应我的请求允许重印这些材料。

讨论职业道德的第十四章，这三年来我非常感兴趣，对它的关注甚至等同于所有其他文章加在一起。我以前也曾简要地提出和发表过其中的论点，但收入本书的这篇得到了扩展的文章，包含有以前未曾发挥过的分析成分。其分析对新古典经济学中的许多正统观念提出了挑战，从这个意义上说，必须把它看作是不成熟的和富有争议的。我认为这篇文章是本书中最为重要的文章。

其中三篇文章是我与同事维克托·范伯格（Viktor Vanberg）共同撰写的。我感谢他欣然允许我把它们当作本书的第五、六和十二章。

由于大部分文章都是写给学术界普通读者的，因而技术性内容少之又少。当然，若对政治经济学和政治哲学中的问题有一般的了解,则有助于理解本书提出的论点。不过,讨论戴维·戈塞尔(David Gauthier)的那部重要著作的第十六章是个例外,若不熟悉这本著作,很可能会妨碍理解。

我发现,还可以就这些文章从各个方面讨论的古老问题发表更多的看法,我个人觉得这既有趣又有意义。而且我并不认为我对这些问题的论证已接近于枯竭。如果我的精力不衰退的话,在今后的三年中我一定会写出更多的文章,讨论这些问题以及与此密切相关的问题,特别是因为,同其他人一道,我正开始把1989年的那些重大事件的影响吸收进我的心灵。

我的一些同事最先阅读了本书收录的许多文章,并提出了宝贵意见,使我受益匪浅;这里一一列出他们的名字:彼得·伯恩霍尔兹(Peter Bernholz)、杰弗里·布伦南(Geoffrey Brennan)、罗杰·康格尔顿(Roger Congleton)、哈特穆特·克利姆特(Hartmut Kliemt)、戴维·利维(David Levy)、珍妮弗·罗巴克(Jennifer Roback)、罗伯特·托利森(Robert Tollison)、维克托·范伯格、卡伦·沃恩(Karen Vaughn)、理查德·瓦格纳(Richard Wagner)以及杰克·怀斯曼(Jack Wiseman)。而且,如同往常我写书时一样,我的老助手贝蒂·蒂尔曼(Betty Tillman)一直把各项事情安排得井然有序,保证了我顺利写出这些文章。我还应该感谢乔·安·伯吉斯(Jo Ann Bergess)提供的帮助,他能用电子装置神奇地抢救和修改草稿,至今仍令我惊奇不已。

第 一 编

政治经济学和宪法秩序

第一章 宪法政治经济学的范围[*]

理查德·B.麦肯齐（Richard B. Mckenzie）最先使用"宪法经济学"[①]这个术语来界定他1982年在华盛顿组织召开的一次会议的主要论题。麦肯齐偶然将"宪法的"这个形容词添加到政治经济学这门大家熟知的学科之上，恰好提供了合并后的含义，而我正需要用这些含义来辨识和区别一项研究计划，该计划已成为公共选择这门存在了三十年的分支学科的一个不可分割但却是可以区分开来的组成部分。"宪法政治学"使人们注意到了有关该学科的现象，但却未能表明经济学作为一门学科在考察和评价社会秩序基本规则方面的相关性和适用性。我当时借用麦肯齐使用的术语，提议《新帕尔格雷夫经济学词典》(*The New Palgrave*)扩充"宪法经济学"词条，后来又撰写出扩充了的该词条。[②] 有了这样的开

---

[*] 本章是一篇文章的修改版，这篇文章题为"宪法经济学的范围"（"The Domain of Constitutional Economics"），载《宪法政治经济学》（*Constitutional Political Economy*）第1卷（1990年冬季号），第1—18页。

[①] 理查德·B.麦肯齐编：《宪法经济学》（*Constitutional Economics*），列克星敦，马萨诸塞州：列克星敦图书公司，1984年版。

[②] 詹姆斯·M.布坎南："宪法经济学"（"Constitutional Economics"），载《新帕尔格雷夫经济学词典》，约翰·伊特维尔（John Eatwell）、默里·米尔盖特（Murray Milgate）和彼得·纽曼（Peter Newman）编，伦敦：麦克米伦公司，1987年版。

端,实施中的研究计划(该计划很容易转变为更具包容性的"宪法政治经济学")便在 20 世纪 80 年代获得了充分的语义学上的合法性。随后,《宪法政治经济学》杂志也成为制度化的补充。

本章将描述这项仍在不断扩展的研究计划的范围,必须把其边界视为完全临时性的,允许其分析沿着若干现在无法预测到的方向发展。我的第一项工作是,阐明宪法政治经济学这一名称本身的各个组成部分,将它们的这种用法同其他使用方法区别开来。必须指明,"宪法经济学"不同于"非宪法的"、"正统的"或"标准的"经济学。同时还必须指明,宪法"经济学"不同于通常人们所理解的宪法"政治学"。我用第一节和第二节来完成这项工作。我的第二项工作是,将宪法政治经济学置于更具包容性的智识传统之内,或者说确定它在该传统之内的位置,尤其是说明它与古典政治经济学和契约派政治哲学的关系(第三节)。我在第四节指派给自己并试图完成的工作是,揭示赖以建立整个宪法经济学的主要哲学预设以供人们批评,而我将努力捍卫这些哲学预设。第五节介绍了一些争论较大的问题,涉及感知、想象和信念,正如在其他社会研究领域中那样,它们在宪法经济学中也必然发挥作用。应该指出,有人可能认为,这一节中提出的一些论点与个人气质有关,甚至我的一些宪法政治经济学家同事也会这么认为。也正是在这一点上,一些持反对态度的批评者会不无道理地认为,从某种最终的意义上说,整个宪法经济学是规范性的。不过,肯定不应该用这种规范性基础来否认这种完全实证的分析具有的相关性,此种分析立足于该研究计划的核心内容所确定的视角并比较各种可供选择的结构。整个计划要研究各种规则、各种规则的运行方式以及选择各种规则的方式。但是,若不对规则所要描述的游戏作出某种规定,任何这样的努力都可能是毫无意义的。

一 宪法经济学与非宪法经济学

必须对宪法经济学与非宪法或普通经济学作一种范畴上的区分,一种对最终行为分析对象的区分。从某种意义上说,所有经济活动都牵涉到选择,牵涉到不断变化的复杂的制度安排,个人在制度安排之内作出选择。在普通或正统经济学中,分析无论多么简单或多么复杂,注意力都集中于在约束条件之内所作的选择之上,约束条件本身是从外部强加给要作出选择的一个人或一群人的。限定可行选择的约束条件,可以是由自然界、历史、一系列过去的选择、其他人、法律和制度安排甚或习惯和风俗强加的。例如,在基础教科书对需求理论的表述中,单个消费者或购买者面对着以各种价格供应的一系列商品,但却受到预算规模的限制。在所考察的选择时期,这种预算不在消费者或购买者的选择范围之内。实际上,在普通经济学培养出来的思想倾向之下,若认为个人可以有意限定或限制可行的选择,那会被认为是不自然的或怪异的。在这种思想倾向之下,只要考虑到外部决定的约束条件所允许的全部选择,就总是可以使选择者的效用最大化。

正是在这一关键之点上,最为广义的宪法经济学与传统的分析框架分道扬镳了。宪法经济学将分析上的注意力指向约束条件的选择。一旦作了这样的说明,经济学家就会认识到,已确立的学说几乎无助于分析这种选择。对正统经济学家而言,只是稀缺这一基本现实使得选择成为必不可少的事情：没有稀缺，也就无需进行选择。无论从方法论上说还是从描述上说，引入人为创造的稀缺，并把它当作行为分析的对象，都似乎是荒唐的。这种基本的保守主义或许可以解释，为何普通经济学家对所有层面的宪法问题漠不关心、毫无兴趣。

然而，如果我们超越正统经济学模式，即便我们仍然停留在个人行为的层面上，我们也会观察到，个人实际上确实在选择约束条件，至少在某种程度上或一定限度之内是如此。最近几十年，经济学和其他社会科学领域一些富有创新精神的思想家，已开始研究这里讨论的选择过程（埃尔斯特、谢林、谢夫林、特勒）。[3]"自制经济学"已成为一项尽管规模较小但却颇受人尊敬的研究计划，而且在我们这个强调饮食、锻炼、健康和环境的时代，注定会愈来愈重要。无疑，我们必须非常宽容，允许人们从事这种"个人宪法经济学"方面的研究，使其有资格进入经济学领域。

不过，当个人在自己受到保护的私人空间内活动时，他们或许只受为数较少的先决约束条件的限制。当个人面对外部强加的、由历史环境造成的约束条件时，他们基本上会作出理性的选择。如果对复杂多样的约束条件的选择局限于自制经济学，或者反过

---

[3] 乔恩·埃尔斯特（Jon Elster）：《尤利西斯与迷人的女人们》（*Ulysses and the Sirens*），剑桥：剑桥大学出版社，1979年版；托马斯·谢林（Thomas Schelling）："自我主张，或自我管理的艺术"（"Egonomics, or the Art of Self-Management"），载《美国经济评论》（*American Economic Review*）第68卷（1978年5月），第290—294页；理查德·特勒和H. M. 谢夫林（Richard Thaler and H. M. Shefrin）："自制经济理论"（"An Economic Theory of Self-Control"），载《政治经济学杂志》（*Journal of Political Economy*）第89卷（1981年4月），第392—406页。

来说,局限于诱惑经济学,那么描绘宪法经济学的轮廓也就没有什么用处了。

一开始讨论就应该承认,个人即使不完全是也主要是作为"交换"的一部分,才愿意选择限制自己的行为。之所以限制自己的行为,是因为预期这样也会限制其他人的行为,由此而能得到好处。[6]每个人都沿着私人空间的边界并在公认的公共空间的范围之内与其他人相互作用。也就是说,即使个人在其私人空间从不限制自己的行为,也存在着宪法经济学的领地。请注意,若把个人对限制他人和自己行为的一般约束条件的选择,解释为相互交换的一部分,那我们就在迈向正统经济学的领地。如果作这样的解释,参与集体决策以便规定普遍适用的宪法规则的个人,从根本上说,其行为也就与放弃一种想要的商品(例如苹果)以得到另一种想要的商品(例如桔子),没有什么不同了。在后一种情况下,我们可以不违背词语含义地说,这个人情愿限制对苹果的潜在消费以换取消费桔子的更多机会。若这样来表达的话,所需要做的则仅仅是,把对他人行为的限制归类为个人偏好函数中的"善",而把对自己行为的限制归类为"恶"。

从这种过于简单化的、个人主义的视角看,彼此相互关联又相互作用的个人选择相互制约的约束条件,完全类似于普通商品和服务方面的交易,因而也就完全不同于上面简要讨论过的、艰深得多的自制经济学中对自我强加的约束条件的选择。

为什么正统经济学家看起来这么不愿意扩大分析范围,把对宪法经济学至关重要的、自由的、相互交换包括进来?

我可以提出一些相互关联的原因。经济学家以及其他社会科学和其他学术研究领域中的学者,世世代代都毫无困难地暗中把对政治体中某些人的某些行为的限制归类为"善"行。但是,这种归类方法完全不同于假定的个人偏好函数中所包含的主观评价。不受限制的自发行为不是仅仅因为某个人通常不喜欢这样的行为而被归类为"恶"行。一些这样的行为,是根据有关"善"或"真理"的外部准则而被认为是"恶",因而纠正它们被认为是"善"。从萨缪尔森所作的分类的意义上说,运用于人们行为上的"善"和/或"恶",被视为似乎具有内在的公共特性或性质。一种行为不能被某一个人判定为"善",除非他隐含地把这种判断推广至其他人。在这种概念形成的过程中,人们肯定被想象是通过一种类似于科学话语的过程,而对某种最终的行为分类达成一致意见。一致意见不是通过交易过程达成的。在交易过程中,不同的利益必须作出妥协,各方都指望在作出某种牺牲的同时得到某些利益。

从某些方面来说,令人惊奇的是,经济学家在认为可以对行为强加一般化的约束时,竟那么爽快地"跳出了"他们自己的分析框架。他们根据个人利益的计算为这种约束推导出辩护的理由时,几乎没有表现出什么好奇心。相反,经济学家一直是唯心论政治哲学家俯首贴耳的思想俘虏,很容易地就接受了柏拉图和黑格尔思想的变种。与"价值商品"和"价值欲望"这样的术语形成鲜明对照的是,阿马蒂亚·森(Amartya Sen)使用的术语是"爱管闲事偏好"[4],他倾向于使分析返回到直接的利益计算,而脱离商品或行

---

[4] 阿马蒂亚·森:"帕累托式自由主义者的不可能性"("The Impossibility of a Paretian Liberal"),载《政治经济学杂志》第78卷(1970年1/2月),第152—157页。

第一章 宪法政治经济学的范围

为的非个人主义特性。

经济学家认为可以对个人行为强加一般化的约束时,之所以普遍未使用交换背景,其中的第二个相关的原因在于,从方法论上说,最大化范式居于支配地位。在这种范式中,"经济问题"被界定为这样的问题,即:在各种可供选的目的人之间分配稀缺的手段(资源)。手段的稀缺使人们必须进行选择,而当相同的资源单位在被投入资源的所有用途中产生相等的收益时人们想要的东西(效用)便会最大化。在这种基本表述中,重点几乎完全放在了在稀缺约束条件之下作出的选择上,而这种约束条件本身被认为是选择者无法进行选择的。在这种心不在焉的解释中,经济学家几乎或完全未注意到选择单位的识别问题,因而也就不自觉地把分析从个人选择转换成了"社会"或"集体"选择,并隐含地假定集体选择的方式类似于个人选择的方式。

罗宾斯之后半个世纪的最初几十年,总量和宏观经济理论和政策的出现,支持了上述从个人选择向超个人选择的转变,并间接地为其作了辩护。总量(国民产值、增长率、就业水平)目标层面被认为在客观上是"好的",可以充当集体(政府)作选择的指向牌,只受自然稀缺和技术限度的约束。通过在某种程度上隐含地扩展个人选择行为的模式,只让其受外部力量的约束,政府逐渐被浪漫地认为能够成就经济学家和其他社会哲学家所规定的"善"。微观经济学家长期以来随时准备向政府提出政策建议,告诉它们如何提高总体的经济效率。

经济学家之所以普遍未能运用其分析工具来说明制度—宪法结构的起源,其中的第三个原因是,他们认为,结构约束本身是不能够有意识地加以选择和改变的。经济学家并未忘记通过改变制度规则可以影响人类行为的模式。尤其是产权经济学⑤开辟了一个研究领域,该领域直接探究各种可供选择的结构产生的效应。然而,总地说来,产权经济学的研究重点是现有的安排,而不是比较分析可以设计和实施的结构。

宪法经济学在上述各个方面都不同于非宪法或正统经济学。其分析在相关的各种意义上都是个人主义的。对制度性约束的溯源,依据的是个人利益的计算,这反过来要求引入和使用交换范式,而不是唯心论者对唯一"善"的追求。而且,没有将这种基于个人利益计算的选择从个人扩展至集体。集体"选择"被分解为各个成员的参与行为。最后,重点直接集中在规则或制度的选择上,规则或制度反过来将限制人们的行为。广义的制度是常常被人们慎重地评价和明确地选择的变量。⑥

如前所述,在一个极端,宪法分析可以运用于完全孤立的、在私人空间单独行动的个人。在另一个极端,宪法分析可以运用于构成政治组织的整个人群。这个研究重点是大家最为熟悉的,因为宪法这个词往往表达的是政治含义。实际上,对政府约束的溯源也的确花费了我们很大的精力。但是,宪法经济学的整个研究领域,还包括分析研究在各式各样的人群中约束个人和集体行为的规则,并为其溯源和作辩护,这些人群大于一个单位的限度,但

---

⑤ 阿门·阿尔奇安(Armen Alchian):《起作用的经济力量》(*Economic Forces at Work*),印第安纳波利斯:自由出版社,1977年版。

⑥ 詹姆斯·M.布坎南和戈登·塔洛克(Gordon Tullock):《同意的计算:立宪民主的逻辑基础》(*The Calculus of Consent: Logical Foundations of Constitutional Democracy*),安阿伯:密歇根大学出版社,1962年版。

却小于整个国家。俱乐部、工会、公司、政党、大学、协会等等，都在可以作科学探索的章程之下存在着和运行着。

二 宪法"经济学"与宪法"政治学"

在第一节，我试图区分宪法经济学与非宪法经济学。在第二节，我打算区分宪法"经济学"与人们通常广泛理解的宪法政治学。如前所述，宪法研究与分析大都把注意力放在有组织的政治集体的层面上，从这种意义上说，它们具有政治性。然而，我们要强调的区别是视角的区别，而不直接涉及组织的形式或活动的种类。如果用交换范式而不是最大化范式来说明该学科的整个研究计划，那么"经济学"便会使人们研究人类相互作用的合作性安排，范围可以从最为简单的两个人、两种商品的交易过程扩展至跨国组织的最为复杂的、准宪法性的安排。正如第一节所指出的，正统经济学很少扩展至前述非商业活动或政治活动本身，但交换视角却使人们能很容易地迈出这一步。

然而，必须从范畴上把合作视角同与此形成鲜明对照的冲突视角区别开来，冲突视角一直几乎自然而然地被运用于所有政治上的相互作用，不管它们是不是可以归类为宪法性的相互作用。这里应该较为仔细地考察一下合作视角与冲突视角之间的差别。政治活动这个词往往使人想象出政治共同体成员之间发生冲突的情景。这种冲突可以解释为类似于科学争论，在这种争论中，各个参与者或集团都力图说服对方相信自己提出的观点是"真理"。政治哲学中这种古老的唯心论传统，就是这样想象所有政治活动的，如前所述，居于支配地位的这种政治活动模式往往阻碍了经济学家把交换或合作范式扩展至政治领域。但是，即便摈弃这种目的论的解释，政治活动从其本质上说似乎仍涉及政治组织内个人之间和集团之间的冲突。

从被制度所决定的集体决策的特征来看，这些特征（它们决定了选择对象的彼此排他性，例如，只有一个候选人能够当选）意味着，全体成员最终必然被划分为"赢家"和"输家"这样两部分。这种视角几乎直接告诉人们，政治活动即便不完全是也主要是一种分配游戏或事业，在其过程之中必然会在人们组成的不同联盟之间转移价值（效用）。

请注意，分配因素在冲突型政治活动模式中居于支配地位，并不一定意味着游戏是零和，尽管这种极限情况对于某些分析目的来说是有用的。冲突型政治活动可以是正和、零和或负和，因为赢和输的总数从某种角度说可以超过参与者（成员）的总人数。只要作出集体决策的规则不要求全体一致同意，这似乎便是分析政治活动的自然模式。如果允许不论是简单多数还是法定多数作出决策，并把自己的意志强加给少数派，那么，所观察到的少数派对多数派所作的决策的反抗，就可以认为是表明，少数派成员预期会遭受效用损失，至少从失去机会的意义上说是如此。在这种冲突型政治活动模式（它似乎描绘了普通的政治活动）中，似乎没有直接的办法引入合作型解释。社会互动中合作的一个必要条件是，所有各方都可能赢，或者用博弈论的术语来说，可能没有净输家。乍一看，这一条件似乎与整个政治事业是格格不入的。

然而，正是在这一点上，宪法政治学，或者说各种基本规则或

第一章　宪法政治经济学的范围

约束之间宪法层面的选择的政治学,拯救了合作模式,至少从某种潜在的解释和规范意义上说是如此。普通政治活动在实际运行时以及当我们观察它的运行时,可能依然是冲突性的,但参与为普通政治活动规定规则的全面政治游戏,却可能向政治组织的所有成员展现具有正面价值的前景。换言之,宪法政治学有助于合作型分析框架下的考察,而普通政治学有助于冲突型互动模式下的分析。

毫无疑问,有可能就宪法规则达成普遍同意,该宪法规则使人们无需普遍同意就可以作出普通的集体决策,这一点已从经验上被几乎所有的组织所证明。分析性的科学探索,需要对照比较各种可供选择的规则的工作特性,需要考察就规则达成一致意见的过程,这些便是宪法政治学关注的主要事情。我们使用"宪法经济学"或"宪法政治经济学"这一术语,而不使用在某种程度上更为精确的"宪法政治学"这一术语,原因在于"经济学"与"合作"之间具有科学传统上的联系,同时也因为相对于冲突范式而言,交换范式更为合适。

三　宪法政治经济学的知识传统

在第二节和第三节,我试图使宪法政治经济学的研究计划,脱离经济学和政治学这两门相互关联且涉及面较广的学科正在实施的研究计划。不过,如果根据我的讨论而推论说,这项研究计划已经羽翼丰满,似乎与任何知识探索传统都毫无关系了,那就大错而特错了。如前所述,宪法经济学就其现代变种而言,的确是在20

世纪下半叶才发展起来的。但是,其基础既不是一项新的科学发现(至少就通常所界定的新科学发现而言是这样),也不是一套新的分析工具。最好是把宪法经济学解释为早期知识传统的基本成分的再强调、修正或重新发现,这些知识传统在社会科学和社会哲学中被搁置一边,被忽视,有时被遗忘了。

我所说的这些传统,指的是古典政治经济学和契约论政治哲学的传统。简要讨论一下这些传统是有用处的。

古典政治经济学,尤其是亚当·斯密的著作表述的古典政治经济学,[⑦]旨在解释和理解一国经济(一组市场)在没有严格的政治干预和控制的情况下会如何运行。斯密的目的是要证明,国家的财富在最小政治化的体制之下,会比在受到严密控制的重商主义体制下多。其主要论点是:可以预期,经济体制中的所有集团,尤其是劳动阶级,都会分享到体制转换可能带来的利益。他把重点放在了将预期收益一般化上,使其遍及所有的人和阶级。因此,斯密提议由非政治化带来的这种结构或基本规则的改变,是在所有各方可能同意的可行范围之内进行的。也还是特别在亚当·斯密那里,规范的焦点显然并不在分配方面。只是在马克思扩展了李嘉图的抽象分析之后,阶级之间的冲突才引起了古典学派的注意。

还应该认识到,斯密强调的并不是现代经济学家所说的资源配置。他的分析并非旨在说明,经济资源在市场条件下要比在政治化的体制下,能更有效率地配置到价值更高的用途上,这里的所

---

⑦ 亚当·斯密(Adam Smith):《国富论》(The Wealth of Nations),纽约:蓝登书屋,1937年版。

谓价值是用某种外在的客观价值标准衡量的。相反,他力图说明,市场秩序会把资源配置得能更充分地满足个人的评价(偏好),而不管这些评价是什么。斯密采用其常用的、屠户的例子告诉我们,只要消费者想得到肉,市场上的利己主义就会起作用从而为晚餐供应肉。这里并没有这样的意思,即:市场上的利己主义起到供应肉的作用,是因为肉从专家所界定的营养的意义上说是有价值的。

所以,若作这样的解释,亚当·斯密的学说正好可以划归宪法政治经济学的范围。从严格的实证意义上说,他的分析既描述了现有体制是如何运行的,也描述了另一种替代性的体制将如何运行。既然这一替代性体制似乎会给所有各方带来更多的财富,实证分析向规范分析扩展也就非常容易了。在这种扩展中,集体所必须关注的对象,必然是人们以消费者(买者)以及生产者(卖者)的身份行事而需要遵守的那些规则和约束。因而确立经济和政治秩序的"法律和制度",也就变为可以经常调整和改变的变量。

在上面几段文字中,我从古典政治经济学传统中挑选出的那些要素,似乎为宪法政治经济学的现代研究计划提供了初步基础。然而,如果我未能指出古典经济学中有大量含糊不清和混乱的地方,我的论述肯定会受到指责,说它带有偏见。用古典功利主义对古典经济学所作的解释,会完全不同于我的解释;这另一种解释会强调该传统中完全不同的成分。古典经济学家并未明确否定效用在个人之间的可比较性和可度量性,而且在他们的一些优秀著作中,可以认为这些是他们赖以进行分析的基础。在这种情况下,整个古典政治经济学就成了经济学中最大化范式的先驱,而不是交换范式的先驱,既具有配置含义,也具有分配含义,因而从个人选择层面转向集体选择层面的途径也就完全不同了。在功利主义的架构中,规则之间的选择和规则之内的选择这两者的截然不同,几乎会消失。

只有当亚当·斯密学说中的要素被嵌入契约论政治哲学传统之内的时候,这些要素才会直接成为宪法经济学的先驱。契约论政治哲学传统是在古典功利主义之前发展起来的,该传统完全不同于古典功利主义,并与其展开了竞争。自17世纪以来,从阿尔色修斯、霍布斯、斯宾诺莎,尤其是洛克[⑧]的著作问世起,人们一直试图把为国家强制辩护的理由建立在那些被强制的个人一致同意的基础之上。这种知识传统通过摆脱社群主义的窠臼,虚构出了独立自主的个人。由于认为个人有能力作出独立的理性选择,由此经济"科学"和政治"科学"便得以问世,它们为国家的出现和存在提供了合法化解释。个人在明确或隐含地同意被国家统治时,用自己的自由同其他人作了交换,其他人也同样放弃了自由,为的是换取以个人行为受到限制为特征的体制提供的利益。

契约论的逻辑并未详细说明一致同意的强制性权威的范围。早期的契约论者,特别是霍布斯不理解市场秩序的功效,因为市场秩序可以在保护性国家或最小国家的庇护下运行。在18世纪人

[⑧] J. 阿尔色修斯(J. Althusius):《政治学方法论汇编》(*Politica Methodice Digesta*)(1603年),C. J. 弗里德里克(C. J. Friedrich)编(剑桥,马萨诸塞州:哈佛大学出版社,1932年版);托马斯·霍布斯(Thomas Hobbes):《利维坦》(*Leviathan*)(伦敦:人人丛书,1943年版);约翰·洛克(John Locke):《政府论第二篇》(*Second Treatise of Civil Government*)(芝加哥:盖特维出版公司,1955年版);B. 斯宾诺莎(B. Spinoza):《政治论》(*A Treatise in Politics*),威廉·麦考尔(William McCall)译(伦敦:霍利奥克出版公司,1854年版)。

们才理解了这一点,并在亚当·斯密的著作中得到了充分的阐明。古典政治经济学由于附着在契约论的思想基础之上,得以发展出一种建立在科学基础之上的分析,旨在比较各种政治－法律秩序的结构,这种分析可以引入和运用个人理性选择行为原则,而无需求助于超个人主义的准则。功利主义也同样拒绝接受所有超个人的准则,而将所有准则建立在快乐和痛苦的计算之上。不过,这种边沁主义的介入在力图把所有人的效用相加起来的时候,制造了含混不清。就这样,契约论得自于概念性一致同意的辩护理由便被模糊了,从而为非先验的功利主义取代个人主义准则开辟了道路。古典政治经济学的发展本应完全依赖的契约论哲学基础,被破坏和忽视几达两个世纪之久(至少部分是如此),只是在宪法经济学的研究计划中才得以被重新发现。

四 核心内容及其批评者

在整个这一章,我都把宪法经济学或宪法政治经济学称作研究计划,因而有意采用了拉卡托斯(Lakatosian)的分类方法。在这一方案中,研究计划的核心内容中存在着这样一些要素,这些要素很少受到那些在该计划规定的知识传统之内工作的学者的挑战。这些主要要素被当作预设,被当作不容置疑的绝对事物,因而它们本身就成为进行讨论的约束条件。对整个研究计划的挑战,往往直指研究计划核心内容中的这些要素。当然,在这些约束条件之内正在进行的研究可以继续进行下去,不理睬这些外部的批评,但研究者必须意识到,核心内容限制了内在分析活动可能具有的说服力。

就宪法经济学而言，其基本立场可以概括为方法论个人主义。除非那些科学对话的参与者作为个人愿意将分析活动置于个人选择的计算之中，否则他们就不在一个起点上。在这项研究计划中，独立自主的个人是着手进行严肃认真的探讨的必要条件。不过，作为一规定性特征，个人的独立自主并不意味着个人在进行选择和活动时，他或她是脱离与其具有千丝万缕联系的社群和其他人孤立地存在着。由个人组成的任何形式的社群或团体，都会在某种程度上共享价值某些观念，进一步说，任何个人价值观念的形成，都会受到那些在社群中与其有着千丝万缕联系的人的价值观念的影响。社群主义对方法论个人主义的挑战必须超越这样的说法，即：个人由于存在于社群之中而相互影响。这种挑战必须采取更为强有力的说法，即：个体化，亦即将个人与社群分开，从概念上说是不可能的，因此，认为在一个紧密结合的整体中个人利益之间有可能互不关联，是毫无意义的。作了这样的说明，便可以清楚地看出，方法论个人主义作为研究问题的预设，几乎是经济学和政治学中所有研究计划的特征；宪法经济学在这方面并未背离其更具包容性的学科基础。

社群主义的批评并非常常表现得这么露骨。特别是对宪法经济学来说，这种批评未对个人主义的假设提出挑战，而只是或明或暗地宣称存在着某种超个人主义的评价源泉。个人的评价被源自于上帝、自然法、健全理性或国家的评价所取代。这种比较难于捉摸的立场拒绝接受方法论个人主义，所依据的不是这样的论点，即个体化是不可能的，也不是这样的论点，即个人评价在一个社群之内不会有什么不同;而是这样的论点,即:从个人评价推导出集体行为,从规范角度来说是不合适的。对于认为存在着某种超个人主义的价值尺度的社群主义者来说,建立在个人主义计算基础之上的全部分析,只有当作控制和操纵系统的输入信息才是有用的,这种控制和操纵系统旨在使个人化的偏好与社会主导准则决定的偏好次序相吻合。

方法论个人主义是宪法经济学核心内容的一个组成部分,与此相伴随的是理性选择假设,该假设是经济学的所有研究计划共同具有的。不仅假设存在着独立自主的个人,而且还假设这个人能有条不紊地对可供选择的对象进行选择,从而可以认为所观察到的行为合乎理性。就宪法经济学而言,理性选择的能力得到了扩展,还包括了选择约束条件的能力,这些约束既适用于个人,也适用于集体,个人和集体在这些约束之内可以作进一步的选择。

合乎理性意味着,可以对选择进行分析,似乎可供选择的对象有一定的顺序,这种顺序是按照某种"喜好"等级表排列的。我们可以用但并非一定要用"效用"这个术语来指称导致个人要进行次序排列的东西。在分析层面上,这种等级排列不一定与可以由某个局外观察者客观地加以度量的选择对象的排列相一致。然而,若要检验个人的选择是否具有理性,确实至少需要把可供选择的对象分成"善"与"恶"两大类。合乎理性的主要规律仅仅是:个人选择较多的而不是较少的"善",选择较少的而不是较多的"恶"。合乎理性并不要求根据个人的经济利益进行选择,因为经济利益可以由某个局外的行为观察者度量。

个人主义假设允许个人相互之间的利益或偏好不同。理性假设也并不超越上述分类步骤限制个人利益。经济人,亦即经验经济学模式中的个人,可以是但并不一定就是宪法政治经济学中要分析其选择计算的个人。不过,个人在选择各种宪法约束时,需要对除自己以外的其他人的行为作出某种预测。在这种情况下,就很有理由认为,某种类似于经济人行为假设的东西是恰当的。[9]

上面我简要讨论了宪法经济学研究计划的个人主义预设和理性预设。这些成分是没有争议的,无论是宪法经济学家还是宪法经济学的批评者,都会把它们视为核心内容的组成部分。不过,一个不那么明显的、但同样极其重要的要素,是要把个人主义假设和理性假设推广至政治社会中的所有人。必须假设所有的个人都能根据自己独立的价值尺度,对可供选择的对象作出理性的选择。而且,这种推广不允许在非平等加权(equal weighting)的基础上,根据个人评价推导出集体行为,不论这种集体行为是不是对约束条件进行选择。引入某种加权方法,以此将社会中某些人的评价看得比其他人的评价重要,这就需要借助于某种超个人主义的源泉,而坚持个人主义假设当然就不能有这种超个人主义的源泉。从这种意义上说,整个宪法经济学研究计划依靠的正好是民主基础。

确定了宪法经济学研究计划核心内容的要素,同时也就确定了其薄弱之处。如前所述,批评者如果诉诸于超个人的价值源泉,便不能参与正在进行的对话,怀疑者如果拒绝把理性选择模式运用于作为独立自主的行为者的个人的行为,也不能参与这种对话。

---

[9] 杰弗里·布伦南和詹姆斯·M.布坎南:《规则的理性》(*The Reason of Rules*),剑桥:剑桥大学出版社,1985年版。

该计划发展至此,还有一薄弱之处,那就是它未能确定什么样的人有资格成为适用于这两个假设的社群的成员。什么样的人可以算作独立自主的个人?应该如何对待儿童,儿童期应在什么年龄或成长阶段结束而可以成为该社群的正式成员?应该如何对待精神上和感情上的无行为能力者,应该由谁来决定什么样的人是无行为能力者?该社群是否应该对潜在的进入者开放?

这些以及相关的问题对于宪法经济学的研究工作具有重大关系,但宪法经济学研究计划就其本身而言,无法很容易地处理这些问题。其分析的起点是一群独立自主的个人,他们要么已经组织成了一个政治单位,要么是有可能组织成一个政治单位。一旦开始时界定了这群人,便可以扩展研究计划,研究和分析这群被界定的人本身如何对待这些问题。但是,这一最初的界定,却超出了该研究计划本身之内任何分析构架的界限。

五 知觉、想象与信念

尼采曾经运用过这样的比喻——人们通过不同的窗户看现实世界,[10]奥尔特加·y.加塞特走得更远,甚至把最终的现实本身界定为视角。[11]从某种意义上说,任何研究计划都包含一种方法,用这种方法观察被感知到的事物,并强加给这些事物一种秩序。这

---

[10] W.考夫曼(W. Kaufman):《尼采》(*Nietzsche*),普林斯顿:普林斯顿大学出版社,1950年版,第61页。

[11] 何塞·奥尔特加·y.加塞特(José Ortega y Gasset):《堂吉诃德沉思录》(*Meditations on Quixote*),伊夫林·拉格(Evelyn Rugg)和迭戈·马林(Diego Marin)译,纽约:诺顿公司,1961年版,第45页。

一特征尤其适用于社会科学领域的任何一项研究计划,因为社会科学领域中研究的最终对象,是社会互动过程中的行为。我已经数次提及"宪法视角",我承认,这一视角不同于考察和评价个人在社会和/或政治环境中的互动时可以使用的其他视角。这个基本事实,即各种视角是不同的或可以是不同的,提出了无法忽视的认识论方面的问题。

先让我们来看最为简单的知觉。或许,从生物学上说,个人相互之间是非常相像的,我们看到、听到、尝到、闻到和感觉到的物理现象即使不完全相同,也是类似的。我们都看到一堵墙挡住了去路,谁也不会试图穿墙走过去。如果有谁未能像其他人那样感知墙的存在,那他至少会在一种基本的知觉意义上被认为是不正常的。然而,随着现象变得愈来愈复杂,个人的感知也会愈来愈不同,尽管从生物学上说,他们仍然具有相同的感知器官。基本的感性知觉必然伴随有富有想象力的建构,而富有想象力的建构需要经过某种精神加工,才能为评价并最终为行动建立起基础。

随着现象愈来愈复杂,相对于直接产生于感觉的成分而言,感知中想象的成分会愈来愈多。在这一从简单到复杂的发展过程中,个人之间感知的相似性必然会减少。最终在某一点,所谓观察现象的"自然"方法就会消失。于是,只有通过结成某种团体,其成员明确或隐含地采用共同的价值观或准则,个人才能就他们所观察的事物达成一致意见。这一说法乍一看似乎是矛盾的;它似乎是说个人可以选择看现实的方式。但是,当我们用"思考"取代了"看"的时候,这种说法就变得与普通观念不那么矛盾了。

有人指责我在我自己的一些著作中,犯了自然主义的错误,未能适当尊重事实与价值、实证与规范之间的区别,因而至少是隐含地根据"是"推论出了"应该"。然而,我认为,批评者们提出这种指责,只是因为他们未搞清人们是如何感知复杂现象的。如果不存在观察现实的"自然"方法,那么某种评价和选择过程就是想象的必要补充,想象可以把表面上的混乱转变为有秩序。我们选择"是"来界定研究计划的核心内容,不管我们是不是职业科学家,情况都是如此。在这一"是"的范围内,我们会严格遵守为实证分析订立的规矩。但是,可以得出的规范含义确实能从选定的感知框架中推导出来,而不能也不会从其他来源中推导出来。

宪法经济学是这样一些科学家之间的探索和对话的领域,这些科学家把社会互动看作是独立自主的个人之间的一系列复杂关系,其中既有现实的关系,又有潜在的关系,而且每一个人都能作出理性选择。这一领域本身不能被扩展到包括那些选择以其他方式感知社会互动的人所作的研究。宪法经济学家与那些选择从纯粹冲突的视角或纯粹唯心论的视角感知社会互动的人,根本没有进行科学论证并最终取得一致意见的共同基础。实际上,这些视角是看世界的不同"窗户"。个人选择这些窗户的过程仍然很神秘。当经验证据在同一时间肯定只能从一种观点被感知的时候,这种证据究竟如何才能令人信服?现代经验经济学家在这方面表现出来的天真幼稚,几近荒诞可笑。

因此,在我看来,人们必须承认,宪法经济学是建立在可以说是对人的合作潜能的确信或信念之上。人既不是蜂巢中的蜜蜂,也不是丛林中食肉的野兽,更不是天国中的天使。人是独立的意识单位,能够赋予可供选择的对象价值,并能够根据这些价值作出选择和采取行动。人们在许多不同的团体和社群中生活,实际上既是必要的,也是有益的。但要做到这一点,人们必须依照规则生活,而规则又是人们能够加以选择的。

第二章　论经济的结构：
重新强调古典学派的
一些基础*

> 君主被完全解除了一项义务，他不用试图去履行他总是必然被无数错觉左右的一项义务，因为永远不会有足够的人类智慧和知识去履行它；这项义务就是：监督私人的勤劳，使其运用于最符合社会利益的工作。
>
> ——亚当·斯密：《国富论》

亚当·斯密在我引述的这段话中非常精彩地表达了一种观点，对于我们当中那些与他持有相同观点的人来说，20世纪90年代早期全球的政治经济中既有"好消息"，也有"坏消息"。"好消息"是，人们愈来愈清楚地认识到，世界各地的中央计划经济依然效率极其低下，伴随着这种认识，各国努力对国内激励结构进行重大改革。在更为广泛的范围内，世界各发达国家和发展中国家，时不时地已经将非政治化和私有化的言辞转变成了现实。"坏消息"

---

* 本章是一篇文章的扩充版，这篇文章题为"论经济的结构：重新强调古典学派的一些基础"("On the Structure of an Economy: A Re-Emphasis of Some Classical Foundations"），载《商业经济学》(*Business Economics*)第24卷(1989年1月)，第6—12页。

来自于美国,保护主义和重商主义的荒唐行为,在这个国家似乎又死灰复燃。

这些事情促使我把注意力完全用于重新阐明和重新强调我所认为的亚当·斯密对于国民经济结构的态度,以及根据我的推论,他对于政治和政府指导经济政策的态度。不过,让我在一开始就说清楚,我不是诠释学家,我关注的实际上不是亚当·斯密可能说过什么或未说过什么。相反,我所关注的是,在20世纪90年代美国的政治经济情况下,什么是我认为亚当·斯密会采取的一贯立场。当然,你不会感到惊讶,我将另找机会阐述我自己对政治经济的一般看法。

所以,我打算为在经济结构与这种结构之内的经济运行之间所作的明确区分作辩护。我将证明,对于政治指导下的改革以及有关这种改革的讨论和分析而言,政治经济学的适当范围完全局限于经济结构。若力图改变完全产生于经济结构之内复杂的相互依赖关系的结果,那就错了,然而未能理解上述必要区别的专家学者却总是劝人们这样去做。可以把我的论证恰当地解释为重新阐明,假如亚当·斯密使用了自由放任这个术语的话,他可能会提出来支持自由放任的理由。首要的一点是,亚当·斯密是一个审慎的人,他决不会支持右派或左派中的那些傻瓜,几十年来,他们笨拙的模仿已使一个潜在的富有意义的口号沦落为引起激烈争论的怪诞之物。

我将按以下顺序展开论证。在第一节,我将预先叙说一些词语带来的危险,这些词语从语义学上说和从教学上说似乎是有用的,但却有可能使人们比较难于作出富于启发性的理解。功能主义这一人所共知的其他社会科学中解释性分析的祸害,对经济学家也为害不浅。第二节用于简要讨论经济在其自身约束性结构之内运行的秩序。第三节考察约束性结构的基本组成部分,并分析结构与结构之内的运行这两者之间的关系。在第四节中我证明,约束性结构的基本组成部分是改革最适当的目标。最后,在第五节中,我证明,混淆结构与结构之内的运行、游戏规则与游戏规则之内的玩法、过程与最终状态等的区别,会导致在经济政策方面进行错误的、最终有违自己初衷的冒险。本章的内容显然属于"宪法政治经济学"的范畴,尽管同我的其他一些论文相比较,这里的讨论集中在经济的结构之上,而不是政体的结构之上。换言之,本章考察的是政治活动对经济的影响,其中既有其实证变量,又有其规范变量。这种分析至少没有直接引入宪法政治学。

一 经济的"功能"

任何一个经济学家若曾在芝加哥大学亲自聆听过弗兰克·奈特(Frank Knight)的教诲,或者间接地通过他编写的许多基础教科书中的一本接触过他的学说,都肯定熟悉他开列的经济秩序的"功能"。这些教科书都包含有奈特那本题为"经济组织"的引论性专著的主要内容。[1] 正如奈特在书的一开头所表述的,经济秩序的功能是:

---

[1] 弗兰克·H. 奈特:"经济组织"("The Economic Organization"),芝加哥:芝加哥大学,1933 年,油印件。

1. 确立价值等级表；

2. 组织生产；

3. 分配最终产品；

4. 为增长做好准备；

5. 在过渡时期根据供给调整需求。

无论是从语义学上说，还是从教学上说，这样列表的确有用。学生由此而能够把注意力集中在经济互动过程的可以区分开来的各个范畴之上，同时又认识到，经济互动过程在运行的时候，是同时执行这五项功能的。

然而，我要说，奈特切入主题的这种方式，会使人产生误解，因为它会被解释为意味着，"经济"、"经济组织"或"经济秩序"在某种受目的指引的意义上，执行了列出的这些功能，而不论效率是高还是低。如果公认经济本身具有像确立价值等级表这样的功能，那不就因此而可以说，经济或许能被仿造成法人，或许能通过其在政治上组织起来的代理人，促进实现这种被规定好的、功能明确的目标。在这种情况下，若国家以国民经济的舵手自居，肩负起那些一心只想弄清楚自己科学能力范围的经济学家指派给它的任务，我们还会感到惊讶吗？

当然，如果这样理解列举出来的这些功能，那也就表明没有搞清楚和误解了奈特这样做的目的，同时也没有搞清楚作为宪法经济学主要研究对象的整个互动过程。实际上，我们还得指望亚当·斯密来最先说明，经济如何确实"执行"这些功能，而这些功能本身又不是任何人有意追求的目的，这里所说的任何人或者是作为市场参与者的买者或卖者，或者是这种参与者的政治代理人。如果观察到这些功能以某种方式得到了执行,就认为"经济"具有目的,那就犯了功能主义的推理错误。自18世纪以来,从结果推论出有意的设计,一直是经济学家必须反对的推论方法。几乎可以毫不夸张地说,宪法经济学的核心部分包含有这样的认识,即:所观察到的经济过程的结果并非是经过有意设计而出现的,与此同时这些结果描绘出了一种可以进行科学分析的秩序。

二　经济的秩序

我重新强调了经济学的基本原理,对此我表示抱歉,因为这似乎有辱读者的智力,也与要讨论的实际问题太不相干了。不过我认为,在太多的被当作经济学知识的东西中,这些基本原理却被忽视、被遗忘或被故意违背了。我认为,许多现代经济学家不知道自己在谈论什么,或者说得客气一点,他们的话语超出了其学科的起源和历史所限定的范围。

亚当·斯密划定了界限。我们把理解和解释经济如何产生各种秩序格局当作被指定的任务,这些秩序格局既不需要经济行为者的仁慈,也不需要政治代理人的明确指导,便可实现我们的目标。市场的自发调节原则就是经济学的原则。或许,《国富论》被最为广泛引用的一句话便是,我们得到晚餐上的肉,不是由于屠户的仁慈,而是屠户追求自身利益带来的结果。

屠户储存肉类以满足买者的需求,有其金钱方面的私人利益在里面。可欲性和可得性这样的特性,优先于那些根据屠户自己的标准似乎更具审美感的特性,原因很简单,屠户谋求在总剩余中占有更大的相对份额,总剩余产生于专业化参与者之间的交易和交换关系。当我们添加上面包店店主、蜡烛制造商以及所有其他在复杂的现代经济中从事专业化生产的人时,便可以解释为什么会出现各式各样的商品和服务,同时也可以解释它们在质量和地理位置上的特征。屠户力图满足买者的需求,买者把其自发的需求带到了市场上,此外还有所有其他潜在的和实际的生产者(供应者)以及需求者,正是这些人确立了价值尺度或标准,这便是上面讨论过的那些功能中的第一项。这种尺度或标准产生于整个互动过程,与任何一个参与者的私利计算没有直接的关系。屠户根据有关其顾客的需求的全然局部化的信息行事;对牛排的相对评价并不是产生于例如民意测验,而是产生于卖者和买者作出的许许多多相互依赖的选择,每个卖者和买者都直接对自己在局部化的市场环境中面对的刺激作出反应。

市场经济的复杂秩序产生于各个卖者和买者之间大量相互联系的、类以于博弈的合作性互动,每个卖者和买者都在局部化的选择环境中使自己的效用最大化。在任何类似于博弈的这种互动中,没有哪个"博弈者"会根据"社会状况"的序数排列进行选择,因为社会状况的序数排列描绘的是,交换之后整个经济范围内商品和服务的可能的全面归属。因此,只要允许个人在其所面对的局部化选择环境中独立地调整行为,从概念上和实践上说,就不可能对"社会状况"(配置、分配、价值等级表)进行选择。[2]

---

[2] 这一点对于我早期对阿罗的批评("社会选择、民主与自由市场"["Social Choice, Democracy, and Free Markets"],载《政治经济学杂志》第62卷[1954年4月],第114—123页)至关重要,我当时批评阿罗扩展其不可能性定理,将其运用于市场过程

三 结构之内的秩序

我已经重新强调了大家熟悉的这样一个论点,即:只要各个买者和卖者能自由地选择各个市场上可供选择的买卖对象,就不会在整个经济范围内对经济互动过程的特定结果作出"选择",因为这些结果可以用配置、分配或评价来描述。不论专制政权或民主政府能用什么方式组织这种选择,上述结论都是成立的。这些结果产生于个人作出的全部相互依赖的选择,因为这些选择受经济结构的约束。经济结构按其全面的定义来说,必然包含有自然环境所施加的资源和技术方面的限制。这些或多或少不可改变的限制不是此处关注的主要对象。我重点讨论的是经济结构中那些可以加以改造和改变的要素。

博弈论术语颇为有用。经济结构可以说是许多博弈者之间复杂的、相互依赖的、类似于博弈的全部相互作用的"规则",每个博弈者追求的都是自己选定的目的。把结构解释为一组规则,这直接告诉人们,作为在结构之内的个人选择和行为,正如他或她在全面规定好的博弈中对弈那样,他或她不会也不能够有意识地或明确地考虑选择规则。为了在经济过程中作出理性选择,个人必须

的结果(肯尼思·阿罗[Kenneth Arrow]:《社会选择与个人价值》[*Social Choice and Individual Values*],纽约:威利公司,1951年版)。只是在写作本章时,我才认识到,尽管表述得完全不同而且采用的是不同视角,但阿马蒂亚·森在证明帕累托自由主义者自相矛盾时,最终得出了相同的结论(阿马蒂亚·森:"帕累托自由主义者的不可能性",载《政治经济学杂志》第78卷[1970年1/2月],第152—157页)。

承认经济结构(规则)是固定不变的,是较为绝对的事物,不会因他或她个人的变化而改变。譬如,任何一个人得到公认的应该享有的东西,即交换之前的禀赋,都是由经济结构规定并存在于经济结构之中;这样的个人不能单独和独立地改变这种禀赋。

必须把个人对整个经济范围内互动的总体结果的影响(亦即对配置、分配和评价的影响)与个人对经济结构的影响区分开来。如前所述,在一种经济结构之内,经济互动的结果产生于所有参与者作出的局部化私人选择。因而,每个人的选择都必然影响总的结果,尽管作为选择者没有人会意识到自己对这种结果的影响。在这里,与博弈作类比仍然很有用。博弈者在博弈规则之下选择策略;每一博弈者的选择,都会影响产生所有博弈者的选择的解,但不论哪个博弈者都没有"选择"这个解本身。而规则或结构并非产生于参与者在规则之内所作的选择;结构仍肯定独立于这种在结构之中或规则之内的选择。③

经济互动过程的结果(配置、分配、评价)的型式,既取决于在全部相互联系的交换中作出的个人化选择,又取决于经济的结构。我已证明,不论是个人还是集体,都不可能对可选择的总体结果作出有效的选择。仅仅是结果的型式能被有意加以改变,而且只能通过有效地改变结构,也就是说,只能通过改变那些约束人们在规

---

③ 如果我们把结构的基本组成部分视为演进过程的产物,则这里所作的明确区分就会有所改变。在这种情况下,结构之内的选择行为本身在足够长的调整时期会改变结构的发展。但就我的目的而言,这里所作的明确区分有供教学上的作用。在概念上和分析上,把在规则之内作的选择和对规则作的选择区分开来,可以非常清楚地阐明规范政治经济学的适当范围。

则之内作出选择的规则,结果的型式才能被加以改变。我还曾指出,当个人单独和独立地对他或她所面对的选择对象进行选择时,他或她不可能对经济结构产生影响。由此可以看得很清楚,对规则的选择必然是而且也只能是集体的。经济的结构,亦即限制个人选择、规定其可行性空间的那套约束,从古典学派的意义上说是公共的。这种结构既是不可分割的,也是不可排除的。所以,结构的任何改变都必然影响经济互动过程中的所有行为者,而完全不管集体行动是如何和由谁发动和实施的。

四 宪法政治经济学

对各种经济结构运行特性的分析,亦即对约束经济参与者选择行为的各套规则和制度的分析,从实证方面规定了宪法政治经济学的范围。直到最近,新古典学派经济学家还往往忽视经济结构与经济过程可观察到的结果型式之间必然的相互依赖关系。这种忽视在很大程度上被一些相互关联的研究计划的出现纠正了,这些研究计划可以总地归于"新政治经济学"的名下,它们是:法律与经济学、产权经济学、新制度经济学、公共选择。每一项研究计划的分析重点,都是不同的激励结构对经济行为者的选择行为产生的影响,以及由此而对总的经济结果的型式产生的影响。

不管针对的是现状,还是人们提出来的可供选择的对象,实证分析都必须先于对结构或结构的任何一个组成部分作出的规范判断。唯一合法的规范分析,是对制度和结构的比较。证明某些并非建立在结构可行性之上的理想化标准(效率、正义、自由)的"失灵"与本题无关。

在规范分析中,应该如何排列各种可供选择的结构?排列的标准是什么?回答这些问题需要写出专著来进行论述,但我在这里可以作出含糊的回答,特别是因为我已在别处较为仔细地讨论过这些问题。[4]

对于这些问题,有两种完全不同的回答我们必须加以反对,并证明它们是站不住脚的。第一种回答出自于这样一种假设,即:对于经济而言,有一个大家商定的唯一目标或客观功能,据此可以很容易地评估不同结构的运行特性。沿着这一方向作出的回答,仍然支配着经济学家的思想,反映的是政治哲学中唯心论的残余。广义的政治学被设想为是对"真"、"善"、"美"的追求,某种理想的极乐状态等待"在那里",需要被发现或被揭示出来。

然而,正如亚当·斯密非常清楚地认识到的,经济关系的参与者根本就没有一致同意的目标,每个参与者只是尽力追求自己个人决定的目标(这种目标反映的可能是也可能不是狭义的经济利益)。没有这种一致同意,也就根本没有可以用来评价各种结构的外部标准。

第二种回答源自于这样一个事实,即:个人之间存在着分歧。

---

[4] 詹姆斯·M. 布坎南和戈登·塔洛克:《同意的计算:立宪民主的逻辑基础》(安阿伯:密歇根大学出版社,1962年版);詹姆斯·M. 布坎南:《自由的限度:在无政府状态与利维坦之间》(*The Limits of Liberty: Between Anarchy and Leviathan*)(芝加哥:芝加哥大学出版社,1975年版);詹姆斯·M. 布坎南:《立宪契约中的自由:政治经济学家的视角》(*Freedom in Constitutional Contract: Perspective of a Political Economist*)(大学站:得克萨斯 A & M 大学出版社,1978年版);詹姆斯·M. 布坎南:《自由、市场与国家:20世纪80年代的政治经济学》(*Liberty, Market and State: Political Economy in the 1980s*)(纽约:纽约大学出版社,1985年版)。

作为政治经济关系的参与者,个人也许能够根据自己主观决定的利益,排列各种可供选择的结构,给其贴上"较好"或"较差"的标签。于是,从这种观察到的个人之间的分歧,便推论出,超越个人评价的规范判断是根本不可能的。因此,如果我们对各种结构的排列持不同看法,我们便相互争斗,也就是说,呈现出来的完全是一幅你争我斗的图景,由此产生出来的是一种满足赢家、强制输家的结构。

上面我说过,对基本规范问题的这两种回答都是不能令人接受的。我们必须承认根本不存在假定的理想标准,我们也必须承认,不存在一致意见并不意味着虚无主义。我认为,在这一点上,重要的是认识到并非常明确地承认,从某些基本的意义上说,作为公民,我们当中许多人的行为似乎表明,经济政治秩序的结构具有合法性,这意味着自愿默许国家的强制,但并不认为政治代理人是全知全能的或仁慈。从经验的和实际的意义上说,我们调和理想即一致同意的评价标准的缺失和个人目标之间隐含的冲突。

在更为形式化的分析中,我们可以通过设法减少个人之间意见不一致的可能性,来实现这种立宪主义的立场。评价各种可供选择的结构或立宪规则时,无论在概念上还是实践上,运用诸如无知之幕和/或不确定性之类的东西,便可以做到这一点。当然,从约翰·罗尔斯、[5]约翰·哈森伊、[6]布坎南和塔洛克[7]等人的著作

---

[5] 约翰·罗尔斯(John Rawls):《正义论》(*A Theory of Justice*),剑桥,马萨诸塞州:哈佛大学出版社,1971年版。

[6] 约翰·哈森伊(John Harsanyi):"基数福利、个人主义伦理学以及个人之间效用的比较"("Cardinal Welfare, Individualistic Ethics, and Interpersonal Comparisions of Utility"),载《政治经济学杂志》第63卷(1955年8月),第309—321页。

[7] 布坎南和塔洛克:《同意的计算》。

中,我们已经熟悉了这些东西。

对各种可供选择的经济结构作了实证性的比较之后,对其进行规范性评价的评价工作应该指派给这样的个人去做,这些个人不知道或非常拿不准各种结构选择会如何影响自己可以识别的利益。这样的个人为了自身的利益,会就表现出古典自由主义社会秩序特点的结构特征达成一致意见。[8] 而且在经验上可以观察到:人们默认许多规定现有结构的规则的运行。这表明,许多参与者尽管没有进行过形式上的无知之幕评价演练,但却隐含地达成了一致意见。

像这样依据契约论和立宪论推论出经济结构的要素,使我们可以用现代术语充实完善隐含在亚当·斯密著作中的许多信息。这样的架构使我们能够推论出一种"法律和制度"体制,它在一视同仁的基础上保护个人和财产,一视同仁地强制执行个人之间自愿订立的契约,保护个人进行自愿交换的天赋自由,禁止各个行业的进入壁垒,禁止就限制性的贸易条件达成协议。这一单子还可以详尽列举下去,但这些已经包含了所谓古典自由主义的结构要素。亚当·斯密明确指出,在这种广义的经济结构之内,政治代理人没有合法的基础进行直接干预。

上面列举的结构要素,可以从契约论的规范性分析中推论出来,并能够加以扩展到在政治上和法律上保证经济中货币本位或

---

[8] 更为详尽的讨论,参见第十一章"古典自由主义的契约论逻辑",此章原发表在《自由、财产和立宪发展的未来》(*Liberty, Property and the Future of Constitutional Development*)一书中,埃伦·弗兰克尔·保罗(Ellen Frankel Paul)和霍华德·迪克曼(Howard Dickman)编,纽约:纽约州立大学出版社,1990年版,第9—22页。

记账单位的价值具有可预测性。从历史上说,所观察到的政治秩序几乎从不提供这种保证。但就经济结构的关键组成部分而言,契约论的架构肯定仍然是不完善的。虽然保护个人进行和完成自愿交换的法律和制度具有直接的合法性,但是当自愿交换影响到交换本身之外的其他人时,这种法律和制度的限度是什么呢?广义的所有外部性问题,在初始的规范分析中无法直接找到结构上的解决办法。然而,正如现代的研究所表明的,结构变化若迈向与激励相容的权利归属,则可以消除契约论的许多含糊不清之处。

五 没有目的的经济

正如副标题所示,本章是要重新强调政治经济学的古典学派基础,这些基础突出地反映在亚当·斯密的无所不包的想象中。然而,即便是斯密,其对书名的选择也要受到批评。由于使人关注的是国家的财富,有人可能认为斯密确立了可以用来衡量经济运行情况的单一价值标准。正像我说过的,一个更恰当的书名可能是"天赋自由的一般体系",因为亚当·斯密所证明的是,我们根本无需为整个经济或政治代理人设想出一种支配性的或大家一致同意的目的或目标,而一些政治代理人竟擅自承担起促进实现这种目的的责任。

严格说来,经济既没有目的或功能,也没有意图。经济由结构也就是一套规则和制度所规定,该结构约束着许多人在一连串相互联系的博弈式互动中彼此作出的选择。当然,对于任何一个人而言,都有"较好的"和"较差的"经济,但这些评价性词语会直接与各种规则或结构发生关系。在任何给定的结构之内,自由放任都是必须采取的政策立场,这一原则与结构本身的规范内容完全无关。

从一种意义上说,本章的论述毫无新意。但从另外一种意义上说,其中的含义却是革命性的。我转而强调结构是唯一适当的改革对象,同时强调隐含的自由放任原则适用于结构之内的运行,这就把所有以"国家目的"为依据的改革建议归入了荒诞之说,也把所有这样的主张归入了荒诞之说,这种主张认为,如果经济由或许全知全能的、仁慈的政治代理人加以明确地指导,经济的运行会更加令人满意。

我提出的规范论点有两个独立的但又相互关联的方面。把经济界定为一种结构,一套起约束作用的规则,在这套规则之内个人试图实现各自分别确定的目的,这就使目的论式的政策指导从规范角度说变得自相矛盾。但却可以对照比较和评价各种可供选择的结构,以确定它们在促进实现个人分别确定的目标的能力。既然只有个人自己能够知道他们追求的是什么目标,那么直接授权选择结构就会减少立宪选择过程的信息内容。隐含的政策立场包括立宪结构之内的自由放任和最终选择结构本身时的共识。

我在这里并未宣称,坚持我概述的规范准则便可以解决所有问题。即便在立宪论和契约论的范式之内,在科学说明、解释和预测以及对最终道德准则的选择方面,个人之间也仍会出现分歧。如前所述,可以预料,古典自由主义立场的许多特征会产生于契约论的程序检验中。但是,立宪过程中选定的对个人自愿结社的结构限制,以及立宪过程中推论出的受保护的个人领域的确切边界,只能得自于作为是政治体成员的那些人所披露的来源。

　　让我们尽力继续分析经济的结构并支持这种分析，继续寻求共识，找到提高经济结构效能的方法，以使我们作为个人参与者能促进实现那些我们所追求的、各自分别确定的目标。然而，我们也要保持警惕，不要在思想上搞不清什么是经济，以防一些人和集团得到合法的借口，把自己的目的强加在他人头上。要提防那些对经济的目的发表意见的人。

第三章　作为宪法秩序的经济[*]

撰写这一章的机缘是指派给我的一项任务,我被要求评估经济科学的状况,且一定要从我个人的观点进行评估;同被指派这项任务的其他诺贝尔奖得主的观点相比,我的观点或许在较小的程度上代表一般的或主流的评价。我不打算在这里作面面俱到的论述,不过,我的整个论证对于经济学家既作为实证科学家又作为规范科学家的立场具有的含义,却涉及到对该学科主题的态度的重大转变。我将主要讨论"什么是经济"这一问题,并提出我的理解,由此也自然而然地会对研究计划、教学方法和政策实施提出批评。

一开始便大胆地陈述其中的两种批评,我可能成功地把大家的注意力吸引过来。首先,不论是作为实证科学的一部分,还是作为政策行动的领域,都没有宏观经济学存在的空间。其次,适当的数学是博弈论,而不是约束条件下目标函数的最大化。这些表面上互不关联的批评,产生于站在非目的论的立场上把经济理解和解释为一种秩序,而不是站在目的论的立场上把经济理解和解释为一种制度安排,要根据实现被指定的、整个经济体系所确定的目

---

[*] 本章未加标题而发表在《经济科学的状况:六位诺贝尔奖得主的观点》(*The State of Economic Science: Views of Six Nobel Laureates*)一书中,沃纳·西奇尔(Werner Sichel)编,第79—96页(卡拉玛佐:厄普约翰学会,1989年版)。

标的相对成功或失败来评价。在这一章的标题中，我给秩序这个词附加了宪法一词，意在表明我的视角不同于以下两种人的视角，一种人是进化论者，他们的确也强调经济是一种秩序，但与此同时却否认这种秩序能够被"建构"，另一种人则未能区分立宪选择层面和立宪后的选择层面。

在这个引言中，我也要给自己在哲学上归归类。我是个方法论个人主义者和规范个人主义者、激进主观论者、契约论者和立宪论者。对于那些读过我四十年来发表的著作的人来说，肯定十分熟悉这些描写性定语。从非常真实的意义上说，这些著作几乎都是我对经济学或政治经济学状况所作的持续不断的、认真仔细的评估。我过去是，现在也仍然是个局外人，并一直致力于改变经济学研究计划的方向。同我的那些一直待在主流研究计划（这种计划描述了经济学家所做的事情）之内的同事相比，我也许不那么有资格反思我们现在处于什么样的科学位置。但目前恐怕还不能指望我采取某种新的立场。而且我可以肯定地告诉你们，我近来并未皈依一种新的范式。过去没有理由，将来也不会有理由把我称为人云亦云者。

我将按以下方式展开讨论：第一节考察在经济学这一科学研究领域之内，稀缺、选择和价值最大化之间的关系。这一节的目的是要证明，由于让这些概念发挥了过于重要的作用，它们如何造成了思想上的混乱。第二节扩展了这一观点，考察宏观经济学是不是经济学的适当研究对象的问题。第三节简要讨论可供选择的宏大组织解决办法，并提出这样一种观念，即：有关经济是什么的构想确实具有规范含义。第四节对照比较从个人选择向社会选择转换这两种分析方法。最后,第五节概括总结上述论证。

一 稀缺、选择和价值最大化

我不知道 20 世纪 90 年代的经济学老师怎么给学生讲述这门学科的内容。或许他们会完全忽略起点,不给经济学下定义。但我确实记得,在 20 世纪 40 年代,经济理论(亦即价格理论)课程是以某种类似于米尔顿·弗里德曼(Milton Friedman)的说法作为开端的,其大意是,经济学研究特定的社会如何解决其自身的经济问题。[①] 而且,至少是在 20 世纪 40 年代,每个人都知道,莱昂内尔·罗宾斯(Lionel Robbins)把"经济问题"界定为在可供选择的目的之间配置稀缺资源。[②] 稀缺,亦即无法满足所有需求,意味着必须作出选择,由此似乎可以直接推论说,需要有标准来衡量"较好的"和"较差的"选择。这种标准以某种公分母的形式出现,据此可以把不同的需求转换为某种单一的维度,当时将其称为"效用"或"价值"。这种"经济原理"为经济问题提供了抽象定义的规范解决方法。稀缺资源被配置在可供选择的用途之间,以便在每一单位稀缺资源在每一用途中产生相等的价值时获得最大的价值。在资源稀缺的约束条件下,满足这一准则,便会使价值最大化。作为科学探索的一个领域,经济学实际上似乎可以简化成实用最大化

[①] 米尔顿·弗里德曼:《价格理论》(*Price Theory*),芝加哥:阿尔丁公司,1962 年版。

[②] 莱昂内尔·罗宾斯:《经济科学的性质与意义》(*The Nature and Significance of Economic Science*),伦敦:麦克米伦公司,1932 年版。

研究；毫无疑问，微积分似乎是其所需的基本数学方法。

我在这里要说，这就是我当学生和年轻专业人员时所学到的经济学。它造成了思想混乱和误解，因为它把过多的注意力集中在了稀缺、选择和价值最大化上，而未注意经济的制度结构，从而也就未能对各种可供选择的结构作出基本的区分。20世纪40年代和50年代由于罗宾斯对经济理论的表述居支配地位，因而对于资源配置问题来说，市场解决办法常常被设计得类似于计划解决办法，也就不足为奇了。经济学家似乎认为，"市场"包含有对各种资源配置的"社会选择"，就像单独一个计划者的统一决策作出的选择那样。因此，在20世纪中叶的思想倾向之下，阿罗将不可能性定理的应用范围不仅扩展至政治选择，还扩展至市场选择，同样也是不足为奇的。[3]

早在1962年，我在就任南部经济协会会长的演说中，[4]就曾批评经济学赋予最大化范式以中心地位，呼吁复兴"交易学"，把它当作我们这门学科的核心。我的论点是，经济学作为一门社会科学，研究对象是或者应该是交易、交换以及许许多多、各种各样的实施和便利交易的制度形式，其中包括所有复杂多样的现代契约，以及关于政治社会立宪规则的所有集体一致意见。

从基本的概念意义上说，交换过程仍然与选择过程截然不同。在交换中，各个行为者（参与者）之间有一种必然的互动关系，谁也

---

[3] 肯尼思·阿罗：《社会选择与个人价值》，纽约：威利公司，1951年版。
[4] 詹姆斯·布坎南："经济学家应该做什么？"（"What Should Economists Do?"），载《南部经济学杂志》（*Southern Economic Journal*）第30卷（1964年1月），第213—222页。

不能对"解"进行选择。当然,在交换中,每个参与者确实对可供选择的出价和报价(策略)进行选择。但任何一个参与者所作的这种选择,至多只是互动过程的一部分。交换的解仅仅产生于互动过程的所有参与者分别和独立地作出的选择。这种解本身并没有被任何一个参与者或组成一个集体的一群参与者明确选择。它根本就不在单个行为者或集体的选择范围之内。

有关交换的这一基本概述,是我以下早期论断的基础,即:博弈论为比较容易地抽象理解经济学提供了合适的数学框架。在交换中,正像在普通博弈中一样,博弈者或参与者的行为可以被想象成使其单独确定的效用最大化,但他们的行为要受其必须单独面对的约束条件的制约,这些约束条件包括规则、禀赋和可以预料到的他人的反应。当然,为了进行分析练习,我们可以接受体现在理性选择模式中的标准的最大化行为。但是,在交换中,还是像在普通博弈中一样,无论是单个博弈者和参与者,还是作为一个群体的一群博弈者和参与者,都不会把交换过程的结果视作最大化目标。不管是简单的还是复杂的交换过程的解,都不是最大化问题的解,因而在整个经济学科中,把交换过程的解视为最大化问题的解,是持续不断地造成思想混乱的根源。

任何交换互动过程的均衡,都表明双赢已被耗尽,因而这种解本身具有的行为特征,还描绘出了所有选择的最大值的位置。在均衡状态,没有哪个参与者在规定互动结构的规则之内,有动力去进一步出价(报价)。当完全竞争性的经济处于均衡状态时,无论是单个参与者,还是参与者集团(其中包含囊括所有参与者的集

第三章 作为宪法秩序的经济

团),都不会有动力去改变规则之内的结果。⑤ 但是,在竞争性"博弈"的这种解中,究竟什么被最大化了呢? 从对行为有意义的任何意思上说,被最大化的都是每个参与者的价值,这种价值是每个参与者单独和主观地确定的,受到的约束是其最初拥有的禀赋和其他人在互动关系中表现出的偏好,此种偏好反映在他人在市场上的出价(报价)上。即使从某种理想化的意义上说,在交换过程中也根本没有"社会"价值或"集体"价值的最大化。当然,以某种计价标准测度的总价值在解中达到最大,但从定义上说它是均衡带来的结果。商品和服务的相对价格是在达到均衡的过程中自己确定的,只有在使用这种自然出现的价格时,才能确定总的最大价值。

既然脱离了据以达到总价值的市场过程便不可能存在抽象界定的最大总价值,因而谈论总价值的下降是毫无意义的,除非能间接地辨识出,在互动关系的某个地方,并未耗尽得自于参与者之间交易的收益。既然假定参与者能够在交换过程之内作出自己的选择,政治经济学家若假设价值没有被最大化,这种假设就必须推定来自这样的观察资料,即:存在着对交易过程的阻碍,不论是在买者和卖者交换的简单层面,还是在无所不包的复杂的公共物品"交换"层面。⑥ 即便在概念上,进行观察的政治经济学家也无法构造

---

⑤ 用更加正式一点的术语来说就是,竞争性均衡位于博弈的核心。只有当特别是对于提供给潜在垄断联盟的刺激而言,博弈规则被严格规定和执行时,上述结论才成立。

⑥ 詹姆斯·M. 布坎南:"实证经济学、福利经济学以及政治经济学"("Positive Economics, Welfare Economics, and Political Economy"),载《法律与经济学杂志》(*Journal of Law and Economics*)第 2 卷(1959 年 10 月),第 124—138 页。

出"社会福利函数",使他或她能够像计划者必须为中央计划经济做的那样,进行最大化分析。就这种计划者而言,他或她的选择类似于交换关系的任何一个参与者进行的选择,尽管复杂程度不同。

二 宏观经济学与宪法政治经济学

最大化范式与交换范式之间的根本区别支持了我在前面提出的主张,即:应该把宏观经济学从经济学的研究领域中排除出去,至少就通常所理解的宏观经济学来说是如此。经济互动过程中生成的东西,不管是否表示为形式化的、抽象界定的均衡状态或解,都来自许多参与者作出的单独和互相依赖的选择;不管成效是高还是低,这种选择都是通过规定经济结构的制度安排调节的。整个经济范围加总的变量,诸如国民收入或产值、就业率、生产能力利用率或增长率,不是参与经济活动的个人能够直接或间接地加以选择的,也不是政治代理人能够选择的,尽管他们可能宣称自己是代表作为一个集体或一个子集体的所有参与者行事的。

即使把"经济"的规范目的想象为使收入和/或就业最大化,甚或只是想象"经济"具有"规范"目的,也会造成思想上的混乱。如前所述,互动过程未能产生最大价值,必然反映为未能从交易中获取最大收益,无论是简单的还是复杂的交易。这种推断要求人们关注结构本身,因为结构中可能包含有这样一些约束,它们阻碍人们完成相互有利的交易。

当然,各种可供选择的结构可以间接地根据所观察到的结果来评价,这些结果可以用人们所熟悉的宏观加总的变量,诸如国民产值或就业的水平和增长率来表示。经济如果在收入和就业水平方面持续地发生大范围的波动，便可以认为是出现了结构失灵，出现这样的结果，就应该展开调查研究，找出问题的结构根源，最终进行结构和制度改革。

受凯恩斯的启发建立起来的宏观经济学有一个致命缺陷，就是它接受因而也就忽视了结构，而把全部注意力集中于如何"引导"经济达至更加令人满意的总变量目标水平。现在回过头来看，考虑到在20世纪中叶形势危急的年代中最大化范式居于支配地位，出现这种对科学研究工作的重大误导也就不足为怪了。人们普遍没有认识到，这整个知识建构是与当时的经济结构不相符的，这种结构允许众多参与者在经济关系中作出独立的选择。正如凯恩斯本人在其著作的德文版前言中所承认的，用一种规范导向的目的论模式全面重新解释经济，更加适用于独裁体制，而不是民主体制。

然而，我并不是说，古典经济学家，至少是那些遭到凯恩斯直接批评的经济学家，就没有他们自己特有的那种盲目性，这种盲目性也导致他们忽略了结构因素。他们隐含地假设，不管可能发生什么样的结构失灵，最终出现的结果都会体现令人满意的总变量水平。在这种假设之下，古典经济学家没有做好保护经济学的充分准备，以使其免遭那些鼓吹宏观经济管理的狂热分子的损害。

在20世纪中叶以前形势危急的那几十年，知识、科学以及政策图景本来应该而且本来也能够大不相同的。实际上当时只需认识到，只要是处在能使货币单位的价值具有可预测性的法律和宪法结构之内，并伴之以旨在保证这种可预测性的体制改革，经济过程就会良好地运行(仅就这个方面而言,20世纪30年代,丧失了一次极好的机会)。宏观经济理论,无论是低级的还是高级的,连同那设计、建造和操控庞大的宏观经济模型的整个行业,本来都无需诞生。⑦

三　社会主义、自由放任、干预主义以及经济的结构

在理论和实践中,现在人们普遍承认,社会主义无论过去还是现在都是一种失败。社会主义的偶像死了;曾一度与社会主义这个非常重要的社会组织原则联系在一起的那种希望,已不复存在了。自黑格尔以来,国家一直被视为全知全能的仁慈实体,这一浪漫的形象被打碎了,原因仅仅是人们观察到,那些代表国家行事的人是跟我们一样的普通人,他们也是在其所面对的有限信息环境之内对普通刺激作出反应。中央集权的经济规划,连同国家拥有和控制生产资料,已作为智识上的愚蠢行为成为历史,尽管在20世纪前半叶,它曾受到那么多杰出人士的青睐,尽管人们满怀敬畏地认识到,实施这样的愚蠢行为无谓地牺牲了千百万人的生命。

在这种想象出来的意识形态领域中,矗立在与社会主义相对

---

⑦　因为当时和现在,经济学家几乎普遍未能认真对待经济结构问题,所以同20世纪20年代相比,我们在20世纪90年代面临着货币单位的价值更加不可预测的局面。在我们的货币体制存在固有结构缺陷的情况下,宏观经济理论和宏观模型之所以可能有用,仅仅是因为我们的那些随意发行纸币的垄断者可以为了自己的目的而运用这种模型。

立的一端的,是同样浪漫的自由放任理想,亦即无政府资本主义者的虚构形象,国家在其中不发挥任何作用。在这种模式中,进行自由选择的个人,是未付任何代价以某种方式从霍布斯所说的丛林中逃脱出来的,他们将创造和维护所有商品和服务的市场,其中包括保护人身和财产的市场。想象这样一种社会,同想象满是理想化共产主义"新人"的社会一样困难。对于顽固坚守自由放任梦想的人来说,罗伯特·诺奇克(Robert Nozick)关于最少强制国家的推论,肯定更富有说服力。[8]

任何比较符合实际的有关社会秩序的分析,不管是实证的还是规范的,其范围肯定都是由这两种意识形态上的极端立场所限定的。国家既不是全知全能的,也不是仁慈的,但是,在任何正在运行的人类互动秩序中,政治和法律框架都是一必不可少的要素。因此,分析、讨论和争论的焦点便是,应该在何种程度上从政治上控制和干预这种互动过程。在目前进行的政治辩论中,广泛干预的国家仍然是一种可行的选择,其支持者既有科学家也有普通公民,尽管人们已普遍对社会主义理想丧失了信心。与广泛干预的国家相对立的,是最小国家或只提供保护的国家,尽管在许多方面有让步,但仍承认国家无论在生产方面还是在转移支付方面都应发挥应有的作用。[9]

---

[8] 罗伯特·诺奇克:《无政府、国家与乌托邦》(Anarchy, State, and Utopia),纽约:基础图书公司,1974年版。

[9] 尖酸刻薄的观察者会说,自1776年亚当·斯密首次发表反重商主义的论点并由此而诞生了现代经济学以来,简直就没有取得科学上的进步。20世纪70年代和80年代,重商主义(即保护主义、干预主义)部分地取代普遍承认的社会主义的死亡,似乎又卷土重来了。

在这里有人会问,这些问题与我对经济科学状况的评价有什么关系,这毕竟是我在本章中要完成的工作。我还是回到主题上来。我的前提是,什么是"经济"这一基本概念,对我们正在探究的内容确确实实具有直接的规范含义。从某种真实的意义上说,我的前提告诉人们,不同的规范立场反映的可能是不同的理解,而不是不同的基本价值观。如果这个前提描述得准确的话,那么就不仅可以在某种假定不变的经验现实的有效性方面取得真正的科学进步,而且在基本理解(即方法论)的层面上也可以取得真正的科学进步。⑩

运用得窄一点的话,我的前提便是,从规范角度说,国家或集体干预的适当范围,直接取决于什么是经济这个概念问题,取决于什么是经济科学探索的对象。也就是说,就社会主义和自由放任这两个极端之间的范围究竟有多大而展开的辩论,会反映出人们为所观察到的现实建立的不同模型。从某种意义上说,应该来源于所认定的是。

让我说得更加具体一些。我认为,若把经济理解为一种互动的秩序,只受一套规则或约束的制约,那就会或多或少地直接导致这样一种规范立场,即:应该尽量不干预这种互动的结果。与此相对照,若把经济理解为一台发动机、一种机械装置或一种手段,可以用来达到特定的目的,那就会或多或少地直接导致这样一种规

---

⑩ 作为我崇敬的教授,弗兰克·H. 奈特曾在一篇杰出的经验调查的结尾说过,"由此证明,水是往山下流的"。现代经济研究目前把重点主要放在经验上,奈特的话也表达了我对这一现象的看法。我怀疑单靠经验证据能否说服许多经济学家,不过我承认,证据与理解之间的关系依然是神秘的。

范立场,即:应该从权宜角度评价国家或集体可能对互动过程的干预。

许多教科书都在其开头部分讨论经济的功能,这种做法的开创者是弗兰克·H. 奈特。[①] 我已经(在第二章)说过,即便是仅仅列出经济的"功能",也会造成混乱和误解。如果经济本身没有目的,我们又怎么能够认为它的运行有功能呢？若把经济想象为秩序,我们就只能评价经济结构在促进实现分别相互作用的参与者所追求的任何目的上的相对成功。(在这里,与博弈作基本的类比仍很有用。我们评价博弈规则的方法是,看它们在多大程度上能够使博弈者实现自己在博弈中所追求的目标。)

这一点,可以用两人、两种商品交换的简单例子加以突显。假设两个交易者拥有两种商品禀赋,并假设他们相互承认这些禀赋为最初的持有者拥有。然后他们进行交换,并出现一种交易后的禀赋分配,它不同于交易前的禀赋分配。在一旁进行观察的经济学家如何评价这一简单的交换过程呢？两种不同的解释或理解会导致完全不同的分析过程。重商主义的、功能主义的、目的论的理解,会引入一种假定存在的有关个人效用或偏好顺序的事前知识,并对每个交易者的交易后状况和交易前状况进行比较。如果这种比较表明,每个交易者享有的效用水平有所提高,就可以断定这种交易增加了彼此的效用。

若把经济理解为秩序,则情况会迥然不同。就无需为了能推断出交换增加每个交易者的效用,而假定经济学家事前知道这两

[①] 弗兰克·H. 奈特:"经济组织",芝加哥:芝加哥大学,1934 年,油印件。

个交易者的效用或偏好函数。经济学家并不站在目的论的立场上，根据某种先前确定和知晓的等级表来评价交换的结果。相反，他或她认为交换只是在以下程度上增加了每个交易者的效用，即：交换过程本身体现出公平和妥当的特性。如果既没有强制也没有欺诈，如果交换是交易双方自愿的，那就可以认为交换对双方都有益。经济学家分析交易者讨论和达成交换条件的行为时，如果愿意的话，可以使用效用最大化语言，只不过重点要完全放在个人追求这样一种效用的最大化行为上，但这种效用是个人分别辨识出来的，是不能独立地观察到的。

就对自愿交换的可能干预而言，从这两种相互对立的解释中，可以得出重要的推论。如果经济学家依据独立存在的效用等级表来评价交换能在多大程度上增加交易者的效用，那么，即使在交换过程本身中没有观察到强制、欺诈或胁迫，他或她也可能会建议进行干预。这种态度为采取家长式的立场，由政府提供殊价商品，集体干预市场上的自愿交换提供了基础。个人可能并不采取行动追求自己的最大效用。另一方面，如果旁观的经济学家完全根据交换本身的过程进行评价，那么他或她提出的集体干预建议就必然只限于消除广义的交易障碍。

我们还可以用简单的交换例子来讨论一致同意在这两种对经济互动的解释和理解中的作用，以及帕累托准则在评价分析中的地位。要进行交换，交易各方就得一致同意进行交易，并就交易条件达成一致。由此而出现的交换之后的商品分配状况，表明达到了一种均衡。若对交换作目的论式的解释，便不需要为了任何重要目的而达成一致意见。有两个评价标准，即两个交易者的不同效用等级表,并假定评价者在交易前就知道它们。如果交换使每个交易者在指定给他或她的效用等级表上的位置有上升,那便可以把这种变化界定为帕累托次优。如果不需要进行个人之间的效用比较,福利评价就可以是正的。

与此相对照,把经济解释为秩序,依靠的主要是把一致同意当作评价标准。既然没有独立存在的效用等级表,那么交易者改善了自身状况的唯一标志,就是所观察到的他们的一致同意。因为一致同意表明变化是双方所乐意的,所以正的福利评价便是可能的。一致同意是界定帕累托(威克塞尔)次优的手段,而且是现有的唯一手段。

四 从个人选择到社会选择:功利主义的基础与契约论的基础

经济学家如果把经济想象为一种产生潜在福利的机制或工具,就不会愿意把评价标准限定为分别归属于个人并与个人联系在一起的效用等级表。尽管经济学家普遍承认过于简单化的功利主义是没有根据的,但他们几乎不可避免地会试图为"社会"或"集体"效用推论出有意义的标准。这就是20世纪中叶理论福利经济学创立、发展和运用社会福利函数架构背后的主要推动力。这种架构既要明确引入道德判断,同时又认为帕累托摆脱个人之间直接的效用比较具有重要意义。这样的分析是要寻求罗宾斯之后的效用等级表,并据此衡量经济的潜在绩效,这种等级表可以独立于绩效本身而存在。因此,被评价的经济或市场的成功或失败,是通过把所观察到的结果与可能取得的结果相比较而确定的。采用社会福利函数架构的现代经济学家,尽管其方法论和哲学显得高深复杂,其实却未能摆脱功利主义的基础,19世纪末整个最大化配置范式,就是从这个基础中产生出来的。

如果我们摆脱功利主义的羁绊,不再力图建构一个效用等级表,用它评价经济或市场本身的绩效,那么我们就不得不接受这里提出的另一种概念化方式,即把经济看作是一种秩序、一种结构或一套规则,经济绩效不是用结果来评价,因为这种结果在概念上脱离了在秩序本身之内活动的个人的行为。在秩序或结构之内,个人从事交易。接下来如果我们把这种交易互动一般化,把其适用范围扩展至许许多多的行为者,我们便可以解释、推论和分析社会或政治方面的相互依赖关系,把它看作是复杂的交换,是一种关系,这种关系把政治上自愿达成的一致意见视为适当的合法标准。

政治哲学中的契约论传统提供了一种智识途径,据此可以方便地从两个交易者从事的简单市场交换转而研究错综复杂的政治活动。许多批评者不愿作这种扩展。他们也许承认自愿交换是经济过程的核心,但却不愿意用交换范式解释政治活动。这些批评者说,通过简单的观察便可以看出,政治是与冲突和强制有关的。我们怎么能用交换模式解释政治现实呢?

契约论的回答要求人们认识到,政治互动的立宪层面与宪法内层面或立宪后层面是有区别的。没有这种区别,为政治强制辩护的任何规范理由就不可能存在,至少对于规范个人主义者而言是如此。人们之间的冲突、强制、零和或负和关系——这些关系确实是政治制度的特征,因为可以观察到它们在一套立宪规则之内,即一种给定的立宪秩序之内运行。体现政治"博弈"的许多参与者之间的一致同意的复杂的交换模式,在这里显然是不适用的。但是,如果分析和注意力转向可以选择的规则层面,我们就能够把人们对这些规则潜在和实际的一致意见当作规范合法性的标准。而这种一致意见很可能产生出这样一些规则,其运行会在特定的一系列普通政治活动(如单打赛)中,给某些参与者带来负值结果。[12]

请注意,人们或多或少会自然地把简单的市场交换模式,扩展至复杂的立宪政治模式。经济过程和政作过程没有截然的区别;对每一种过程的研究都集中在个人的选择行为上,个人彼此相互作用选择规则,这些规则反过来约束个人在规则之内的选择,而规则之内的选择又会产生各种结果。不过还得注意,经济学家若仍然被最大化这件紧身衣束缚着,就不会爽快地把政治活动视为复杂的交换。

五 作为宪法秩序的政治经济

我给本章的标题定名为"作为宪法秩序的经济"时,曾有点犹豫不决。现在从我的论述中可以看得很清楚,我把经济和政治制度界定为属于无所不包的宪法秩序,而宪法秩序我们又可以定名为"政治经济"。政治经济可以用一整套约束或结构来描述,而个人就在这套约束内之追求自己的目标。

---

[12] 詹姆斯·M. 布坎南和戈登·塔洛克:《同意的计算》,安阿伯:密歇根大学出版社,1942年版。

从广义上说,这些约束包括自然的限制和技术上的限制,其中包括人类能力的限制,并可以认为人类的能力是不变量。这些"绝对的事物"超出了我的兴趣范围,不过应该指出,许多愚蠢的社会主义思想就源自于未能认识到:人类相对来说是不可改变的。在这里,我关注的是那些可以有意加以改变因而可以加以选择的约束。[13] 因为这些约束是普遍的,涉及政治经济中的所有参与者,所以根据定义,从古典学派所说的"公共物品"的意义上说,任何选择都必然是公共的。制约任何一个行为者的约束的改变,都必然适用于所有行为者。

现在让我再来谈一谈前面对立宪和宪法内选择层面所作的区分。在给定的一套约束之下,个人会单独和联合行动以追求自己的利益和目标。就某些目的而言,把现有的约束视为相对不可改变的绝对事物,并研究和预测在这些约束之下会出现什么样的结果,是有用的。这一实证经济学研究领域成果丰硕,但不应由此而推论说,在丝毫不改变约束的情况下,可以改变结果来达到预先确定的目标。这样的努力必须伴之以这样的分析,即预测在其他约束、其他博弈规则、其他宪法结构之下会出现的结果。如前所述,凯恩斯理论的悲剧在于,由于忽视了制度和宪法变化的可能性,它未能直接改变总体结果。

如果把政治经济想象为在一定程度上是由可以进行明确的集

---

[13] 我不接受某些文化进化论者分析得出的结论。这些进化论者认为,社会秩序的基本制度是未经有意的设计演化形成的,而且根据推断还认为,有意地改进这些制度是不可能的,并进而认为,尝试进行改进是有害的。

第三章 作为宪法秩序的经济

体选择的约束描述的,人们就会立即注意到宪法和制度变化的可能性。在这里与博弈作类比仍很有用;我们可以通过改变规则来使博弈发生变化,从而改变预期的结果。如果我们断定所观察到的结果不如可能实现的可选择的结果,那么我们作为政治经济学家就有责任考察在其他约束结构之下的预期结果。例如,若批评现有的收入分配或资源配置不公平或无效率,与此同时就必须证明,所提出来的另一种体制预期产生的分配或配置,按相同标准衡量会做得更好。[14]

当然,谁也不会感到奇怪,我利用这一章,从各个角度重申了为什么应当把宪法政治经济学当作经济学家目前应该予以关注的研究计划。同样地,这种研究计划本身既包含实证成分,也包含规范成分。一些批评者常常指责我即便没有实际犯自然主义的推理谬误,也危险地接近了这种谬误,即根据"是"推论出"应该"。我从不在意这种批评,因为如前所述,从某种意义上说,我们确实根据对"是"的想象推论出"应该"。我们认为经济"是"什么,的的确确会直接影响我们作为间接地选择规则的公民应该如何行为。我们一定要明白,根本就没有"是""在那边"等着我们用眼睛去观察,用耳朵去听,用肌肤去触碰。我们把抽象的结构强加在所观察的事件上,由此创造出我们对"是"的理解。正是这种理解,为我们规定

---

[14] 丹·厄舍(Dan Usher):《民主的经济前提》(*The Economic Prerequisites to Democracy*)(纽约:哥伦比亚大学出版社,1981年版);拉特利奇·维宁(Rutledge Vining):《论对经济制度绩效的评价》(*On Appraising the Performance of an Economic System*)(剑桥:剑桥大学出版社,1984年版);杰弗里·布伦南和詹姆斯·M.布坎南:《规则的理性》(剑桥:剑桥大学出版社,1985年版)。

了可行之事的有效限度。若认为我们不是这么做的或可以不这么做,那可以说是危险的胡闹。

第四章　为复合共和制辩护：对《同意的计算》的回顾性解释[*]

我在别处[①]指出过，公共选择视角包含两个不同的要素：一是把"政治活动"概念化为"交换"，二是把经济学家的效用最大化行为模式扩展至政治选择。《同意的计算》是把这两个要素融合成一个首尾一致的逻辑架构的第一本著作。[②] 在这短短的回顾性一章中，对照比较一下《同意的计算》中展开的论证和当时新生的公共选择分析中的论证以及当时政治科学中传统学问的论证，是有益的。

肯尼思·阿罗于1951年发表了其具有重大影响的《社会选择与个人价值》；[③]邓肯·布莱克（Duncan Black）在20世纪40年代

---

[*] 本章是一篇文章的修改版，该文题为"为复合共和制辩护"（"Justification of the Compound Republic"），发表在《公共选择与宪法经济学》（*Public Choice and Constitutional Economics*）一书中，詹姆斯·格瓦特尼和理查德·瓦格纳（James Gwatney and Richard Wagner）编，第131—138页，格林尼治，康涅狄格州：JAI出版公司，1988年版。

① 詹姆斯·M. 布坎南："公共选择视角"（"The Public Choice Perspective"），载《公共选择经济学》（*Economia delle Scelte publiche*）（1983年1月），第7—15页。

② 詹姆斯·M. 布坎南和戈登·塔洛克：《同意的计算：立宪民主的逻辑基础》，安阿伯：密歇根大学出版社，1962年版。

③ 肯尼思·J. 阿罗：《社会选择与个人价值》，纽约：威利图书公司，1951年版。

末和50年代初发表了一些早期论文后,于1958年出版了《委员会与选举理论》。① 安东尼·唐斯(Anthony Downs)于1957年发表了《民主的经济理论》。② 正像约瑟夫·熊彼特那样,这三位作者都是经济学家;熊彼特的著作《资本主义、社会主义和民主》与那些后来的著作有一些先兆性的、然而却被人们普遍忽略的相似之处。③ 无论是在熊彼特那里还是在这三位作者那里,分析都建立在经济学家的效用最大化模式之上。的确,在阿罗、布莱克以及后来的社会选择架构那里,个人被定义为对可选社会状态的偏好排列。唐斯的著作不同于社会选择理论的地方是,他认为政党的行为模式类似于逐利厂商在竞争性市场环境下的行为模式,但这种架构最终依据的也是追求官职的政客和追求利益的选民的效用最大化行为。

所有这些架构中缺少的一个要素是,它们都没有为体现个人主义评价准则的民主过程提供可资辩护的理由。阿罗和布莱克似乎认为,"社会选择"的稳定性和一致性,要比个人价值与集体结果应该保持一致更为重要。唐斯关心的似乎是预测多数主义民主过程的结果,而不考虑少数偏好状态下个人欲望的压倒性力量。阿罗引人注目地证明,在任何规则之下,一组一组相互一致的个人偏好排列都并不一定产生一致的社会或集体结果。但他未注意到,

---

① 邓肯·布莱克:《委员会与选举理论》(*Theory of Committees and Elections*),剑桥:剑桥大学出版社,1958年版。

② 安东尼·唐斯:《民主的经济理论》(*An Economic Theory of Democracy*),纽约:哈珀图书公司,1957年版。

③ 约瑟夫·熊彼特(Joseph Schumpeter):《资本主义、社会主义和民主》(*Capitalism, Socialism, and Democracy*),纽约:哈珀和罗图书公司,1942年版。

在任何非全体一致规则结构之下,人们都可能规范性地求助于少数人的偏好或利益的强制。⑦

这些著作给我们留下了这样一个悬而未决的问题:个人究竟为何进入集体?这些著作不加探究地认为,个人无论如何都是政治共同体的一员,集体活动的范围本身超出了个人的控制,因而也就超出了可以进行个人计算的分析界限。《同意的计算》在这一根本方面不同于这些先驱性的著作。我们的分析为民主过程提供了可资辩护的理由。我们力图概括地说明,或至少非常一般性地说明,必须具备哪些条件个人才会觉得加入由宪法划定了活动范围的政治实体,或默认自己是历史上存在的政体的一员,是有利的。

同当时传统的政治科学研究中的情形相比,这种智识-分析真空在早期将经济学方法论扩展至政治过程的方面要表现得更明显。正因为这些经济学家(布莱克、阿罗和唐斯)把个人效用最大化明确地纳入了他们的分析之中,个人之间在对可选政治制度的偏好排列上可能存在的差异才表现为一个中心问题。在偏好相同的理论模式中,不会直接出现阿罗、布莱克或唐斯探讨的问题。可是一旦假定对政治选择自由的偏好是不同的,就会很自然地考虑政治体制之间的选择。

20世纪中期的规范政治科学提供了一种与现在迥然不同的观念环境。某种程度上受黑格尔式唯心主义的影响,个人利益被视为体现于国家之中,体现于政治过程中。甚至对于许多几乎不

---

⑦ 阿罗强调集体结果的稳定性和一致性而忽视个人利益,是我在一篇文章中批评的主要目标,见拙作"社会选择、民主与自由市场",载《政治经济学杂志》第62卷(1954年4月),第114—123页。

能划归这一黑格尔传统的人来说,政治也仍然被设想为是对真和善的追求,由这种追求可以(为每个人)得到唯一一确定的"最佳"结果。当时实证政治分析的一个重要分支,主要依据阿瑟·本特利(Arthur Bentley)的著作,[8]把注意力集中在了不同利益的冲突上,但也往往忽视为能够真正进行博弈辩护所必需的合作因素。

如果我们不放弃方法论上的个人主义这一预设,最终就必须用可以满足个人欲望的潜力来为国家或政治组织辩护,而不管个人的欲望是什么。国家必然是一种自然而然地演变或人为设计出来的巧妙方法或工具,以满足个人的需要,而在其他安排之下则不那么好满足这些需要。从这个意义上讲,政治这场大游戏必然是双赢的。如果承认了这一事实,而同时又承认了不同个人利益之间可能存在冲突,那么就立即使人想起经济学家的基本交换模型。在这种基本理论模式中,交易者进入相互作用的过程之中,他们的利益从分配角度看彼此相互冲突,但其所处的环境却能够使他们通过合作彼此都获利。

更具有包容性的公共选择视角中的这第二个要素,即把"政治"概念化为"交换",是提供任何可资辩护的理由所必须具备的。我们在把这个要素添加进政治活动中个人选择行为效用最大化模式的时候,直接受到了克努特·威克塞尔(Knut Wicksell)的那部伟大著作的直接影响,[9]我一向把他视为我自己在公共选择领域

---

[8] 阿瑟·本特利:《治理过程》(*The Process of Government*),1908年版;重印本,布卢明顿,印第安纳州:原理出版公司,1935年版。

[9] 克努特·威克塞尔:《财政理论研究》(*Finanztheoretische Untersuchungen*),耶拿:费希尔图书公司,1896年版。

甚或一般地说在政治经济学领域所作努力的主要先驱。威克塞尔与他的几位欧洲经济学同事一道，力图把经济分析的范围扩展至公共或政府资源使用部门。他试图找到一个标准来衡量国家或集体使用资源的效率，这个标准类似于经济的市场部门运用的衡量资源使用效率的标准。集体在市场上使用一资源单位，如何评估其价值？估价的唯一源泉是个人，因为个人既享受国家出资提供服务的利益，又支付因牺牲私人供应的商品所招致的成本。根据这一基本的个人主义预设，便得出了威克塞尔的一致同意标准。如果任何一项拟议中的公共或政府支出，其被人们估计的价值高于可供替代的市场或私人产品，就肯定会有一项税收分摊计划得到所有公民的同意。如果没有税收分摊计划得到全体一致的赞同，则该拟议中的支出便没有通过检验。请注意，威克塞尔的这一基本主张既包含有已显示的偏好这一认识论上的谦抑又包含帕累托评价标准，这两者后来都作为独立发现的思想而出现。

威克塞尔在提出抛弃立法机关中由来已久的多数投票表决原则时，实际上是在提议改变实际的政治体制，也就是改变作政治选择时必须服从的那套限制。他改变了对话的范围。威克塞尔没有讨论在不变的规则结构之下各种政策选择的相对效率，很少关注或根本不关注效率指的是什么，或所选定的希望实施的政策有多大成功的可能性，相反，他力图敞开决策规则的结构，把它当作一个可以选择的变量，以确保集体行动符合有针对性地规定的效率准则。当然，威克塞尔明白，严格的一致同意要求会向所有参与者提供采取策略性行为的动机，或多或少地放松这一要求对于实际操作也许是必要的。把这一要求降至需得到 5/6 议员的表决同意,会大大减少采取策略性行为的动机,同时又确保不批准即使不是全部也是大部分无效率的支出。

然而,威克塞尔只是为在某一时刻单个地评价可供选择的政策制定了标准。他把注意力转向了决策规则的改变,从简单多数投票表决转向一致同意,以确保集体批准收益等于或超过成本的项目,就任何一般项目来说都是如此。[10] 威克塞尔没有把分析扩展至特定决策规则在整个连续的时间段的运行或各个种类开支的运行,这种扩展或许可以对单个项目采用限制性较少的检验标准。

在《同意的计算》中,塔洛克和我超越威克塞尔,进行了这种扩展。我们受到了与拉特利奇·维宁进行的讨论的直接影响,他是我们在弗吉尼亚大学的同事,他经过深入研究得出了这样一个论点,即政治选择是在各种可替换规则、制度和安排之间的选择,它们运行时产生各式各样的结果,其中至少有一部分是随机的。因而我们评价某一项或任何一项规则的运行时,不应该看其在某一特定选择情形下产生的结果,而应该看其在由单个"游戏"组成的整个序列中产生的结果,这些游戏在种类上和时间上都互不相关。维宁坚持认为,与普通游戏规则的选择作这种类比是恰当的,这是当时夏洛茨维尔市的学术环境所造就出来的一项主要成果,因而把威克塞尔的检验标准从单个项目转向规则,对于我们而言似乎就是"自然而然的"事情了。

在威克塞尔封闭的选择环境中,非策略性行事的个人,如果预

---

[10] 威克塞尔准许那类被认为是不可取消的承诺的支出不受这一标准的检验,例如债务利息。

第四章　为复合共和制辩护：对《同意的计算》的回顾性解释

测到他或她得到的收益将超过税收成本，他或她就会投票支持一项拟议中的集体支出。他或她将反对所有那些经不住这种检验的支出计划。不过，如果这个人处于真正的立宪选择环境中，可供选择的是不同的决策规则，在这些规则之下考虑一整套特定的支出计划，他或她就会评估各种规则在整个这套支出计划上的预期运行性能。如果总的说来，预期某项规则的运行会产生净收益，这个人就会投票赞同该项规则，即使他或她预料到个人在这场政治博弈的某些特定"比赛"中肯定会遭受损失或损害。

通过把一致同意准则的应用从特定支出计划的层面提升至选择规则的层面，即提升至立宪层面而不是停留在立宪之后或之时的选择层面上，我们便能够预计到，所选定的和大家同意采用的决策规则会在很大程度上偏离一致同意准则，在一些情况下采用简单多数表决，而在另一些情况下采用甚至采用不足多数表决。立宪分析表明，在不同的规则下作出决策的成本以及决策的重要程度与此是有关系的。同时由于这两个因素都是变化不定的，在所有可能的政治活动中首选的规则也不是始终如一的。

在我们看来，这种架构为某种类似于詹姆斯·麦迪逊头脑中那种复杂的政治结构的东西提供了可资辩护的理由，这种政治结构的大部分都嵌入了美国国父们所批准的宪法框架。对于立宪民主而言，有一个为复合共和制辩护的理由可以建立在个人效用最大化之上，但为其辩护的一般理由不允许把多数裁定规则提升至支配地位。多数裁定规则，无论是在全体选民中还是在立法机关中，都与其他规则享有同等地位，其中一些规则涉及面较广，另一些规则涉及面则较窄。

在选择规则的立宪阶段,我们的论证从概念上说确实要求所有各方的一致同意。从这个意义上说,我们只是在供选择的等级制度中把威克塞尔－帕累托准则向上推进了一个等级。但正如我们所说明的,人们就规则取得一致意见,要比在一定规则之下就不同的政策选择取得一致意见容易得多,因为在前一种情况下很难确切地识别出个人的经济利益。将要选定的规则预期会存在于整个一连串的时段,或许会对各个时期内范围广泛的各种选择起作用。在选择规则的阶段,个人如何能够识别出自己的狭隘私利?他或她如何能够预测哪项规则能使自己的净财富最大化?他或她迫不得已必然要从黑黑的"不确定性之幕"背后选择规则。在此情况下,效用最大化就会要求人们考虑一些抽象的准则如公平、平等、正义等,而不是考虑较为具体的东西如净收入或财富。

这种架构使我们能够从分析的角度,至少在某种程度上弥合个人的狭隘私利和由个人出发界定的所谓全体利益之间的鸿沟。在这种架构中,我们的努力非常接近于约翰·罗尔斯的努力,罗尔斯学术成就的顶点是他写出的那本开创性的著作《正义论》。[11] 我们在20世纪50年代后期发表的早期论文已隐约预示了罗尔斯架构的最主要部分;虽然我们自己的架构是独立研究出来的,但我们还是熟悉罗尔斯所作的相同努力。[12]

不过,我们的分析在一个很重要的方面不同于罗尔斯的分析,

---

[11] 约翰·罗尔斯:《正义论》,剑桥,马萨诸塞州:哈佛大学出版社,1971年版。
[12] 我们一点也不熟悉约翰·哈森伊的架构("基数福利、个人主义道德以及个人之间的效用比较",载《政治经济学杂志》第63卷[1955年8月],第309—321页),该文发表于20世纪50年代中期,但却具有完全不同的规范目的。

那就是，我们没有试图具体地预测订约者（他们是从不确定性之幕的背后选择规则的）之间可能达成的一致意见会带来什么结果。如上所述，我们的架构表明，没有哪一单个决策规则能被选定用来普遍适用于整个政治行动领域。我们运用该架构是要排除一些结果，而不是要具体说明会选择哪些结果。相比之下，罗尔斯则被诱导（我们认为是被误导），试图利用无知之幕架构作具体的预测。他说，他的两项正义原则只是出现于立宪前的契约同意阶段。

当我们把立宪阶段的政治活动概念化为追求最大效用的个人之间的交换时，我们就不得不认为自己是在政治哲学中的社会契约传统之内活动。因而《同意的计算》一书的先驱，是古典社会契约理论家的著作，而不是理想主义者或现实主义者的著作。令我一直感到奇怪的是，社会科学家和哲学家，尤其是经济学家不愿意和／或没有能力理解和正确评价自愿交换制度、立宪规则选择和在这种规则之下的普通政治活动之间的关系。詹姆斯·麦迪逊显然理解这种关系，而我们在25年前则试图用现代分析语言阐明这种关系。25年来，无论是公众的态度还是学术界的态度都发生了某种转变，在某种程度上转而试图恢复麦迪逊的智慧。或许，《同意的计算》一书对这种态度的改变作出了微薄的贡献。但"政治就是纯粹的冲突"和"政治就是对真理和光明的追求"依然是两种支配性的模式，影响着公众和"科学界"有关集体行为的看法。

第五章 立宪选择中的利益与理论[*]

一 立宪选择中的一致意见与合法性

一种观点认为,所有当事方之间的一致意见是一条根本性原则,据此才能确保一个共同体的基本宪法秩序的合法性。这种观点似乎被在其他方面莫衷一是的广大知识界人士所共同持有。然而,仔细考察一下就可以看得很清楚,一致意见这个概念在不同语境中意思有所不同,因而对于哪种一致意见具有合法性力量也就存在着系统各异的解释。就此而言,以下各个维度对一致意见的限定都可能与此有关,譬如取得一致意见的条件,取得一致意见的过程,或"显示"一致意见的方式(如明白表示的一致意见与隐含的一致意见,最初的一致意见与现在表示的一致意见,等等)。

在本章,我们主要考察有关一致意见的社会契约概念和对话概念之间的关系。前者的代表性作家有约翰·罗尔斯、戴维·戈

---

[*] 本章是一篇文章的修改版,该文题为"立宪选择中的利益与理论"("Interests and Theoretical Constitutional Choice")(与维克托·范伯格合著),载《理论政治学杂志》(*Journal of Theoretical Politics*)第 1 卷(1989 年 1 月),第 49—62 页。

塞尔、詹姆斯·M.布坎南,后者的代表性作家有尤尔根·哈贝马斯、布鲁斯·A.阿克曼[①]以及詹姆斯·S.费希金。我们的目的不是重建这两个概念在其曾经被放入的语境中具有的"真正含义",而是提出一种(新的)解释,使我们能够把社会契约和对话融合成为一种分析立宪选择的更加富有成效的方法,而单独运用这两个概念的任何一个都没有那么大的成效。更为具体地说,我们想要证明,如果我们明确地把人类选择中的"利益成分"和"理论成分"区别开来(这两个成分在理性选择理论中常常不加区分地融合入偏好概念),就可以把社会契约和对话这两个概念——或至少它们的某些关键性组成部分——视为必然是互补的。我们认为,契约论者的一致意见概念指向的主要是利益成分,而对话概念则可以被十分富于成效地看作是和理论成分有关。

本章的结构安排如下:第二节讨论立宪选择的两个成分即利益成分和理论成分之间的区别,我们将证明这种区别对于研究立宪选择具有特别重要的意义。第三节着重论述利益成分及其与契约论立宪视角的关系,特别是与"不确定性之幕"及相关理论概念的关系。第四节则把注意力集中于立宪选择中的理论成分。哈贝马斯的"理想谈话环境"概念及相关概念被(重新)解释为属于认识维度。第五节得出了一些结论。

[①] 布鲁斯·A.阿克曼(Bruce A. Ackerman):《自由主义国家中的社会正义》(*Social Justice in the Liberal State*),纽黑文和伦敦:耶鲁大学出版社,1980年版。

二 立宪选择中的利益与理论

经济学家对选择行为的标准解释,是用偏好和约束条件进行的。偏好被认为反映在效用函数中,理性的行为者会在他或她所不得不面对的约束条件下使效用函数最大化。正如通常所理解的,偏好概念纯粹是有关主观价值的概念,牵涉的是行为者对可能选择的目标的评价。但在通常使用的时候,这个概念一般并非只牵涉评价维度,使用它的方式通常把评价成分和认知成分混合在了一起,或者换句话说,把一个人对可能的选择结果的评价——或利益——和他或她有关这个世界的理论,特别是他或她有关这些结果可能是什么的理论混在了一起。[②]

对于许多目的而言,可以方便地使用偏好概念而无需明确地把真正的评价成分和认知成分区分开来。但对某些分析目的而言,有意把利益和理论区分为选择过程中的不同要素却是有用的。一个人如何选择潜在的可替代之物,不仅是一个"他想要什么"的问题,而且还是一个"他相信什么"的问题,因而对于某些种类的选择而言,行为者的信念或理论可能起着至为关键的作用。我们认

[②] 举例来说,一个人喜欢比如欧洲制造的汽车而不喜欢美国制造的汽车,这不仅仅反映出他或她心中可能抱有的价值或利益,而且还充满了有关购买欧洲车而不购买美国车会产生什么后果的实际预测或理论,这种预测可能证明是对的或错的,而他或她的偏好中真正的评价成分严格说来却不能做出对或错的判断。塔尔博特·佩奇对"偏好(效用)"和"信念(概率)"作了区分("概率显示中的支点机制"["Pivot Mechanisms in Probability Revelation"],加州理工学院,1987年,油印件),这种区分在某些方面类似于我们对利益和理论所作的区分。

为,第二个要素对于立宪选择,即对于规则选择特别重要。③ 因此可以得出,立宪分析把立宪选择的评价方面和认知方面明确区分开来是会从中受益的。

加里·S.贝克尔(Gary S. Becker)提出的消费者或家庭生产概念,④提供了一个可以多少更为明确地指出评价和认知区别的有用框架。在消费者生产理论中,全部潜在的选择对象被划分成了两类:一方面是"最终的欲求对象"(食品、住所、性,等等),对于这些东西,所有的人具有相同的不变偏好,原因是人们具有共同的人性。另一方面是这样一些选择对象,它们是潜在的用于生产最终的欲求对象的输入材料,而就其本身来说并不是人们所欲求的。对这种"工具性"物品的需求是派生性需求,派生于对最终物品的需求,工具性物品会对最终物品的生产作出贡献。这些"非最终"物品是从经验上说与社会理论有关的大多数选择对象。

脱离开贝克尔自己的具体解释,他提出的概念之所以对我们的分析有用,是因为它提出人们对"普通"选择对象——如食品、饮料、书籍、航游——的偏好,通常是派生偏好,是对更为基本的东西(如健康、漂亮、娱乐、社会声望,等等)的偏好同有关这些"普通"选择对象如何促进这些更为基本的东西形成的理论二者的混合体。既然潜在的选择对象有助于更为基本的东西的形成,有关它们在

---

③ 虽然是用不同的话语叙述的,但我以前就曾指出过,理论成分在相对于普通的政治选择而言的立宪选择中具有较大的重要意义,参见拙作"政治与科学"("Politics and Science"),载《立宪契约中的自由:政治经济学家的视角》,大学站:得克萨斯 A & M 大学出版社,1977年版,第50—77页,特别是第72页以下。

④ 加里·S.贝克尔:《对人类行为的经济分析》(*The Economic Approach to Human Behavior*),芝加哥和伦敦:芝加哥大学出版社,1976年版,特别是第131页以下。

这方面各自所起到的作用的理论,显然就在个人选择中起着至为关键的作用。

可以说,在几乎任何选择中,从对冰淇淋风味的选择到对配偶的选择,都有利益成分和理论成分,尽管这两种成分的相对重要性在不同种类的事物那里差别很大。对于许多普通市场选择来说,理论成分只会起极小的作用,而另一些选择则会深受理论的影响。很显然,在立宪层面上,人们有关可选规则和规则体系的运行性能的理论,而不只是他们在预期结果方面的利益,对他们的选择行为具有极为重要的意义。

立宪选择就是为一个共同体或一群人选择规则。根据其本身的性质,所要选择的规则是公共的,因为它们规定了在相关共同体内采取行动和进行交易的条件。也就是说,它们将影响相关共同体内的每一个人,尽管不一定以相同的方式影响每一个人。除了其"公共性"之外,立宪选择显然还具有工具性。规则通常不是按其本身的价值评估的,而是根据它们预期产生的结果来评估的。⑤我们可以使用立宪偏好这个词指一个人对可供选择的各项规则或各套规则的偏爱,这种偏爱可以用投票选择或其他方式显示出来。一个人的立宪偏好涉及在他或她的共同体中执行的规则的排列,或者换句话说,这种偏好描绘出对立宪环境的评价。

如前所述,立宪偏好从分析上说可以分解为两个成分:一个是

---

⑤ 正如弗里德里希·A.哈耶克(Friedrich A. Hayek)指出的,"行为规则……是通用工具,用于适应某些种类的环境,因为它们有助于处理某些种类的情况",参见《法律、立法与自由》(Law, Legislation and Liberty),第 2 卷《社会正义的幻想》(The Mirage of Social Justice),伦敦和亨利:拉特里奇-基根·保罗图书公司,1976 年版),2:4。

立宪理论,一个是立宪利益。一个人的立宪理论,就是他或她对可选规则可能产生什么结果所作的预测(其中包括假设和信念)。当然,这些预测可以用对或错的标尺来衡量。另一方面,他或她的立宪利益,则是他或她自己对预期结果的主观评价,把对或错这样的定语用在这种评价上是没有意义的。在这方面,一个人立宪偏好的认知成分和评价成分是根本不同的,由于有这种差别,可以预料,立宪意见一致这个问题对"立宪利益"和"立宪理论"提出的问题是不同的。

三 立宪利益和"帷幕背后"的选择

契约论的一致意见概念,把主要注意力集中在立宪选择的利益成分上。社会契约理论通常关注的问题是,具有潜在相互冲突的立宪利益的个人之间如何能就规则取得一致意见。

社会契约理论探讨这个问题的一种独特方法,由约翰·罗尔斯的《正义论》提供了范式。[⑥] 在罗尔斯的架构中,取得一致意见由规定某些"理想"条件来确保,并假定在这些条件下进行立宪选择。根据假定,选择者处于"无知之幕"的背后,无法具体知道自己将如何受到可选规则的影响。由于不知道自己在特定结果方面的预期利益,他们便会对规则作出"公正的"判断。立宪利益上的潜在冲突没有被消除,但是无知之幕把个人之间的潜在冲突转变成了个人内部的冲突。就本章而言,还应该提及罗尔斯架构的第二

[⑥] 约翰·罗尔斯:《正义论》,剑桥,马萨诸塞州:哈佛大学出版社,1971年版。

个非常重要的特征。虽然假定无知之幕背后的个人完全不知道自己对特定规则的具体预期利益，但与此同时却假定他们完全了解可选规则的运行性能。用我们的术语来说，就是假定他们的立宪理论是完美的，无可争议的。关于规则一般运行方式的信息问题是不存在的。

针对罗尔斯式的契约论，人们通常提出的反对意见是，在理想的条件下达成某种假定的一致意见这种概念性架构，对于实际的立宪选择几乎没有规范和解释意义，因为实际的立宪选择是在这样一种情况下作出的，即人们既不是完全不知道自己可辨识的立宪利益，也不是充分理解和掌握立宪理论。我们在本章剩下来的篇幅中所作的讨论，在某种程度上就是要说明，如何利用社会契约概念来分析在这种较为现实的条件下出现的立宪选择。

在经济学的所谓"寻租文献"中，⑦有种趋势认为，利益冲突既是规则之内选择的特征，也是规则之间选择的特征，因而在现实世界中，想要达成某种真正的立宪意见一致，纯粹是幻想。据称，具有可辨识的具体立宪利益的人们，会想方设法执行只对自己有利的规则，出于利益分配的动机会尽力争取"偏袒一方的"规则，从而阻碍对彼此都有利的立宪改革。尽管可以想到有一些规则可以"改进"博弈，可以使相关共同体中的每一个人过得更好，但从这种寻租的视角看，人们对自己可辨识的、相互冲突的立宪利益的关注会阻碍他们认识到可能从宪法合作中获得的收益。

---

⑦ 例如参见詹姆斯·M. 布坎南、罗伯特·D. 托利森和戈登·塔洛克编：《走向寻租社会理论》(*Toward a Theory of the Rent-Seeking Society*)，大学站：得克萨斯 A & M 大学出版社，1980 年版。

寻租理论的怀疑态度作出了正确的诊断,即现实世界中特定立宪利益的可辨识性使人们比较难于就规则达成一致意见。但由此就急切地得出结论说,在现实世界条件下不可能达成真正的立宪意见一致,则未免过于悲观了。这种诊断排除了这样的可能性,即理性的人们会意识到"寻租陷阱",会作出协调一致的努力以避免掉进这种陷阱。较为乐观的同时也是较为现实的方法应该是,探究在什么条件下和采用什么方法,可以在现实的、非假设的选择环境下促进达成立宪意见一致。

固然,在现实世界中,人们通常并不是完全不知道自己的特定立宪利益,但他们也不是对自己的利益一清二楚。在立宪这样的问题上,人们通常会发现自己处于不确定性之幕的背后,无法精确预测可选规则未来的运行会以哪些特定方式影响他们。不确定性之幕或多或少会是透明的,或者换句话说,其"厚度"会根据实际选择环境的某些特点而改变。随着不确定性之幕"厚度"的增加,达成一致的前景也会增大。

人们对于自己可辨识的特定立宪利益拿不准的程度不是一个确定的、不可改变的约束条件。影响不确定性之幕的那些变量,在某种程度上是可以操控的,理性的行为者可以审慎地采取一些步骤把自己置于较厚的不确定性之幕背后,从而增大从达成立宪一致中实现潜在收益的可能性。对于这些目的而言,最为重要的很可能是这样一个事实,即:不确定性的程度部分是我们正在讨论的那种规则的函数。在这里,最为关键的是规则的普遍性和持久性。[8] 规则

---

⑧ 关于这个问题,参见杰弗里·布伦南和詹姆斯·M.布坎南:《规则的理性——立宪政治经济学》,剑桥:剑桥大学出版社,1985年版,第28页以下。

的普遍性愈大,有效期愈长,人们愈无法确定可选规则将以何种方式影响他们。⑨ 所以他们会采取较为公正的立场,从而也就比较有可能达成一致意见。⑩

在立宪选择中,不只是借助于不确定性之幕可以导致公平和促进人们达成一致意见。还有另外一个独立的因素也朝着相同的方向起作用,那就是对稳定性的关心。人们之所以达成立宪意见一致,是因为有可能从各个立宪约束条件之下的运行中实现收益。实现这种收益的可能性并非仅仅是确保达成某种初始的一致意见的问题,而且还取决于持续地默许进行中的合作安排的问题。稳定性指的是立宪安排在长时期内的生存能力。可以预料,理性的行为者进行立宪选择时会考虑到稳定性。既然立宪安排的公平和稳定性是相互联系在一起的,关心稳定性也就会关心公平。如前所述,出现这样的情况是与不确定性之幕无关的。不确定性之幕起作用靠的是减缓可辨识的立宪利益之间的冲突。关心稳定性会诱使哪怕是完全知晓可选规则会对自己产生什么影响的人也偏爱较为公正的规则。导致公正的不是人们拿不准自己的特定处境,

---

⑨ 詹姆斯·M. 布坎南:"经济政策的制定"("The Constitution of Economic Policy"),载《美国经济评论》第 77 卷(1987 年),第 243—250 页,特别是第 248 页。

⑩ 援引自 F. A. 哈耶克的下面一段话,生动地说明了理性的行为者在何种程度上有可能故意增加不确定性以促进达成一致意见:

因而,正是对未来的结果一无所知使人们有可能就规则达成一致意见⋯⋯许多事例中的惯常做法证明了这一点,人们故意让结果不可预测以使人们有可能就程序达成一致意见;每当我们一致同意抽签时,就是有意用不同当事人的平等机会取代他们当中的某个人得益于结果的确定性。当一些孩子都病危时,他们的母亲绝对不会就谁的孩子先得到医生的诊治达成一致意见,但她们事先却会爽快地一致认为,如果医生按某种固定的顺序给这些孩子们治病会对大家都有利,因为这会提高效率。(《法律、立法与自由》,第 2 卷,2:4)。

第五章 立宪选择中的利益与理论

而是人们预计到,如果立宪安排只是服务于自己的特殊利益,那它是不可能稳定的。

关于稳定性和公平的潜在关系,重要的是要把稳定性问题的两个方面区别开来,即遵守问题和重新谈判问题,这两个方面在讨论稳定性问题时总是无法得到充分的区分。[11] 立宪安排要长期保持稳定,就必须受到充分的遵守和充分的、持续不断的一致意见。背叛和施加压力重新商谈原先达成的一致意见,都会毁掉实现收益的前景,而当初之所以达成立宪意见一致,正是由于可能得到这种收益。所以,理性的行为者在立宪阶段有理由关心这两个问题,有理由把适当的预防措施纳入他们的立宪一致意见当中。与我们的分析有关的是,他们在立宪时对遵守问题和重新商谈问题的关心,并不是以相同的方式与公平问题相关联的。

虽然规则的公平和遵守规则之间可能有某种间接的关系,但后者肯定不是前者的直接函数。也就是说,相关人群觉得某些规则公平这一事实本身,并不能确保该人群愿意遵守这些规则。出现遵守问题是因为不遵守有可能带来利益。这种利益存在与否并不取决于公平。只要存在这种利益,即便是完全公平的规则也会

---

[11] 爱德华·F.麦克伦南(Edward F. McClennen)对这个问题的讨论使人很长见识。关于这里所说的区别,麦克伦南指出:"对某项正义原则的一致意见会由于以下两个原因而不稳定,一是那些表示同意的人随后倾向于单方面背弃当时表示赞同的一致意见,二是这些人倾向于施加压力抛弃该原则而采用另一项原则,也就是施加压力重新商谈社会契约"(爱德华·F.麦克伦南:"正义与稳定问题"["Justice and the Problem of Stability"],全国人文学科中心,1987年,油印件,第6页以下)。

有遵守的问题。⑫

公平问题和重新谈判之间有更加直接得多的关系。因而,可以预期正是由于事关重新谈判而不是遵守,对稳定的关心才会导致对公平的关心。在"适当的"环境下确实可以达成有利于特殊利益的立宪一致意见,但可以预期,同公平的安排相比,这种一致意见承受环境变化的能力较差。⑬

最后,我们应该指出,无论就遵守而言还是就重新谈判而言,稳定性在立宪选择中肯定要比在非立宪或立宪后的选择中更为重要。根据其本身的性质,规则就意味着半永久性;规则理应在更长的一段时期内保持有效,而普通的政治选择则是在该时期内在现有规则之下作出的。规则的这种基本特点,确保了(选择规则时)预期不遵守或鼓动重新谈判的现值对于长期规则而言要远远高于短期规则。因此,由于可以通过故意增加持久性来加厚帷幕并且

---

⑫ 戴维·戈塞尔在《通过协议实现道德》(*Morals by Agreement*)(牛津:牛津大学出版社,1985年版)一书中提出的理论,部分建立在这样的假设之上,即:公平与遵守之间有某种直接的联系。例如参见戈塞尔("道德、理性选择和语义表述——对批评者的答复"["Morality, Rational Choice, and Semantic Representation —A Reply to My Critics"],载《社会哲学与政策》(*Social Philosophy and Policy*)第5卷[1988年],第173—221页):"稳定性在把理性选择与契约论者的道德联系起来方面起着关键性作用。意识到可以从约束性原则那里受益,理性的人们便会寻求会得到稳定遵守的原则……因而,对所有的人提供同等有利条件的一致意见,可以得到稳定的遵守,而不对所有的人提供同等有利条件的一致意见则不会得到稳定的遵守"(第189页)。关于这个问题,还可参见维克托·范伯格和詹姆斯·M.布坎南:"理性选择与道德秩序"("Rational Choice and Moral Order"),载《分析与批评》(*Analyse & Kritik*)第10卷(1988年9月),第138—160页。

⑬ 约翰·罗尔斯讨论这个问题时,对照比较的是"纯粹作为权宜之计的赞同"和"重叠的一致意见",前者的适应能力较差,因为"其稳定性依赖于各种因素保持不变,不破坏各种利益的侥幸一致"("论在多元主义之下取得一致意见"[On Achieving Consensus Under Pluralism],哈佛大学,1987年,油印件,第7页)。

促进人们达成一致意见,在达成一致意见的过程中,对稳定性的关心也会相应地增加。

四 立宪选择中的对话和理性

契约论的一致意见概念和对话的一致意见概念,都对合法性采用——与结果评价标准相对的——程序评价标准。从这两个视角出发,基本立宪原则的合法性不是根据某种预先确定的"理想制度",而是根据产生这些原则的过程判断的。规范的焦点通常集中于立宪选择过程的特点,而不是选择结果本身的特点。而且,在这两种视角中,"好的"或"适当的"过程被界定为能够确保所产生的规则公平或公正的过程。[14]

这两种架构之间的区别在于,它们对能够确保公平的程序特点的理解多少有些不同,在于它们对公平本身的解释多少有些不同。对于契约论的概念来说,个人利益是进入立宪过程的"基本投入"。选择过程实际上也就被认为必然反映这些利益,而不管具体是什么利益。选择过程不被认为是这些利益本身被加以判断或评价的过程。公平被认为是作出立宪选择的约束条件,而不是被当作进入该过程的利益的"性质"问题。特别是,从契约论的视角来看,构成公平的必要先决条件是选择的自愿性。从某种意义上说,

---

[14] 例如参见詹姆斯·S. 费希金:《超越主观道德》(*Beyond Subjective Morality*),纽黑文和伦敦:耶鲁大学出版社,1984年版,第24页以下和第95页以下;戈塞尔:《社会哲学与政策》,第31页以下;尤尔根·哈贝马斯:《道德意识与交往行为》(*Moralbewusstsein und Kommunikatives Handeln*),法兰克福:苏尔坎普图书公司,1983年版,第75页以下。

一致意见的公平和自愿性是一回事。公平的界定并不是独立于人们自愿达成的公平。[15]

与此形成对照,在对话或话语理论框架之内,"一致意见"和"公平"这两个概念往往具有较为独特的"客观"或认知含义,因为其并非仅仅涉及相互交叉或相互重合的个人利益概念。在这种框架内,立宪的一致意见——并不像在契约论的框架内那样——仅仅是各种个人利益之间的妥协。个人利益并非仅仅被视为应该由达成宪法一致意见的过程适当反映的基本投入。这些利益本身将在立宪对话过程中被评价,或许还要被改变。不管这种思想是(例如由詹姆斯·S. 费希金[16])表述为"粗野动机"和"文雅动机"(在费希金那里,"通过消除偏见和灌输",前者将被转变为后者)之间的区别,还是(例如由尤尔根·哈贝马斯[17])表述为"公正评价所有当事人的利益",其中都暗含着一种关键性的转变转向对宪法一致意见作"真值判断"解释。

在契约论的框架内,一致意见自己本身就具有规范意义。一致意见的某些原则之所以被认为是合法的,只是因为这些原则是得到了一致同意,而不是因为一致意见体现出其他某些能够区分这些原则的"性质"。[18] 所观察到的一致意见通常可以用其自愿

---

[15] 应该指出,我们对契约论构想的程序化描述,把注意力集中在了我们所认为的它与对话架构的本质区别上,因而并不一定描绘出了契约论的所有变体的特征。

[16] 詹姆斯·S. 费希金:"讨价还价、正义和辩护:走向重建"("Bargaining, Justice and Justification: Towards Reconstruction"),奥斯汀:得克萨斯大学,1987年,油印件,第16页以下。

[17] 哈贝马斯:《道德意识与交往行为》,第78页。

[18] 朱尔斯·L. 科尔曼(Jules L. Coleman)在有关一致意见的"认知性"解释和"标

性,也就是用当事各方表示一致意见时所受的约束来证明自己在规范上是合格的。但是,从其契约论的意义上说,它无法用超出一致意见本身的标准来有意义地证明自己是合格的。然而,这种资格却显然是对话架构所固有的。在哈贝马斯看来,[19]有效的或合法的准则并不是人们在规定的条件下碰巧一致意见的那些准则,而是由于体现了所有当事人公认的共同利益而应该在各主体之间得到承认的那些准则。这些准则是否应该得到承认,必须在实际话语中加以考察。产生于道德话语的宪法一致意见之具有合法性力量,并不是因为它是"一致意见",而是因为它表明,大家所一致同意的规则应该被认为是"对有关的每一个人都同样有利"。[20]

诚然,哈贝马斯的推理方式通常给人们留下了巨大的解释空间,有人会认为,他的一些说法可以很容易地用另一种方式解读,不像我们的解释那么强烈地具有契约论观念。但是,关于一致意见,哈贝马斯自己明确指出了他的话语概念和妥协概念之间的重大区别,强调他自己的架构具有认知性主张。[21]他把自己的架构描绘成严重依赖于这样的假设,即有关准则有效性的主张带有认知含义,可以被视为真值判断。[22]他坚决不接受"怀疑论的前提,即:准则的有效性不能解释为类似于真值判断的有效性"。[23]

准的语义"解释之间所作的区分,类似于我们在这里想要强调的那种区分("市场契约论与一致意见规则"("Market Contractarianism and the Unanimity Rule"),载《社会哲学与政策》第 2 期[1985 年],第 69—114 页,特别是第 73—84 页)。

[19] 哈贝马斯:《道德意识与交往行为》,特别是第 73—84 页。
[20] 同上书,第 81 页。
[21] 同上书,第 81 页以下,特别是第 82 页以下。
[22] 同上书,第 78 页。
[23] 同上。

如前所述，对于立宪一致意见所作的契约论解释和话语解释，似乎代表了两种对立的观点：一种观点把立宪意见一致视为妥协，另一种观点把立宪意见一致视为真值判断。然而，正如前面提到的，我们在这里关心的并不是这两种解释的真实性，而是想探究把它们富有成效地结合起来的可能性。如果解释这两种架构时把立宪利益和立宪理论区分开来，把它们看作是立宪偏好和立宪选择中可以区分开来的两个成分，则这种可能性显然就是存在的。

正如我早先讨论"政治与科学"的关系时指出的，㉔立宪选择既牵涉到个人对可选规则的真正评价，也牵涉到个个对这种规则的运行性能的预测。所观察到的立宪意见不一致，反映的可能是在这两个成分的一个成分方面意见不一致，或在两个成分方面意见都不一致。从概念上说，讨论达成一致意见的过程时，要考虑到涉及的是这两个成分的哪一个。如果选择规则分歧反映的是利益上的真正分歧，达成立宪一致意见就显然是妥协问题，是发现每个人都能接受的条件问题，而肯定不是"发现真理"的问题。但如果意见不一致反映的是立宪理论上的分歧，达成一致意见的过程就显然涉及"真值判断"，就可以把它恰当地比作科学话语，比作在科学中有关各种可供选择的理论的争论。㉕

㉔ 布坎南：《立宪契约中的自由》。
㉕ 请允许我从我的早期论述中引用一段话：
真正的立宪选择的适当位置，似乎处于以下两种选择设置的界限之间，一方面是各种科学解释之间的选择，另一方面是政府供应的各种商品之间的选择。个人对可选规则的评价可能会出现分歧——从某种意义上说，这种分歧反映的可能是基本的价值排列顺序。如果是这样，公开的讨论不会产生一致意见。但在许多情况下，牵涉的并非仅仅是个人的评价。个人评价的分歧可

第五章 立宪选择中的利益与理论

虽然利益成分和理论成分从概念上说是立宪偏好中可以区分开来的投入,但在实际立宪选择中却没有可行的办法把它们严格区分开来。我们无法确切地知道,所观察到的意见不一致是"仅仅"反映出(或在多大程度上反映出)立宪理论上的分歧呢,还是反映出真正不同的评价。从这个意义上说,承认可能相互冲突的个人评价的合法作用,显然也就不允许作出哈贝马斯那样的解释,即认为立宪过程本身具有真值判断功能。在实际立宪对话中未能达成一致意见,可能但并非一定反映出理论上的意见不一致。即使在理论方面意见完全一致,也可能在评价方面意见仍然不一致。尊重这种可能出现的意见不一致,也就意味着承认,在立宪这种事情上"话语"的作用是有限的,最终需要妥协来发挥作用。[26]

然而,在上面明确说明的范围内,对于立宪选择中的科学性话语而言,理性显然可以发挥作用。与普通的市场选择相比,当选

能在很大程度上产生于对可选规则的运行特性的预测有所不同。在这种情况下,便可以进行有意义的讨论和分析,对可选模式的仔细评估也就非常类似于标准的科学过程。(《立宪契约中的自由》,第 75 页)

[26] 请允许我再次从我的早期论述中引用一段话:

如果立宪层次上的政治活动包含有类似于科学的发现和探索过程,我们是否就得认为,有一种独一无二的解释,有一组独一无二的规则,它们界定了好社会的基本要素,一旦被发现,就会得到见识广博的、真诚尊重知识的人们的普遍接受?……对于某个无所不知的人来说……由于他仅仅根据自己的评价标准就能看清人类彼此的相互作用,回答可能是肯定的。但是对于人类自身而言,存在这样独一无二的解决方案,似乎是非常值得怀疑的。人们的价值观念似乎是不同的,在有知识的人们之间,价值观念的差异甚至更大,不同的人往往会看重不同的规则。即使我们对所讨论的可选规则的运行性能有完全一致的意见,我的理想的"好社会"在其一般特征或具体细节上也不一定与你的完全一样。(《立宪契约中的自由》,第 75 页)

的是各种规则时,相关性似乎会从利益成分急剧转向理论成分。㉗人们对可选规则或规则体系的偏好并不只是反映"基本的价值观";而主要是他们的立宪理论的产物,因而这种偏好可以通过影响人们的理论而加以改变。既然人们显示的宪法偏好是通过他们对所考察的规则的运行特性的预测揭示的,仔细考察和讨论可选理论构架的过程便会促进立宪意见的一致,这一过程不同于也独立于旨在促进利益一致的程序手段。

对话或话语观念可以富有成效地解释为关注立宪选择中信息维度的重要性,尽管这种观念的鼓吹者或许不会同意这样一种有限的解释。有关规则的公共话语通常——像一般的政治辩论那样——借助于推理论证展开,但可以认为是受到了利益的驱动,这个事实有时被认为证明了政治言词纯粹是伪装,掩盖了真正的利益。因而往往——例如在一些寻租文献中——由此得出结论说,最终仅仅是利益和利益背后的权力在政治过程中起决定作用,而论证和理性则缺少"属于自己的"力量。这种解释忽视了这样一个事实,即:政治话语,是借助于推理论证而不是简单的利益宣言展

㉗ 普通的市场选择与立宪选择之间的一个差别是,在后者那里,理论成分的作用急剧增大,有关这个问题的讨论参见卡伦·I.沃恩(Karen I. Vaughn):"能否有一种立宪政治经济学?"("Can There Be a Constitutional Political Economy?"),乔治·梅森大学,1984年,油印件,第 10 页以下;另见维克托·范伯格:"个人选择与立宪约束条件——古典和契约论自由主义中的规范要素"("Individual Choice and Constitutional Constraints—The Normative Element in Classical and Contractarian Liberalism"),载《分析与批评》第 8 卷(1986 年),第 113—149 页,特别是第 141 页以下。应该指出,我们在这里把注意力完全集中在了理论成分的相关性上。我们有意忽视了大家所熟知的"理性无知"问题,该问题通常在对照比较市场选择和投票选择时加以强调,即:人们在投票情境下"充分掌握信息"的动力要比在市场情境下小得多,原因是:关于自己的选择对自己的影响,人们的预期总是不同的。

开,会对人们能以何种方法为自己的提议寻求支持施加有效的约束。而且这种解释使人们忽视真正的理论成分在所有政治偏好,尤其是所有立宪偏好中的重要性。为自己的想象和理论赢得支持,是政治过程的一个重要组成部分。㉘

五　结论

在基本上民主的社会中,约束社会成员私人和政治活动的那些规则属于技术定义上的"公共物品"。不管这些规则是什么,也不管以何种方式选择它们,它们都会对所有社会成员产生同等的约束力。只要人们具有某种共同的最终欲望(例如霍布斯所说的安全),贝克尔所说的 Z-商品,只能借助于立宪规则来满足,有关可选规则的论证就可归结为有关理论的论证。如果可以通过约束性规则满足的各种欲望不能分解成一种共同具有的欲望,同时规则在上述意义上又必须是公共的,那就必须以某种方式调和不同的利益。在这一层面上,讨论、对话、理性和科学都不具有权威以产生潜在的一致意见。只有当人们以不同强度所拥有的不同利益成分可以同实际上或象征性地表现为社会契约的结果相对换或妥协时,合作才会取代冲突。

㉘　关于这个问题,参考托马斯·索维尔(Thomas Sowell):《想象的冲突》(*A Conflict of Visions*),纽约:威廉·莫罗图书公司,1987年版。

第二编

达成宪法合意的策略

第六章　市场失灵政治化[*]

> 此外,没有理由认为……迫于政治压力、有可能犯错误的行政当局制定的规章制度总是有利于提高经济系统的运行效率……同样,也没有理由认为有时政府行政管制不会提高经济效率。通常就像烟尘公害那样,当一大群人因通过市场或企业处理这个问题的成本非常高时,似乎尤有可能如此。
> ——R. H. 科斯:"社会成本问题"

许多关于外部性的文献都集中讨论如下问题:"市场失灵"是否需要由政治程序加以矫正;如果是,什么政治措施才是适当的。但是,如果市场失灵政治化真的发生了,又能期望这种政治程序产生什么样的"矫正措施"呢?本章的目的就是用一个高度简化与程式化的导致外部性的经济程序模型与政治决策程序模型处理这一问题。我们认为,区分通常混在一起的两种外部性效果的解释是有裨益的。虽然形容词"外部"通常被理解为外在于缔约者,我们还是要在我们所谓的"内部"和"外部"外部性之间作一明确区分。

---

[*] 本章是与维克托·J. 范伯格合著的。原文以"市场失灵政治化"("The Politicization of Market Failure")发表于《公共选择》(*Public Choice*)第 57 卷(1988 年 5 月),第 101—113 页,这里略有改动。

我们把那些外在于特定契约关系但却内在于缔约各方群体的效果归为内部外部性(internal externalities),把那些既外在于各个交易又外在于缔约者群体的效果归为外部外部性(external externalities)。

一 外部性的私人性与政治性回应

"矫正"负外部性通常是这样理解的,即让那些就产生外部性的活动做出决定的人通过调整成本核算对给第三方造成的负面影响负责。按照庇古的说法,矫正就意味着决策者必须将全部的社会成本考虑进去。总地来说,这种方式的"矫正"既可以源于私人对外部性的回应,亦可源于政治对外部性的反应。在科斯的原创性著作"社会成本问题"(The Problem of Social Cost)[①]中,对私人矫正外部性的基本原理已有明确的分析。正如科斯指出的那样,在不存在交易费用的情况下,无论如何,给未取得其同意的第三方造成的损害都可以纳入经济主体的机会成本当中,不论在现有法律制度之下他/她是否应对此负责。差别仅仅在于机会成本采取的具体表现形式不同。如果经济主体应负这个责任,那么,机会成本就表现为要支付的损害赔偿费用;如果经济主体不负这个责任,机会成本就表现为第三方,即受到损害的一方为了使经济主体限

---

① 载《法律关系的经济分析》(The Economics of Legal Relationships),H. G. 曼内(H. G. Manne)编,第 127—167 页(圣保罗:西方出版公司,1975 年版)。该文最初发表于《法律与经济学杂志》第 3 卷(1960 年),第 1—44 页。

制或完全放弃造成外部性的活动而愿意支付的预付费用。② 显然,无论何种形式的机会成本都具有重要的分配意义,但只要交易成本可以忽略不计,庇古的问题——"私人成本与社会成本的分歧"——根据科斯式的"讨价还价"就是不存在的。私人对外部性的另一种回应形式,实际上可以看作讨价还价解的变体,就是产生外部性的一方和接受外部性的一方合并(比如科斯所为人熟知的经典例子中的农场主和牧场主)。这样的合并可以彻底矫正合并前的分配扭曲。确保由同一个决策者获得实施具有危害性的活动可能带来的收益以及溢出成本,通过这种方式使先前的外部性内部化。③ 效用最大化或利润最大化策略表明,相关行为将进行调整以最大化合并形成的经营单位的净租金。

私人对于外部性的回应,比如通过讨价还价或合并的解决方案,其实施通常是在既定的法律结构下,或者更普遍来说是在社会认可的既定规则和法律框架之下,通过权利的重新分配或重新安排进行的。换句话说,私人的矫正是市场参与者之间一定时期内的调整问题,也就是在规定的制度情境下的交易问题。与这种私人回应不同,政治矫正措施是通过"游戏规则"的某些改变实现的;

---

② "科斯定理……是建立在这样的假设上,隐性成本(农场主的预付费用)正好等于显性成本(损害赔偿义务)……"参见 H. 德姆塞茨(H. Demsetz);"义务规则何时才是重要的"("When Does the Rule of Liability Matter"),载《法律关系的经济分析》,第 168—183 页,特别是第 174 页。

③ 应该注意,"同一个决策者"也可能是一个集体决策单位,而且在这种情况下,决策程序的结构会对如何平衡可能的收益与溢出成本产生影响。在当前私人合并的情形下,我们忽略了这个问题。但是,在分析政治对外部性的回应时会特别关注该问题。

这意味着规则结构本身发生了某种变化。④ 因此,这种政治化等于废除此前存在的有关该活动的法律"权利"。政治矫正意味着重新界定市场参与各方拥有的权利,而不是交换已经界定的权利。当交易成本使得无法实现私人讨价还价或合并的解决方案时,⑤ 政治的回应就变得特别有用,不过需要指出的是,出于分配方面的原因,独立于交易成本障碍之外受到负面影响的当事人总会有动力求助于政治程序。

当我们超出小规模而转向大规模的相互作用时,交易费用通常会显著地增加,因此,我们不能期望会出现合并或者像科斯那样的讨价还价的解决方法。⑥ 许多环境问题例如空气和水污染通常都被认为与此有关,典型的例子就是工厂的烟雾弄脏了附近许多家庭主妇晾晒的衣物。如果这种大规模的相互作用下私人对外

---

④ 关于私人一定时期内对外部性的回应与政治宪法对外部性的回应之间的区别,参见维克托·J. 范伯格:"个人选择与宪法约束条件——古典自由主义与契约论自由主义中的规范要素",载《分析与批评》第 8 卷(1986 年),第 113—149 页,特别是第 123 页以下。

⑤ E. J. 米珊(E. J. Mishan)的相关评论是:
在不存在政府干预的情况下,无论处于什么样的法律地位,不利的一方有明确的利益动机去贿赂另一方以改变"未加矫正"的产出。不过,各方之间能够成功达成合意预设的是可供分享的最大化收益 G 在趋向最优位置时会超过其联合的交易成本 T……另一方面,如果没有达成合意,则可以认为显然 G−T<0。
参见 E. J. 米珊:"战后有关外部性的文献:解释性的论文"("The Postwar Literature on Externalities: An Interpretative Essay"),载《经济学文献杂志》(*Journal of Economic Literature*)第 9 卷(1971 年),第 1—28 页,特别是第 17 页。

⑥ 有关"大规模辩论"必需的某些限定条件,参见布坎南,"外部性的制度结构",载《公共选择》第 14 卷(1973 年),第 69—82 页。在这里提出的主张是,对于自愿契约安排的失灵而言,至关重要的是"'消费者'或潜在的外部不经济性的承受者之间的互动活动体现出一种'公共性'",而不是大规模这一特征本身。

第六章 市场失灵政治化

性的回应需要集体的组织,高昂的组织成本就会造成政治化,即求助于现有的政府组织,这是一种较廉价的选择。

政治对外部性的回应基本上可以采取三种形式:重新界定法律结构以使产生外部性的一方对造成的损害负全责;引起外部性的活动要接受某种形式的直接管制;最后是对产生外部性的活动征税。

第一种选择,尽管毫无疑问是一种合适的分配矫正工具,却未必能够带来庇古式的分配改进。考虑到外部性固有的互补性,[7]如果交易成本是个问题的话,责任规则的改变可能仅仅会导致产生外部性的活动从过量供应转为供应不足。[8] 不过,如果在新的法律安排下达成私人讨价还价的解决方案比在旧的法律安排下达成的花费更少,即便交易成本障碍在此意义上是"非对称"的,那么也能够产生净的配置改善。

围绕外部性的政治矫正产生的争论集中于选择直接管制还是税收,[9]而且我们要集中分析的正是这些方法,特别是后者。与福

---

[7] 这个问题通常被看作这样一个问题,A对B造成了损害,而需要决定的则是我们应当如何限制A? 但这样看是错的。我们处理的是一个具有互补性质的问题。避免对B的损害将会给A带来损害。真正需要决定的问题是:是允许A损害B,还是允许B损害A?(R. H.科斯:"社会成本问题",第127页以下。)

[8] "将权利赋予外部效果的'制造者',结果将会偏向于不经济性的过量供应,而相反的权利安排,结果则偏向不经济性的供应不足。"(詹姆斯·M.布坎南:"外部性的制度结构",第75页以下。)

[9] 有关"处理外部性的政策干预",科纳斯(Cornes)和桑德勒(Sandler)指出:
最著名的干预形式——由庇古提议并且由无数后人进行澄清、扩展和抨击——包括税收和补贴制度,这种制度故意将个人的选择扭向一种最优的结果。这种对操纵价格制度的替代性选择,包括强制实施定量的限制,诸如必须予以维持的环境标准。(R.科纳斯和T.桑德勒:《外部性理论、公共物品和俱乐部物品》[*The Theory of Externalities, Public Goods, and Club Goods*],剑桥:剑桥大学出版社,1986年版,第48页。)

利经济学通常的处理方法不同,我们的兴趣并不在于考察建议由政治实施的"有效管制"或"有效庇古税"。不是像大量福利经济学隐含假定的那样,即假定存在着一个理想化的、可以向其提出这种政策建议的追求效率的当政者,相反,我们本章的目的在于探讨福利经济学家们忽略的问题,即可以预期外部不经济性的政治化会确保矫正外部不经济性吗?或者更具体地说,在什么条件下我们能够预测政治程序会产生与内部化外部不经济性相当或大致相当的结果呢?运用一个简单的多数投票模型,我们来分析根据投票群体不同的组合形成的矫正外部性决策的结果,这些群体由子群体组成,即从产生外部性的活动中受益的、受其伤害的、既不从中受益也不受其伤害的、既受益同时又受其伤害的群体。

二 多数投票与直接管制

按照对"外部效果"概念通常的解释,外部一词意味着外在于决定从事相关活动的那些集团。这里隐含的假设是,从产生外部性的活动中受益和受害的必定是属于不同集合的人或企业。在外部性产生于包括两方或多方当事人交易的情况下(庇古在阐述这一问题时实际上提到过这种情形),这样的假设可能就会出现误导。⑩ 在分

---

⑩ 在讨论社会与私人净产值之间的差异时,庇古提到过这样一种情形,其中"A在给B提供有偿服务的同时,也给其他人(非类似服务的提供者)附带提供了服务或造成了伤害,对此既不能从受益方取得报偿也不能强制对受损一方实施补偿"。(A. C.庇古:《福利经济学》(*The Economics of Welfare*),这里转引自 R. H. 科斯:"社会成本问题",特别是第 149 页。)

第六章 市场失灵政治化

析这类情形时,把"外部"理解为外在于各个交易或契约,而不是外在于交易或订约的当事人似乎更有意义,也更为恰当。对当事人或交易而言,这种意义上的外部性既可能是外部的也可能是内部的,为了术语上的便利,我们建议把这两种情况分别称为外部外部性和内部外部性。

区别这两种类型的外部性绝不是要排除同时具有前述意义上的内部性和外部性的外部效果。这里假定的是区别这种类型的效果是有用的,而不是任何外部性都可以完全归入这两种类型中的哪一种。就我们分析政治对外部性的回应方式而言,这种区分尤其有用。作为下面分析的例证,假设某个竞争性的产业在政治组织 P 中运营,在生产产品 X 时对环境造成了某些附带的损害。该政治组织的成员可以通过消费产品 X 从产生外部性的产业获益,也可能不消费产品 X 从而不从中获益。而且,他们可能会也可能不会遭受前述附带损害的伤害,这取决于他们居住在该共同体中的位置。由两种分类的结合可以得出四种类型,共同体所有的人都属于其中一种,如下图所示。⑪

如果产生外部性交易的受益者和受害者处于完全不同(没有

---

⑪ 当然,集合 S(b,c) 与集合 S(c) 之间的差别相应于"内部"外部性和"外部"外部性的差别。附带指出一下,米珊在下面的论述中使用了类似于我们的"内部外部性"概念:
有关环境方面的副产品……不仅提出了企业或产业之间的问题,更是提出了生产与/或使用产生外部性产品的人和一般公众之间的问题。这一推论并不因为下述事实而有所削弱,即在许多重要的场合,产生外部性产品的使用者与受到影响的公众几乎无法区分——这种特定情形下的外部不经济内在于所讨论的行为之中。(E.J. 米珊:"战后有关外部性的文献:解释性的论文",第 18 页,着重号是作者所加。)

	受益者	非受益者
受害者	S(b,c)	S(c)
非受害者	S(b)	S(i)

交叉)的集合中——如上图的 S(b) 和 S(c)——任何将相互作用政治化的方案都会使两个群体的人处于截然对立的地位。活动的受益者会反对采取任何形式的限制或控制措施,而外部性的受害者则会支持任何形式的限制或管制。如果相关政治共同体的所有人属于这两个相互排斥集合中的一个或另一个,简单多数的结果当然就取决于组成这两批人的相对数量。需要注意的是,相比较没有任何限制与完全禁止而言,这两批人中没有哪一个会喜欢对有关行为规定一定程度的限制。受益者很明显偏好不对他/她的行动自由规定任何限制措施。受害者则会同样偏好完全禁止相关的活动。在这种两集合的政治活动模型中,似乎不可能实现类似于小规模情况下的合并或科斯式的讨价还价政治解决方案。

另一方面,如果政治组织的所有成员都属于集合 S(b,c),即所有人在消费产品 X 的同时会承受附带造成的损害,而且如果所有人受益与受损的程度是相同的,那么,政治化就会产生类似于合并的解决方案。[12] 每个投票者都会平衡减少消费产品 X 带来的成本与减少附带损害带来的受益。在我们简化了的假设中,既然所有人都以同样的方式受到影响,他们会一致选择有效率的活动水

---

[12] 事实上科斯曾经指出,政治化在某种程度上类似"超级合并":"在某种意义上,政府是一个超级企业(但是一种很特别的类型),因为它能够通过行政决定影响生产要素的使用。"(R. H. 科斯:"社会成本问题",第143页。)

准。请注意在私人调节的情况下是不会出现这种结果的，因为政治组织中的某一个人通过减少自己本人对产品 X 的消费并不能控制附带损害的水平。

如果我们修改第一个情形的假设，即政治组织的所有成员分属于两个相互排斥的受益者集合 S(b) 和受害者集合 S(c)，而是酌留部分人既是受益者又是受害者 S(b,c)，我们就可以证明，至少在一定条件下，多数解决方案会产生大致类似于合并一样的内部化结果。设想一个高度抽象与理想化的模型。某项外部不经济活动的纯粹受益者与纯粹受害者人数相等，不过有一个人既是受益者又是受害者，而且所有受益者从相关活动中获得的收益都是相同的，而所有受害者忍受的成本同样也是完全一致的。既是受益者又是受害者的那个人获得的收益和遭受的损害与两个集合中的人也是相等的。

在这个高度简化的模型中，简单多数投票能保证从所有可供选择方案的集合中选出有效率的活动水准。就结构来说，这个模型等于两人情形下的合并。这个既是受益者又是受害者的人有效地将外部性内部化，而且既然所有偏好都是单峰的，此人就成为中间投票人，他的偏好决定了多数原则的结果。

我们可以在某种程度上缓和这些极端限定性的假设，但不会影响到这一结果。比如，不是假定不经济活动纯粹的受益者 S(b) 和纯粹的受损者 S(c) 的人数并不完全相等，而是允许两批人的数量有所不同，同时允许既从中受益又承担成本的人的数量有所增加。假设政治组织的所有成员都分属于集合 S(b)、S(c) 和 S(b, c)，而且如前面假定的那样，集合 S(b) 的所有人都是同等受益，集

合 S(c)的所有人都是同等受损,而集合 S(b,c)所有人的受益与受损同其他两批人也是一样的。在这种情形下,只要

$$S(b,c) > [S(b) - S(c)] \tag{1}$$

在理想状况下,简单多数投票的结果仍是有效率的。请注意即使集合 S(b,c)的人数规模远小于集合 S(b)或 S(c),公式(1)的条件也可以得到满足。

当然,之所以出现有效率的结果,是因为单峰偏好而且所有人的受益和受损程度是相同的。在通常的不经济环境中,该模型的单峰偏好特征似乎非常坚定,而受益和受损的同等性这个假设相对不那么严格。我们没有必要关注纯粹受益者和纯粹受害者之间的差别。大概是每个纯粹受益者都偏好不对相关的活动加以限制,而不论其从中受益的程度;同样,每个受害者都偏好对其予以完全的限制,而不论其受损的程度。不过,一旦我们允许集合 S(b,c)的中间偏好成员享有的收益和遭受的损失不同于整个群体的平均收益和损害,那么就未必会出现理想的功效。这里我们无需详细分析各种可能出现的子情形。只要公式(1)的条件得到了满足,多数决定的结果总是处于纯粹受益者和纯粹受害者偏好的极端解决方案之间。也就是说,会对相关的不经济活动施加某种限制措施,但是这种通过政治规定的措施达不到完全禁止的程度。只要公式(1)得到了满足,集合 S(b,c)的成员将决定多数投票的结果,而且这些成员由于同时享有收益和承担成本,就会被推动将其计算中这两个互动的方面"合并"。出现无效率的任何结果都是由于中间投票者的偏好偏离了收益与成本的总体平均值。

就这一点而言,我们已经假定供政治(多数)进行考虑的选择

方案完全是根据产生外部性之活动的水准界定的。也就是说,这些选择方案是:

R(0)＝对相关活动不加任何限制;

R(1),……,R(m－1)＝限制措施从最低限度的R(1)到最大限度的R(m－1);

R(m)＝全面禁止相关活动。

我们还可以在这个模型之内引入政治组织的第四种成员S(i),他们既不是相关活动的受益者也不是损害的承受者。只要我们保留该集合的成员严格按照自己的利益投票这一假设,他们就不会直接参与选举程序,或者即使参与了这一程序,在投票的分布方面,他们也不会偏离各种政治选择方案的集合,增加这第四类人的集合并不会对结果产生影响。[13]

三　多数投票与税收

庇古式的福利经济学家们建议通过征收"矫正税"(或对外部经济性进行补贴)间接控制产生外部性的活动,而不是通过明确的政治决定直接控制活动的水准。[14] 他们显然没有意识到,出于控

---

[13] 不过,这一结论严重依赖于人们按照自己的利益投票这一假设。如果在这一模型中引入具有表达性的投票,结果就不是如此。关于表达性投票的问题,参见杰弗里·布伦南和詹姆斯·M.布坎南,"选民选择:评价政治方案"("Voter Choice: Evaluating Political Alternatives"),载《美国行为主义科学家》(*American Behavioral Scientist*)第29卷(1984年),第185—201页。

[14] 直接管制和征收一般性税收之外的第三种选择是拍卖污染许可证。本章不打算单独讨论拍卖这一选择方案,可参见J. E.米德(J. E. Meade):《经济外部性的理论》(*The Theory of Economic Externalities*),莱顿:A. W.赛特霍夫出版社,1973年版,第65页。

制目的而授权进行征税却开启了政治行动的另外一个宪法维度，其结果可能完全不同于将政治化限于直接控制时的预期结果。

正如第二节的简要分析表明的，无论是受益者还是受害者都不喜欢任何非极端的解决方案。因而，如果不考虑税收收入的处置，纯粹受益者或纯粹受害者是不会偏好征收理论上的"矫正税"的。[15] 不过，如果把返还税收收益纳入投票者的利益考虑当中，结果就不一样了。如果相关活动的受益者被征收了任何税收，他们当然不会喜欢任何税收诱导性的限制措施，即便保证返还所有的税收收入。[16] 不过，只要能够分享税收收入，受害者就可能更喜欢征税而不是直接限制，即便后者会完全限制产生外部性的活动。也就是说，纯粹的受害者不必偏好对相关活动征收限制性税收。相较于损害的减少，他们通过税收可以获得更多的租金。

如果政治组织的所有成员都属于集合 S(b,c)，如果他们都从

---

[15] 需要指出的是，我们这里所关注的问题，即在政治决策中是否会选择"理想的矫正税"不同于在缺少适当转移方案的情况下，理想的矫正税是否等同于科斯式的讨价还价解决方案。关于后者可以参见 R. H. 科斯的"社会成本问题"第 161 页：

"现代经济学家倾向于完全按照税收以及精确的方式思考问题。税收应该等于所造成的损害，因而应随着损害结果的变化而变化。由于并不是建议将税收收益支付给那些受到损害的人，这种解决方法和迫使厂商赔偿因其行为造成的损害是不一样的，不过经济学家们似乎还没有注意到这一点，往往认为两种解决方法是完全相同的。"

另见詹姆斯·M. 布坎南和 W. C. 斯塔布尔宾（W. C. Stubblebine）："外部性"（"Externality"），载《经济学》（*Economica*）第 29 卷（1962 年），第 371—384 页。

[16] 这一方面在下述文章中得到了更全面的讨论，参见詹姆斯·M. 布坎南："市场失灵和政治失灵"（"Market Failure and Political Failure"），载《个人自由和民主决策》（*Individual Liberty and Democratic Decision—Making*），P. 克斯洛夫斯基编（P. Koslovski），第 41—52 页，图宾根：J. C. B. 莫尔（保罗·西贝克）出版社，1987 年版。

产生外部性的活动同等受损或同等受益(作为产品 X 的消费者和购买者),而且如果从每个税收单位取得的税收由所有人平等分享,那么政治化显然可以确保完全实现矫正,而不论特定的政治决策规则是怎样的。征收理想化的庇古税符合每个人的利益。

比较一下另外一种情形,即政治组织中只有两个群体 S(b) 和 S(c),纯粹的受益者和纯粹的受害者。假设 S(c)＞S(b) 而且税收收益在居统治地位的多数派联盟成员中平均分享。那么,S(c) 的成员(假设受到同等程度的影响)选中的税收将是,其税率会使税收收益与相关活动成本之间的差异最大化。这一税率(在所有多数派联盟都不能扮演具有歧视性的垄断者的情况下)将诱致低于有效率水准的活动水准,不过要高于同一联盟在直接控制机制下会选择的零水准。税收可使该联盟的成员分享受益者从相关活动中获得的租金。

从分析上来看,租金最大化的税率以及与之相伴的行为水准相当于直接控制模式下对相关行为的完全禁止。当受害的投票者群体占绝大多数时就会出现这样的结果。当从不经济活动中受益的人占大多数时,出现的结果也会和前面的一样;不会进行征税,而相关行为仍然不受限制。

我们现在引进第三个投票者集合 S(b,c),这些人既是外部性活动的受益者又是受害者。如果这些投票者处于决定性的地位,即如果公式(1)成立,其结果就和直接控制模式得出的结果类似。因为集合 S(b,c) 的人既是纳税人(作为受益的消费者)又是转移支付的接受者(作为统治联盟的一员),进行分配的效果将被抵消。因而,这个集合中的人的动力源自其面临的收益与成本之间的基本效率交易。如果中间投票者具有收益和成本平均值的特征,那么多数投票程序就会产生理想的效率结果。如果中间投票者的地位不能体现这些平均值,结果当然就会在某种程度上偏离理想的效率结果。但是,像前面一样,这个结果处于两个极端之间。

在第二节的直接控制模型中,只要个人严格按照自己的经济利益投票,引进第四种选民集团 S(i)(既不会从产生外部性的活动受益也不会受损的人)并不会改变多数决定的结果。如果我们增加税收的因素,这个结论就会发生显著的变化。与外部性没有利害关系的人本身对于国库征收的税收收益也具有了分配利益。[17] 只要集合 S(i) 的成员料到能获得税收收益返还的实质份额,他或她就会偏好按照使整个收入最大化的税率征收单位税。S(i)成员偏好的税率会低于 S(c)成员偏好的税率,因而导致的行为水准会高于后者的偏好形成的水准。S(i)成员偏好的税率与 S(b,c)成员偏好的税率之间的关系更加复杂,因为严格的收入最大化税率可能高于也可能低于 S(b,c)成员从个人效率角度规定的最优税率。

如果我们如图表 6.1 和 6.2 那样将单位税的税率沿横坐标排列,我们就可以描述四个集合(S(b)、S(c)、S(b,c)、S(i))成员的偏好次序。这些税率从 0(以 T(0)表示)到 T(p)(该税率会完全禁止产生外部性的活动)。对税收选择方案的偏好序列体现了四个代表者每个人的单峰。因而就可以保证出现稳定的多数投票结果,

---

[17] 类似的观点,参见戈登·塔洛克:《私人需要、公共财富》(*Private Wants, Public Means*),纽约和伦敦:基本图书出版公司,1970 年版,第 77 页。

第六章 市场失灵政治化

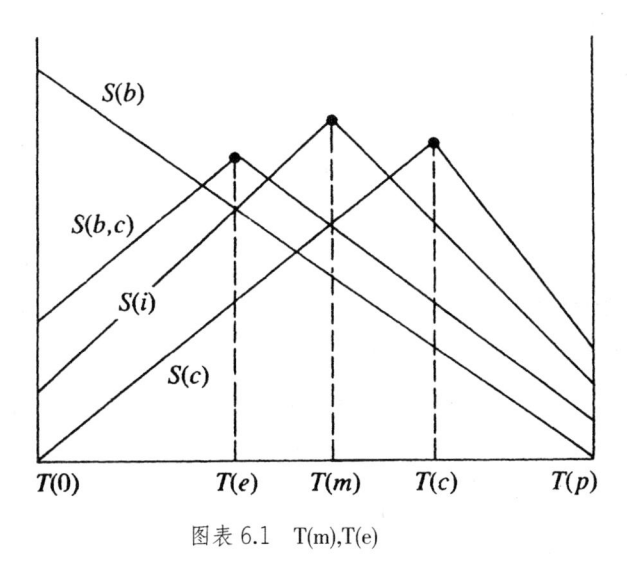

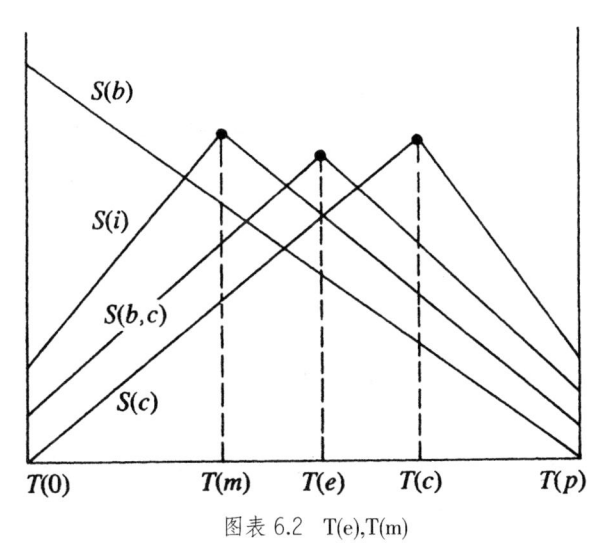

图表 6.1 T(m),T(e)

图表 6.2 T(e),T(m)

而不管各集合的相对人数。

请注意可能产生的结果必定受税率 T(0) 和 T(c) 所限，T(c) 是使纯粹受害者租金最大化的税率。T(c) 比 T(p) 要小，是因为税收返还可能带来分配性的收益。如果纯粹的受益者 S(b) 或纯粹的受害者 S(c) 都不占绝大多数，多数决定的结果范围必定收缩到 T(e) 和 T(m) 之间。T(e) 是 S(b,c) 成员偏好的单位税，他们通过自己的计算有效地将外部效果"内部化"。在前述限定条件内，T(e) 比较接近根据福利经济学家传统的效率标准确定的税率。T(m) 是 S(i) 成员偏好的税率，这些人并没有直接受外部性影响，但是拥有在税收分配中获得实质性转移支付的潜在利益。请注意图表 6.1 和图表 6.2 的唯一差别就在于 T(e) 和 T(m) 之间关系的差别。

如果 T(e) 小于 T(m)，如图表 6.1 所示，而且受益者和将外部性内部化的人构成了绝大多数，结果就会锁定在 T(e)；如果受害者和未受直接影响的人构成了绝大多数，结果就会锁定在 T(m)。如果 T(m) 小于 T(e)，如图表 6.2 所示，而且受益者和未直接影响的人构成了绝大多数，结果将是 T(m)；如果受害者和将外部性内部化的人构成了绝大多数，结果将是 T(e)。

四 结论：政治化与效率

在以上的分析中，我们把投票人分成四个集合 S(b)、S(c)、S(b,c) 和 S(i)，并且假定人们严格按照自己的利益投票。正如有人认识到的那样，在大规模的情况下，人们是在"无关紧要之幕"背后进行投票的,[18]并且不认为他们的投票对总体结果具有决定性的影响,因此很容易理解投票更多的是具有表达而非严格利益导向的特征。[19] 就确实存在这种表达性的投票而言,所产生的结果当然会偏离我们简化了的多数投票模型预计的结果。但是似乎没有理由认为,表达性投票通常产生的结果会比直接利益导向的模型产生的结果更接近有效的解决方案。如果可以说表达性投票反映的是政治风尚,那么在如今这种风气下,政治化几乎肯定会偏向于过度的限制。

我们分析的总体结论是否定性的,即市场失灵的政治化不可能产生福利经济学家们推崇的那种理想的矫正措施。只有根据对政治组织成员某些非常具体的假设,政治选择的解决方案才会接近有效率的解决方案。当然,我们的模型极度简化了政治决策过程。但这并不意味着诊断出的问题在更现实的假设之下就不那么严重。不分析政治决策过程的实际运作特性,就不能对市场失灵的政治矫正做出严肃的预测。预测政治化条件下的结果取决于政治决策的规则和政治组织中各种不同利益人群组成的集合的相对数量。

---

[18] 哈特穆特·克利姆特(Hartmut Kliemt):"无关紧要之幕"("The Veil of Insignificance"),载《欧洲经济杂志》(*European Journal of Economy*)第2卷第3期(1987年),第333—344页。

[19] 参见杰弗里·布伦南和詹姆斯·M.布坎南:"选民选择"。

第七章　契约论政治经济学与宪法解释[*]

在1974年美国经济学会的会议上,我提交了一篇题为"运用经济理论的契约论视角"的论文。[①] 在那篇文章以及此前此后的几篇文章中,[②]我认为我们的研究主题主要是"交易科学"(science of exchange)或"契约科学"(science of contract),而且在我们的分析方法中,这种交易范式优先于最大化范式。这种实证调查中心的转变具有规范方面的含义。诸如资源配置的总体效率以及社会福利函数的各种规范变量等概念,最多不过是功能主义性错误的例证。分析经济性互动的契约论或交易进路提议根据共同体成员之间进行自愿交换、契约或交易的相对容易或便利程度评价相关系统或亚系统。规范判断采取的表达形式是安排进行交换的"更

---

[*]　本章的修改版发表于《美国经济评论文章与年报》(*American Economic Review Papers and Proceedings*)第78卷第2期(1988年5月),第135—139页,题为"契约论政治经济学与宪法解释"("Contractarian Political Economy and Constitutional Interpretation")。

① 詹姆斯·M.布坎南:"运用经济理论的契约论视角"("A Contractarian Perspective for Applying Economic Theory"),载《美国经济评论》第65卷(1975年5月),第225—230页。

② 詹姆斯·M.布坎南:《经济学家应该做什么?》,印第安纳波利斯:自由出版社,1979年版。

好"和"更差"的程序(规则、法律、制度)。这些看法完全不同于安排与评价相关结果的表达形式。

就法学家和哲学家争辩的宪法解释问题而言,规范政治经济学的这一转变具有某种含意。这些问题涉及到几个相关和相互交叉的因素:司法能动主义与司法非能动主义;司法机关尊重立法机关的权威与司法独立;严格的建构主义与实用主义;原初意图与法律环境决定论;法律的目的论与道义论(deontological)概念。本章的目的是讨论对宪法解释的某些契约论含意。这是一个很有限的目标,而且我没有就具体法律情形下的一般哲学问题或辩论要点发表直接或引申的看法。契约论政治经济学家任何可以确认的贡献都必定源于这种视角强加于社会现实的、存在差别的抽象秩序。

本章第一节讨论了人们比较熟悉的个人主义与集体主义出发点的区别。因为这一看法人们比较熟悉,我这里的讨论只限于陈述而没有更多的支持性论证。这对宪法规则之法律解释的意义几乎是不证自明的。在第二节中,我再次回顾了我在其他文章中详细展开过的分析,该分析将契约论范式从经济扩展到政治秩序,特别是宪法规则的设计、选择和实施。第三节考查了其对相关政治机构之司法解释的含义,特别是对严格的建构主义与实用主义以及原初意图与法律环境决定论之争的含义。在第四节中,我把论点扩大到契约论在解释无法在任何契约论理想中找到合理逻辑的规则时采取的立场。

一 规范个人主义

社会秩序的契约论视角的首要问题是界定可能从事交易的单位。经济学家们对此的回应是很直接的：是个人之间在从事交易活动，或者直接交易物品和服务，或者创建组织（企业、俱乐部、国家、社团）代表他们进行交易。如果共同体在某种意义上作为先于或独立于其个人成员的有机体存在，而且如果进一步假设该共同体具有自己超个人主义的目标，交易的视角显然就垮掉了。像这种包罗万象的共同体能和谁进行交易呢？

不过，如果拒绝有机体或社群主义范式而主张个人主义范式，则既具有方法论也具有规范内容方面的含义。如果个人或由个人组成的组织是进行交易的单位，个人的价值或利益就是唯一有价值的东西，原因很简单，这是唯一存在的价值。诸如"国家目标"、"国家利益"、"社会目标"等术语最多只能是混淆视听。当然，共同体中的个人可能具有共同的价值，他们可能大致同意其政治组织所要采取的政策确定的具体目标。但是，与其他组织一样，这一政治组织存在的唯一目的就是增进个人价值与利益。

规范个人主义立场的这一总结本应详加阐述，但这里的总结足以表明其对宪法解释的直接含义。"好社会"（good society）是最大限度地增进个人成员所表达的利益的社会，而不是最大程度地增进某些独立界定的"好"的标准的社会。不能把基本的"游戏规则"（法律）看成改变共同体以迎合法官或知识分子认为"好"的手段。根据社会秩序的契约论或交易观念，任何有关法律、宪法和

第七章　契约论政治经济学与宪法解释

司法机关目的论观念都被排除在外。

二　政治交易

如果我们严格遵守个人主义的标准，那么经济学与政治学之间，或者更一般地说经济体系与政治组织之间就没有根本的差别。与其他任何集体组织一样，国家也是由个人创造的，而且国家代表个人的利益行事。在这一个人主义的框架内，政治活动成为复杂的交易过程，个人在这一过程中寻求以任何可以忍受的有效方式集体实现在非集体或私人情况下无法实现的目标。这就把有关简单的经济商品交易视角融入了政治活动和政治秩序的契约论视角。

但是，怎么才能把我们观察到的普通政治活动塑造成复杂的交易过程，个人至少在类似参与市场活动的意义上自愿参与这一过程呢？表面看来，任何把交易视角扩展到政治活动的尝试都是荒唐的，因为我们观察到政治的特征是冲突而非合作，最好把其塑造成一个零和或负和的博弈。政治活动体现出来的首要关系是强制而不是自愿的参与。但是，如果这一强迫/冲突因素被提升到中心地位，那么怎么证明国家对个人而言是合法的或正当的呢？

如果我们把注意力从普通政治活动（通常必然是多数决定的，或更一般地说其运作并非是一致同意的）转向宪法政治活动（至少接近一致同意），就找到了摆脱前述明显悖论的一个方法。个人通常能够就进行普通政治活动的博弈规则达成一致意见，而这些一致同意的规则可能预料到在特定的政治选择中存在净收益者或净损失者。正当性或合法性问题就直接转向了规则或宪法结构,规则或宪法结构与受规则约束的普通政治活动的运作是完全不同的。正如前面指出的那样,我概括的观点涉及到的是大家熟知的领域,但是对司法解释而言,接受这种观点确实具有直接的意义,其中最关键的源自严格的分权本身。司法审查具有相当重要的功能作用。"作为裁判的国家"(state-as-umpire)功能被完全归于政治秩序的一个分支,该分支与在规则之内运行的其他分支分离。而且,从概念层面和操作层面来说,该功能与普通政治活动都是不同的。司法机关的裁判角色要求必须采取真值判断的方法,而这种方法在普通政治活动的运作中是不适合采取的。司法机关必须决定是否违反了规则,规则是否存在或规则能否适用于这种或那种情形。这些都是真值判断。在整个司法实践中引进诸如"利益折衷"或"利益的适当表达"等论点都是荒谬的。

三 规则的变化

在早期的一篇文章中,我按照三种独立的功能把整个政治秩序做了分类。③ 第一种功能涉及到现有规则的实施。这包含了我刚才讨论的司法审查的角色。第二种功能涉及到在现有的规则之下完成普通的政治活动。这包括税收、支出以及其他活动,这些活动可以概括在财政和提供公共物品与服务的大标题下。第三种功

---

③ 詹姆斯·M. 布坎南:《自由、市场和国家》(Liberty, Market, and State),纽约:纽约大学出版社,1986年版。

第七章 契约论政治经济学与宪法解释

能涉及到规则本身的改变或宪法改革。前面我指出,司法机关作为政治秩序的一个独立分支,严格说来是在第一种功能下运作的。立法机关体现了集团利益之间的相互作用,严格说来是在第二种功能下运作的。第三种功能即改变规则,对于司法和立法分支来说都是不合适的。只有通过精心界定的宪法修改程序(这种程序显然比普通的立法或司法审查范围更广泛)方能改变规则。契约论关于政治活动是复杂交易这种视角的直接含义就是,当司法机关承担改变社会—经济—法律博弈运作的基本规则的任务时,就逾越了其适当的界限。

如果司法功能限于而且必须限于现有规则的解释,就必然提出指导负责解释宪法的法官和法院的具体方针。立法机关作用的限制与司法机关作用范围的限制类似。当立法机关超越了现有界限并且自己改变了宪法秩序时,也就逾越了其适当的界限。由此可以直接得出,当立法机关的决定具有改变基本规则的效果时,司法机关就不应当尊重这些决定。就这一方面而言,所需要的法院是能动主义的而不是非能动主义的恭顺的法院。

不过,因为司法机关的作用本身也是限于解释现有的规则而不能逾越这一界限,这里似乎暗含着某种与严格的建构主义类似的东西。但需要指出的重要一点是,法院应当以(待解决案件发生时的)现状中既有宪法规则严格建构主义者的身份行事。这一现状可能但并不必然体现普遍接受的规则,这些规则很容易从那些设计和制订宪法的人的原初意图派生而来。反映原初意图的这些规则可能随着以往案件的记录而被逐渐修改,甚至看上去与描述现状的规则没有什么关联。

界定社会现状的不确定性令许多严格的建构主义者不满。法院怎么可以不诉诸于某种类似原初意图的东西就界定现有的规则呢？这里法院需要依赖某种类似于现代经济学家的理性预期的概念。现有的规则最能体现个人关于政治权威范围之预期的规则。这里可以用普通比赛的类比帮助理解。假设描述篮球比赛行为的规则手册多年没有变化，但随着比赛的发展，在不断变化的科技和运动员的竞技水平范围内，裁判员逐步修改了实际的规则，比如带球走步的规则。当新的裁判员试图执行现有的规则时，他/她就是适当地履行自己的职责；如果他/她试图走回头路并且严格执行过时规则手册中载明的成文规则，就违反了赋予他/她的任务。

四 "坏"的规则

在下述意义上，这里的论点是不存在争论的，即对宪法的司法解释的含义直接源于分析政治秩序的个人主义契约论视角。但是，当我们集中关注法官的立场时就会出现更具有争议性的问题，该法官完全同意契约论的视角，他面临的是现状中存在的规则，这些规则既没有体现原初的意图，也没有体现原初意图正当的引申，而且即便在某种概念的意义上，这些规则也不可能通过契约论一致同意标准的合法性检验。也就是说，可能存在这样的规则，其包含在公民和普通政治家期望的集合之内但是通过非一致同意的方式强加的。持有契约论看法的法官是否应超过对现状纯粹的执行行为从而消除"坏"的法律呢？

许多现代经济管制（例如最低工资法、房租控制法）大概就属

第七章 契约论政治经济学与宪法解释

于这种类型。是否契约论立宪主义者可以不顾先前法院已经做出了相反的判决这一事实,认为这样的法律是违宪的?我的观点是,如果此前的司法解释存在了足够长的时间以至于这些解释已经成为公民与政治代理人理性预期的一部分,持有契约论看法的法官积极改变这些规则并不合适。就这一点而言,我的观点完全站在斯卡利亚—爱泼斯坦之争的斯卡利亚一方。[④] 事后看来,法院必须尊重现状的既有规则,这些规则可能体现了此前司法机关同意立法(包括司法机关立法)以不合宪的方式改变的合意秩序的界限。由于受某种理念的指引,即便这种理念是契约论的,要是逾越这种对现状的尊重而发挥积极的解构作用,就会使司法审查面临斯卡利亚警惕的那种滥用的危险。

另一方面,我的观点是,持有契约论看法的法官应十分警惕地保护现有规则不受不符合一致同意标准的立法或司法侵害。在将来或超前的意义上,我的观点站在与斯卡利亚辩论的爱泼斯坦一边。尊重立法权威就其本身而言,并不能合理地从这里勾画的政治秩序三阶段契约模型中推导出来。

斯卡利亚认为,当立法机关采取行动约束经济自由时,法院应该保持消极。爱泼斯坦则认为,法院应该采取行动保护经济自由,而不管约束这种自由的立法是长期存在的并且得到了此前法院判

[④] 理查德·爱泼斯坦(Richard Epstein):"司法权:清算两种错误"("Judicial Power:Reckoning on Two Kinds of Error"),载《经济自由与司法机关》(*Economic Liberties and the Judiciary*),J. D. 多恩和 H. 曼内(J. Dorn and H. Manne)编,第 39—46 页,费尔法克斯:乔治梅森大学出版社,1987 年版;安东尼·斯卡利亚(Antonin Scalia),"作为人类事务的经济事务"("Economic Affairs as Human Affairs"),载《经济自由与司法机关》,第 31—37 页。

决的支持，还是新近提出的。无论斯卡利亚还是爱泼斯坦都没有给出我的观点中蕴涵的时间分段。按照我的解释，契约论的观点要求把现有规则看作完全绝对的事务并且由法院执行，而不管这些规则是如何形成的，直到而且除非通过规定的修改程序改变这些规则。

我的主张确实严重依赖于某种能力，即富有意义地界定现状中的规则是什么，这种能力对斯卡利亚和爱泼斯坦而言都不是很重要。在这一点上我回到了预期环境的重要性方面，法院应对这种环境保持高度的敏感性。立法机关编造的扰乱公民合法预期的变化都应解释为宪法结构的变化，而法院同样应予以抵制。

设想一下讨论非常多的出于公共目的征收财产的问题。现代法院允许立法机关在非常广泛的公共目的范围内改变私人拥有的财产的价值。但确实还是存在界限的，而且即便现代法院大概也会抵制完全专断的侵占。我的看法是建议法院就像严格测量那样精心划定现状预期中的这种界限。

契约论视角对政治秩序进行的三阶段功能分类中，司法机关的角色是明确的。司法机关的功能就是保护对维持秩序和稳定而言最为重要的功能。司法机关扮演的是维护稳定而不是改革者或拯救者的角色。法院应该保护的东西是是（is），而非试图促进可能是（might be）或恢复曾经是（have been）的东西。

第八章 宪法革命策略序言

本章实际上是受彼得·伯恩霍尔兹(Peter Bernholz)教授在1986年哥伦比亚特区华盛顿召开的一次会议上提交的一篇论文直接启发而形成的延伸讨论,当时他的这篇文章是由我评论的。伯恩霍尔兹的论文是关于货币宪法制度改革展望方面的,而我评论的题目是"宪法策略的相关性"。[1] 在本章更进一步的讨论中,我将审视20世纪90年代真实宪法改革的前景。在西方国家可以进行真正宪法革命的时代已经来临了吗?我们怎么认识那些使宪法改革成为可能的社会—经济—政治互动过程中包括参与者的态度在内的因素?我们能确定政治经济学家可以采取的、用来指导或引导政治游戏规则朝着对各方都有益的讨论发展的步骤吗?

伯恩霍尔兹在他的文章中将其关注点限于货币制度改革的前景,他分析了不同利益集团在以通货膨胀率表示的特定周期阶段期间,如何就制度变革达成一致意见。也就是说,伯恩霍尔兹的论点表明宪法改革的前景会随着具体的环境变化,而对政治经济学

---

[1] 彼得·伯恩霍尔兹:"货币宪法的实施与维持"("The Implementation and Maintenance of a Monetary Constitution"),载《卡托杂志》(*Cato Journal*)第6卷(1986年秋季号),第477—512页;詹姆斯·M. 布坎南:"宪法策略的相关性"("The Relevance of Constitutional Strategy"),载《卡托杂志》第6卷(1986年夏季号),第513—518页。

家而言，考察不同利益集团的共识或分歧可以奠定宪法策略的基础。在这里我想把分析再推后一步，可以说是考察管制、财政与货币三种"宪法制度"下存在的"困境"的基本特征。一旦这些要素或特征得到确认，就很容易分析改革策略面临的难题了。

首先，有必要简洁地界定我所指的宪法变革、改革或革命的意思。当然，我这里讨论的内容在我以前的文章或书中都有所涉及。但是，为了使大家准确理解后面的讨论，在本文的第一部分进行简短概括似乎还是很有必要的。

在简单说明相关宪法视角之后，我将在第二、三、四部分分别就管制、财政、货币等宪法制度进行诊断并考察其不同的特征。

一 作为宪法秩序的经济制度

有些人把国民经济看作庞大集合体的网络，可以对这些网络进行管理或操纵以促进实现宏观经济目标，这些人不可能理解"宪法变革"或"宪法革命"的真正含义。在这种观念中，经济政策完全就是目的论式的：存在着获得当局认可的值得实现的客观目标，而且必须引导经济制度实现这些目标。

关于"经济制度"是什么的问题，立宪主义者对这一基本概念的视角可能存在剧烈的分歧。在本文中，政治经济制度被看作一种宪法秩序，这种秩序本身而且因此也并未体现独立确定的目标，也没有功能。该秩序最好被理解为一套规则或约束条件，在这些规则之下，个人和由个人组成的组织之间相互作用，促使实现其个

第八章 宪法革命策略序言

人的最初目标。产出或结果（配置、分配、利用和增长率）的格局严格依赖于约束私人和公共选择的规则。总的来说，人们可能会判断某种产出格局不如在另一种规则之下产生的格局可取。在这种情况下，就有可能就规则变革或宪法改革达成一致。

意识到规则（或一系列规则）的选择是很重要的，因为在规则之内根据一系列相互作用形成的产出格局会完全不同于具有明确不同产出或结果的选择。就政策是由实现具体产出目标的观念推动的而言，政策是遭到了误导。因为即便理想上全知全能且仁慈的权威也无法选择资源配置、收入分配、资源利用率或经济增长率。即使我们完全忽略与各种情形下理想的界定相关的问题，这一命题也是正确的。

社会互动过程必然涉及到经济组织中许多独立个人或组织做出的各种选择，每个人或组织在做出选择时都受制于不同的条件。这些选择形成了在同样的约束条件下可能形成的产出集合当中之一。要是以产出作为"社会选择"的替代方式来塑造政策，就等于是否定参与者保留独立选择的权力。那些选择游戏规则的人在这样做的时候并未选择解决方案；实际上，解决方案是由参加者在约束规则下做出的选择形成的。

不管最终的政治权威在何处，或者集中于一个人、一个党派或一个阶级，或者分散在通过某些集体决策制度行动的许多人当中，任何外部规定的、政治导向的行为或法律都必然会修改那些在诸多地位或角色中进行选择的人的约束条件。在这一严格界定的意义上来说，一切政治行动都是"宪法性的"。不过，似乎把"宪法性的"这个词限于以改变规则作为首要目标的活动更为可取。② "作为宪法秩序的经济制度"可以被描述为一套规则,个人或组织(包括政府在内)在规则之下进行选择并在其后的行动中付诸实施。

现存宪法是通过其产出格局的相对可取性来进行评估的,该产出格局允许参与者根据一定的时间序列进行随机选择。在诊断"宪法失灵"(constitutional failure)时遇到的问题是非常棘手的,而且不好理解,即便我们把注意力限于单个人的评价也是如此,且不管这个人是积极的参与者还是局外旁观者。但是,我这里关心的并不是此类问题,不过却同样棘手。③ 我关心的是在宪法民主制下个人对现存规则的比较评价问题,在宪法民主制度下,理想的情况是,只有在全体一致同意的情况下才能对整体结构进行根本性的变化。

首先,很明显,就宪法秩序的诊断结果达成一致意见的难度大大超过了单个人的自我诊断或是拥有共同评价标准的一群人的诊断。特别是,如果要一致诊断现有规则或部分规则需要进行改革或改变,参与者不仅必须同意在现有规则下进行"游戏"的结果是负合,而且在某种适当的机会成本意义上,必须同意另一套替代规则预期可以产生更高的效用水平。货币制度为此提供了一个很好

---

② 税收可以作为例证。任何税收包括公共财政专家经常用作比较基准的一笔总付税收都改变了个人面临的约束条件。但是,改变个人选择约束条件、为弥补公共财政支出而征的税收,并非完以实现约束条件带来的行为变化为目标。按照这里的术语,只有后一种税收被认为是"宪法性的"。

③ 参见拉特利奇·维宁:《论经济制度绩效的评价》(On Appraising the Performance of an Economic System),(剑桥:剑桥大学出版社,1984年版)集中讨论了个人评价层面上的宪法诊断存在的某些问题。

的例证。与某种替代性的制度相比,人们可能会普遍同意现有的制度是失败的,但是就确定那些与现有制度进行比较的替代制度而言,前述同意就会瓦解。所有各方当事人可能都会认为具有裁量权的中央银行是不可取的,但是可取的替代方案对某些人来说是金本位制,而对另外一些人却是规则导向的法定本位制。

认为不可能取得一致同意的想法难道不是荒唐的?难道社会中不会至少有某些主要的集团认为现有任何制度都比替代性制度更可取?我并没有低估这里提出的这种挑战的重要性。但是需要预先警告的是,我们必须记住,如果没有可能就任何变化达成一致,那么现有规则在这种意义上就可以被认为是最优的。帕累托标准的简单逻辑告诉我们,如果事物现有的状态没有达到帕累托效率,必然存在至少一种帕累托改善的选择。政治经济学家们的挑战就在于找出让大家普遍同意之变化所在[④]。

二 管制困境的特征

我拟依次考察在西方民主国家中似乎都已出现宪法失灵的三个领域,也就是三种"宪法制度"。在每一种情形下,我都会努力勾勒改革前情形的基本特征。在讨论—分析规则可能的变化之前,

---

[④] 关于这种总的方法论立场的说明,参见詹姆斯·M. 布坎南:"实证经济学、福利经济学和政治经济学",载《财政经济学和货币理论》(*Fiscal Theory and Political Economy*),查珀尔希尔:北卡罗来纳大学出版社,1960年版,第105—124页。另见W. H. 赫特(W. H. Hutt):《重建计划》(*A Plan for Reconstruction*),伦敦:基根·保罗、特伦齐和特鲁布纳出版公司,1943年版。

这个步骤是必要的。

在这一节中，我会考察一般的"管制"领域，我指的"管制"是指政治化的控制对市场作用的直接干涉。人们比较熟悉的例子是对商品和服务自愿交换的条件进行政治控制或干涉：控制工资、价格、利率、租金、行业、产业、地区的进入与退出。在每一种情况下，生产商集团的利益都会驱使进行政治控制，他们试图以普通公民的利益为代价获取利润（垄断租金）。如果渐次并且孤立地实行影响利益集团的政策问题，任何禁止这种政治化控制的规则变化显然都不符合这些潜在受益集团的特殊利益。潜在的或实际的受益集团或阶层从来都不会坦率地同意渐次进行的宪法变革。这些享有特殊利益的集团在这个过程中会受损。

相反，对其他集团或利害关系人带来特殊利益的管制，会损害那些认为自己是在保护其特殊利益的管制受益者集团。出于"宪法上的"利益，每个集团都会倾向于取消所有其他的管制，而且还应赋予这些经济生活的部门不受限制的自由交换空间。如果承认个人的特殊利益以及他/她宪法上的利益之间存在这种普遍的冲突，那么就敞开了普遍同意在宪法上禁止对自愿交换的自由进行政治干涉之路。如果取得政治保护的生产商利益集团的数目足够大，即使受保护的生产者集团遭受的损失也会超过由这种保护获得的收益。在这种情况下，所有受保护的生产者集团的成员连同经济制度中的非生产者都会同意改变规则，取消对所有集团的保护。

经典的囚徒困境就描述了这种改革前管制情形的基本特征。给定博弈的宪法规则，由于这些规则的存在，生产者集团就会通过寻求政府管制的保护以使其效用最大化。随着越来越多生产者集团努力的成功，就会到达这样一种程度，即所有的成员，即便是受管制保护的那些集团的成员，也会比在没有任何政治管制的情况下更糟糕。但这里有必要再强调一下其一般特征：任何受保护的集团试图单独取消其他受保护集团的管制保护都不符合最大化其效用的利益。只有当足够普遍从而包容大量单独生产者利益集团在内并且同时取消所有这些利益集团的保护时，宪法改革才有可能成功。

三 财政宪法改革的可能性

现有财政宪法的主要缺陷在于对当前公共消费资金的赤字没有任何约束。凯恩斯革命对经济政策造成的影响就是彻底否定了出于财政节俭而形成的平衡预算标准。在后凯恩斯时代，政治决策者们感觉到可以自由实现其当前不征税就支出的天性，这些天性是以迎合选民需要的愿望为基础的。正如三十年来我在许多场合和论坛上主张的那样，我建议的宪法改革是简单而直接的，体现了实施经典公债理论的核心原理。我们应该改变宪法以便禁止将财政支出的赤字部分用于当前消费的公共物品、服务和转移支付等。

不过需要指出的是，这里的改革前状况的基本特征和我们看到的连续不断的财政赤字制度，与前面第二节讨论的保护主义管制制度完全不同。这里的财政现状并不能根据经典的囚徒困境模型加以模拟，在囚徒困境中，个人特殊的或操作层面上的利益与其普遍的宪法利益是存在冲突的。任何宪法改革的主张都必须将认识不同结构的特征包括在内。在这种持续的赤字制度下，现在的人们或者处于接受当前公共财政支持的津贴的地位，或者处于纳税人的地位，他们是以牺牲将来充当受益人/纳税人角色的人为直接代价获得净效用的。（当然，这些集团之间会有一些重合。）当前消费的赤字财政纯粹是一种代际转移支付。而且与其他转移支付一样，可以让改变规则的潜在受益者（未来的纳税人/受益人）补偿潜在的受损者（当前的纳税人/受益人）的那种效率收益也是不存在的，即便在概念方面亦是如此。因此，这里宪法变革的论点必须以不同于利益导向的管制改革逻辑为基础。

这一论点有两个不同的特征，每一个特征都源于人们熟悉的非财政性应用情形的特征。首先，我们忽略财政选择的集体决策方面，而把注意力仅集中于个人方面。这里限制当前消费赤字财政的规则变化都必须从"诱惑的经济学"（economics of temptation）提出某种论点。认识到自己在将来可能会出现"意志薄弱"的情形的人会选择对自己施加有约束力的限制措施，这些限制措施会有效阻止他情境化的反应，就像那些阶段内的效用最大化可能要求的反应一样。埃尔斯特、谢林、泰勒已经在诸如保持对烟、酒、食物和性的忍耐方面讨论过这种前承诺的逻辑。在某种更一般的意义上来说，这一论点可以扩展到由个人形成的反对纯粹借钱消费的规范。

有关财政规则变革的另一个部分需要引进集体方面的选择。即使个人经过再三思考不选择对自己的借钱消费加以限制，但作为群体的一员，他/她也完全可能同意对集体的消费采取约束或预先防范。个人之所以这样做,是因为他们并不"信任"同伙会抵制"诱惑",而且因为他们认识到,在多数决定的情况下,他们不可能有效地预先排除"不受欢迎的政治选择"⑤。由于两个因素中的一个或两个,尽管承认当前阶段的损失,他们也可能就采取平衡的预算规则达成一致意见。

不过,在这种情形下有一个对宪法变革逻辑的含义是在管制的情形下不存在的。因为这种情形下的规则改变确实造成了公认的当前效用损失(相比较没有变化的情况下享有的效用水平而言),所以一致同意的建设需要滞后几个阶段实施相关规则。正如前面所述,这种时间延滞的要求并不是管制宪法改革的重点。

同时,正如这里的讨论表明的那样,在财政宪法中,对现状和替代制度的道德和伦理维度的相对评价变得比较重要,而在管制的去政治化过程中这些维度则不那么重要。与管制情境下消费者向生产者更分散的利益转移相比,当前公共消费的赤字财政则涉及到更不公平的在当前和未来纳税人—受益人之间的转移支付。除了这一普遍的差异之外,政治对自愿交换的干预造成了"过度负担",消除这种"过度负担"就为变革规则达成妥协提供了"缓冲"。在赤字财政中不同时期之间的净转移支付则不存在这种"过度负担"。只有引进某种道德的论点才能反对这种情况下自利的作用。

---

⑤ 关于这一论点的详细讨论,参见詹姆斯·M. 布坎南:《自由、市场和国家:20世纪80年代的政治经济学》,第21章,纽约:纽约大学出版社,1986年版,第229—239页。

四　货币规则可能的变革

在前面提到的文章中，伯恩霍尔兹认为通货膨胀过程的动力为实施货币结构的变革提供了机会。根据他的分析，不受约束的、具有裁量权的当局由于受到普遍的政治压力会偏好经常性的通货膨胀。当局在决定货币贬值时，是在牺牲债权人的利益的情况下促进政府和债务人现存的与可能的利益的。当潜在的债权人（贷方）认识到通货膨胀的格局并且就其持续性做出预测时，他们就会要求通过修改跨期间交易条款的方式寻求保值，并且可以做到这一点。当发生这种调整时，就会排除以前政府和债务人从通货膨胀中获得的利益，而且在某些情况下还变成了净损失。在动态序列某个适当的点上，债务人和债权人的利益就整个结构向货币单位价值可预测的方向发展达成一致。

可预测性本身意味着所有可能将货币作为交易媒介或价值储藏的交易者都能获得净效率收益。在不可预测的情况下则存在"过度负担"，这类似于政治干预市场交易涉及到的情形，而这种"过度负担"可以为在不同的利益集团之间达成一致提供缓冲。这里需要注意的是，以效率为基础的可预测性论点不同于以稳定为标准价值的论点，至少在直接意义上而言是如此。另一方面，如果制度的变化能确保货币单位价值的可预测性，不同的利益主体（如债务人与债权人）就不会因这种价值随时间而变化的方向和速率等问题发生冲突。如果所有交易方就标准价值变化的时间路线都做出同样的预测，而且相关制度能确保这种预测得以实现，那么，

第八章　宪法革命策略序言

在通货膨胀、稳定和通货紧缩之间最根本的效率方面并不会有什么差异。这里的效率差别，而且可能也是最小的，只是源于相对其他储藏价值标准，在使用货币的资源成本方面的差别。

五　宪法变革的福利政治学

我给本章标的题目是宪法革命策略"序言"。我的中心观点是，在提出特别的改革建议之前，我们必须理解在以上三种情形诊断出来的制度失灵的具体特征。这里的路径依次表明，实现宪法变革的前景似乎没有必要像悲观的政治经济学家承认的那样沮丧。就管制和货币宪法而言，不同的特殊利益主体可以找到支持改革的结合点；这里的推动不需要来自笼统的、分散的、没有组织起来也不可能组织起来的消费者利益的有效表达。在管制改革中，从国家寻求和获得管制保护的利益集团的多重性在某一点可以保证，这些利益集团从其作为消费者的角度都会承认他们卷入的寻租博弈是负合的。在货币改革方面，通货膨胀过程的动态性会促使不同利益主体在此过程某一适当的点上就基本结构的变化达成合意。

在财政宪法方面，以平衡预算的制度代替持久性的赤字财政规则的改革不同于这里所讨论的其他宪法部门，不同利益主体之间很容易找到结合点。这里明显的利益冲突并非是在现有人群之间（在管制的情形下是生产者与消费者，在货币的情形下是债务人与债权人），而是在"代际"之间，或者说是在不同时期的纳税人/受益人之间。除了人们当前的利益之外，无论以特殊利益集团的形式组织起来,抑或是分散的、一般化的,还必须有其他某种动机来描述引入宪法制约的动力问题。

就某些方面而言似乎有些令人吃惊的是,在以利益为基础的改革推力似乎最弱的领域中,恰恰是鼓吹宪法变革最有力的。但另一方面,改革的主张似乎没有产生多少有效的变革。也许,通过诊断这些特定的特征,我们就能解释这三种制度的差异以及激进宪法变革的前景。因为管制和货币规则最终容易受到以利益驱动的支持改革联盟的压力,过分偏离以效率定义的理想状态会更有限。通过承认要是超过一定限度,在这种利益驱使的政体下就是自我颠覆性的,现代国家的保护式干预就应当是有限的。一贯寻求保护本部门利益的货币当局可能会依靠利益集团对通货膨胀机制过于宽泛的实践做出的反馈。对于这种体现现代国家财政状况的财政挥霍是没有内在限制措施的;正是因为内部约束机制更少,所以要求变革财政规则的呼声相对来说就更高。

第九章 实行经济改革

　　经济学家和其他人都同意,当政府置身事外并且允许在保护产权和保障契约得以实施的法制框架下进行自愿市场交易时,经济制度会"运行得更好"。所谓"运行得更好"意味着创造出具有更高价值的产品和服务。但是政府活动并不限于保护性的功能;政府总是会或多或少干预市场的运作。因此,在把自由交换从政治干预释放出来的这一方向中,制度变革就成了经济改革的题中应有之义。

　　起点是什么?为什么要进行经济改革?为什么经济改革如此难以实行?20世纪90年代经济改革的前景如何?这些问题就构成了本章的基本框架。

一　此时此地(Here and Now)

　　正如你们很多人都知道的,我一贯坚持认为,自称经济和政治制度改革者的人都承认这样一个简单的实体事实,即改革、改进或变革是与作为起点的"此时此地"紧密相连的。我一直感到吃惊的是,我们中间那些浪漫主义者提出的政策秘方却无视这一事实。但是,"此时此地"具体表现为多重维度,因此,这种谨慎的警告本不能使我们进入其本身。我们需要进一步深入以详细阐述我们所讨论的问题。与我的讨论有关的是，"此时此地"中存在的是通常被描述成由一系列具有内在联系的制度安排（包括政治体，通常是民族国家）按照不同方式组织起来的个人。这些个人反过来通过制度享有一系列针对他人的权利、请求权、责任和义务，他们在制度之下进行合作；这些权利、请求权、责任和义务本身又是按照同样的规则和程序界定的，这些规则和程序不仅阐明了对个人和制度主体的约束，而且阐明了改变规则的程序。总之，我们可以说，"宪法"提供了一个关于社会—经济—政治游戏运行遵循的规则的综合描述。我的研究就是与现有宪法界定的"此时此地"有关，而有效的改进或改革则必须包括这已经界定的规则结构的变革。

二 但我们怎么知道改进是可能的？

让我们承认变革是从现状开始的。但是，我们怎么回答潘格罗斯博士*的问题的呢？为什么现存社会秩序规则并不意味着功能上的合理性呢？如果缺乏这种合理性，我们观察到的规则为什么会演变为日常的习惯，或者说为什么被明确地选择出来，而且随着时间的推移，一直得以维系？事实上，找出关于所观察到的制度秩序的合理解释，难道不是社会学家，特别是政治经济学家的主要

---

* 潘格罗斯（Pangloss）是伏尔泰小说《憨弟德》（*Candide*）中的人物，他的名言就是"我生活在可以允许的最好的世界当中"。后人用 Panglossian Pessimism 来表示一种悲观主义的立场，因为既然现有的世界是所有可能当中最好的世界了，就没有可能再使其变得更好。——译者注

第九章 实行经济改革

任务吗？是否任何结构缺陷的诊断都反映了哈耶克告诫我们的假设的"理性建构主义"狂妄？[1]

在这一点上，我不同意哈耶克思想中的这一基本要素，尤其不同意一些现代政治经济学家们（他们许多是芝加哥学派的）的看法，后者借助于"交易费用"的障碍来解释人们为什么没有就规则的改变达成一致意见，而按照理论福利经济学的标准，这种改变对所有人都是有利的。但同时我赞成威廉·H.赫特的观点，当他观察到存在着自由交易的政治障碍时，就从未停止对公认的结构失灵进行诊断。

1959年，我在一篇论文中指出，[2]理论福利经济学的分析的确可以为政治经济学家就规则的改变提出假说提供基础，即只有在一致同意的情况下改变规则才能获得认可，而没有这样一种同意，规则的改变可能就会被歪曲。这一立场允许福利经济学家根据假说推断出，当自愿交易存在政治障碍时就会导致潜在福利的不足；但是却不允许得出如下的规范推论，即假定的仁慈政府必然会取消这种障碍。这一立场又给经济学家强加了另外一项工作，即设计规则改变必然涉及到的潜在净收益者和净受损者之间的补偿方案。在寻求可能的一致同意的过程中，任何改革建议的分配性因素都必须与配置性因素结合起来。

---

[1] F.A.哈耶克：《法律、立法与自由》（3卷本），芝加哥：芝加哥大学出版社，1973、1976、1979年版。

[2] 詹姆斯·M.布坎南："实证经济学、福利经济学和政治经济学"，载《法律与经济学杂志》第2卷(1959年10月)，第123—138页。

三 就帕累托相关改革达成
合意的简单逻辑

101　　在这一节中,我将首先用抽象的术语介绍帕累托最优解释的基本逻辑原理,但是可以适用于前述政治经济学家的立场。然后,我将用一个简单而又熟悉的例子,即出租房价格的政治化控制继续阐明这些原理。

　　政治经济学家观察到政治对个人从事自愿交易自由的干预。在帕累托的意义上说,现存的状况不是最优的或有效率的。因此,必然存在一些可以替代的情况,按照他们各自的评价,在这种替代的状况下,与现有的状况相比,每个人的处境都会比现在的处境更好,或者说其中一部分人的处境更好而另外一些人的处境并没有变得更糟。从这一界定或分类出发可以得出下述结论,一定存在某种从开初的、非最优化状态转向替代性的最优状况的措施,而且转变的过程不会损害经济系统中的任何人。还可以进一步推断的是,一定存在着某些确保各方就前述改变达成一致意见的措施。

　　现在让我们把上述分析应用于房租控制当中。经济学家诊断房租控制是没有效率的。旧房市场上的租赁价格低于均衡价格水平,这种住房存在短缺,而申请批准、各种各样的"钥匙价格"(key price)安排等就变成了可替代的配给工具。新住房的价格由于不受控制,超过了旧房的均衡价格差。

　　假如简单地提议取消房租控制,那么,立即就会招致那些拥有旧房租住权的人反对。这种反对将会阻止就改革提议达成一致意见。政治经济学家的任务就是设计出一个最低的补偿方案,能够"赎买"那些在价格控制下的旧房居住的人的请求权,同时设计出另外某种计划,使共同体其他人自愿出资进行补偿。旧房的房东可能是这种"税"的主要来源,而那些以前没有机会租住这种旧房的房客也会愿意满足某些财政方面的要求。

这一逻辑是很简单的。如果房租控制规则是帕累托无效率或非最优的,那么就一定存在某些潜在的、可行的而且能够取得一致意见的补偿和支付方案。如果不存在这种方案,那么政治经济学家就必须承认,他最初把该规则归为无效率的判断是错误的。

四 无效率的制度安排继续存在的原因与方式

这一推理过程是没有问题的,而且经济学家在将政治化干预分为价值促进和价值减损的类型显然没有多少或完全没有异议。那么,为什么我们会观察到,比如像房租控制这样几乎所有经济学家都会认为是价值减损的、对人们之自愿交易的政治化限制却普遍而且长期存在呢?为什么这些限制一旦产生就能长期维持不变呢?还有,为什么政治过程中仍会继续出现新的对自愿交易之个人自由的限制呢?如果这些限制真的像经济学家说的那样是价值减损型的,那么,是什么东西阻止设计各方都同意的、既能消除现有的干预又能防止新的干预形成的方案呢?

我将分别讨论两个问题。首先,我将讨论通过废除现有对自愿交易加以限制而进行经济改革时产生的问题。其次,我将进一步分析那些试图预防现在尚未受到具体控制的市场政治化的努力。在这两种情形下，我都会适当运用房租控制的例子加以说明。

假设一位政治经济学家把现有制度（比如房租控制）看作是价值减损型的。在接受前述立场的情况下，该经济学家提出了一套改革计划，包括取消控制、取消对那些拥有请求权或权利资格的人的补偿，同时对社会中那些预期会从取消限制中获得净收益的人征税。（就房租控制的情形而言，改革计划将包括取消对房屋租赁价格的控制、取消对那些主张"承租人权利"的人的补偿，取消对那些预期受益者进行补偿，这些补偿的费用是由预期受益者、受控制单元的所有者和其他那些没有机会获得相应权利的人提供的。）这一基本的逻辑表明，应该存在许多这种能获得普遍同意的方案。

假定该经济学家的推论非常严密，但当他把这一建议作为需要普遍认可的假设提出时，他还是会对这一建议的消极反应感到震惊。而如果当提出不同方案进行改革的时候，该经济学家可能会受到连续的挫败。那些在改革过程中福利预计会增加、甚至是相当大幅度增加的个人或集团可能仍会当即拒绝所有下面这种改革计划，即他们要对其他在提议的市场限制改革中会而且可能在相当程度上遭到损失的人支付补偿的各种计划。

为了理解经济改革过程中面临的核心问题，有必要考察一下潜在受益者明确拒绝参与这种有可能对共同体所有成员产生净收益的"复杂交易"的根据。为什么这些人（例如受管制住房单元的所有者）会以似乎违背他们自己经济利益的方式行事呢？

或许可以提出两种不同但又有某种联系的解释。所拟进行的改革的潜在受益人可能会拒绝承认那些因取消对市场交易的限制

第九章　实行经济改革

而受损害者的资格或权利。向那些在现存制度安排下处于不公平优势地位的人提供补偿将会违背大致公平的标准,即使承认这样的补偿是实现改革的合意所必需的。前述标准或原则在直接的经济自利计算中居主导地位。

当我们考察潜在受益者的政治计算时,我们就会得出另外一个独立但有一定关系的原因,即为什么经济改革潜在的受益者会拒绝参与任何需要向潜在受损者进行补偿的总体方案。要全面处理这里提出的这一问题,就需要具备初步的公共选择理论智识:概略的描述就足够了。大多数政治化的、对人们从事自愿交易的自由进行的限制或控制都源于普通民主政治活动的运作,是通过立法机关或议会中多数人的联合做出决定的,这些决定然后被强加于政治组织内的所有成员。在某种机会成本的意义上,那些因此前市场限制规定而受损的人会认为自己被对立的多数联合所强迫。这些受损者也就是取消这些限制的潜在受益者,可能会对组织一个截然不同而且取得政治成功的多数联合保持积极的期望,这一多数联合反过来会将自己的意志强加于首先规定限制性立法的那些多数成员。在这一想象的情景中,那些会从经济改革中受益的人可能预期在无须支付那些从改革受损的人赔偿的情况下就实现所期望的改革。而理性的计算表明,努力构建新的多数联合的投入将比直接支付补偿以取得改革的潜在受损者同意或默许的投入更富有成效。

这种政治选择的计算会阻碍各方当事人就倘若适当加以补偿就有可能对所有当事人都带来收益的经济改革措施达成一致,其影响和各个不同参与者集团预期存在的差异有关。如果取消市场限制的预期受益者预计能够有效结成取消限制措施的多数联合，他们为什么还要对受损者进行补偿呢？但是，如果这些预期落空而且那些已经形成多数并且受现有控制措施保护的那些人（例如旧房的房客）预计他们的政治主导地位会持续下去，那么现状肯定就会持续下去。相反，要是预期受益者对于成功组建新的多数联合的希望不高，他们会更愿意支付补偿。反过来说，当预期受损者继续取得多数支持的可能性比较低时，他们就会更愿意接受在那些必须提供补偿经费的人选择范围内的补偿方案。

现在，让我们把注意力转到另外一组不同但有关联的问题，这组问题要预防的干预形式似乎是民主政治工作方式的特性。如果能以某种方式约束政治行为确保从来不会对交易实施价值减损型的限制措施，那我们这里讨论的经济"改革"形式也就没有必要了。

再者，我们可以找到多数主义政治活动无法区分配置性与分配性目标的麻烦之源。多数人的联合为了获得期望的分配结果，可能会实施明显具有价值减损性的经济控制措施（例如，如果住在旧房的房客形成多数人的联合，他们可能就会仅仅为了保持自己较低的租房成本而规定房租控制，而不管这种控制带来的经济资源总体上的浪费）。如果在任何这种措施公布之前，要求未来受益者获得未来受损者的同意，那么就不可能实施价值减损型的限制。但是，可能会存在这样的论辩，为什么有效的多数联合的成员或其立法代表必须通过某种适当的补偿或其他别的什么办法取得对立少数成员的同意呢？难道"民主"不就意味着"多数人的统治"吗？

只要这种态度可以表明公众与知识分子对什么是"民主"的理解，我们就只能预言由政治激发的对彼此进行自由交易的干预就会持续存在。直到而且除非给立法机关的多数介入经济制度运行的权力规定宪法性的限制措施，否则就不可能阻止继续进行经济"改革"的需要，这种改革被界定为摧毁以前的干预。

建议旨在干预经济交易的政治行动都必须通过宪法检验，无论如何并不必然意味着排除所有这种干预。宪法规则包括了界定如何改变规则的更深层次的规则。但是宪法政治活动必然比宪法内的政治活动或后宪法政治活动的内容更为广泛。简单多数不足以（或不应当）实行真正的宪法变革。因此就应当要求经济干预的倡导和支持者不只是获得简单的多数同意。在理想而且不可否认是有限的情况下，只有当干预是价值促进而非价值减损性的，才能够实行这种得到宪法授权的政治干预。

只是提出对经济过程的干预不应由多数派立法的政治活动控制可以被称为"颠覆性的"，从一个世纪以来由误解市场和政治化之替代选择的比较功效激发且浪漫化的社会主义角度来看尤为如此。但是这一世纪的混淆必然已接近于自然终结。现在是时候恢复对有效民主制度和宪法秩序之关系的认识了。

五　经济改革与分配冲突

到目前为止的讨论表明，实现经济改革或防止未来期望进行改革的制度变革的中心问题本身并非经济性的。相反，问题是经济制度（我指的是相互联系的市场交易中个人与团体之间的相互作用）成为通过政治手段解决分配冲突的制度环境。本文第三部分概述的帕累托福利经济学的逻辑是建立在下述隐含假设之上的，即这种冲突已经解决或作为替代已经转入某些独立于经济过程的领域中寻求解决。这一逻辑的运用有助于表明下述内容，即在概念或制度上是可以区分个人和集团对价值的请求与个人和集团价值的自愿契约交易之基本冲突的。

这样一来，政治经济学家就无法直接为价值共享方面冲突的主张与权利之对话贡献什么内容。不过，当通过政治化的市场干预方式解决请求冲突时，政治经济学家就可以提供一种测量社会价值浪费的方法。（再以房租控制为例。对于旧房的房客是否应当以社会中其他集团的利益为代价而得到资助的问题，政治经济学家无法提供科学的判断。不过，政治经济学家却能证明，房租最高限价这种形式的资助损害了潜在的价值）。

以市场的方式借助财政转移支付介入直接资助，从而实现对具体集团间接资助的某种制度性转换，由此实现经济改革面临着与前述补偿支付问题同样的困难。从间接资助或保护市场扭曲中获益的集团认识到，意在实现同样分配格局的直接财政资助获得的政治支持较少。当按照普遍的公平或正义标准进行评价时，且不管这种标准最终可能采取什么表现形式，那些意图匹配渐次干预市场交易之分配结果的专断和歧视性直接财政转移支付方案，经不住严格的审查。实际上，除了资源浪费之外，政治经济学家在这里可以提供某些帮助，指出实现理想的分配规范与由政治化的市场形成的专断格局之差异。通过这种活动，就可以迫使支持市场扭曲的人明确阐明具体的分配目标，并且放弃以促进普遍化规范为外表的论点。

六　经济学、政治学与未来展望

帕累托福利经济学的逻辑告诉我们，取消对自愿市场交易的政治化干预可以下述方式进行安排，即经济制度中的每个人根据其自己的计算都会变得更好。这一定理既为经济学家的希望提供了科学的存在理由，也提供了基础。经济学家不必在受益者和受损者的立场之间进行选择，因为按照帕累托逻辑，所有人都可以成为经济改革的受益者。而且因为所有人都可以被假定是追求自己利益的，所以理性在制度间的选择中总是有希望取得最终的胜利。

不过同时，民主政治特别是多数政治的逻辑告诉我们，市场经济的运作是不可能与持续存在的分配冲突分离的，因此经济学家的希望仍然无法实现。不过进一步展望改革的前景还是可能的，至少可以确定那些经济改革似乎最有可能发生的情形。

首先，设想一个重大的打击基本上破坏和瓦解了法律—经济—政治秩序的情形；特别是由重大战争或革命导致的剧变。在此情形下，现状中并不存在有效的权利与价值请求；因此，对在断裂之前不可能存在的、相对非政治化的交换安排不会有多少公开的反对。

如果某些派别的经济学家提出了改革的议程，我们就可以预测在相当程度上会出现不受政治干预的一种市场秩序，随之而来的是可以预计的经济繁荣和增长。曼库尔·奥尔森（Mancur Olson）已经令人信服地运用这一论点解释了二战后德国和日本的经济崛起,二战曾将这两国的制度基础毁坏殆尽。[3] 威廉·H.赫特同样依据二战期间大不列颠制度安排的断裂成功地提出了自己的重建计划,该计划的确涉及到对那些可能就回归战前状态提出请求的集团进行补偿性调整。[4] 正如我们所知,赫特的提议并没有成功。

强调指出下面一点是很重要的,即便存在有利于经济改革的条件时,也必须存在可以实施的行动议程,也就是由政治经济学家准备的议程。弗莱堡或管制政策学派在战后德国极好地发挥了这一作用,就像那些所谓的"芝加哥青年"(Chicago boys)在后阿连德时代的智利起到的作用那样。

如果经济改革仅在重大战争或革命造成剧变的情形下才会出现,那么前景实际上依然黯淡。我们可以确定一种不同的、非战争的情形提供有效取消对市场运作的政治化干预的机会。如果一国经济制度具有如下经历,即其间由于错误的理论原则和多数主义的利益集团政治活动的运作,许多独立的市场已开始被政治化(或者通过直接干预自由确立的价格,或者通过政府企业的直接运作),那么就可能出现走向市场开放的"宪法式"趋向。在非常容易证明的意义上,因一整套限制措施而变得负担过重的经济制度是无效的,而当与他国的经济制度相比时尤为如此。甚至受政治保护的市场参与者都将能够估算持续全面政治化会带来的总成本。

---

[3] 曼库尔·奥尔森:《国家的兴衰》(*The Rise and Decline of Nations*),纽黑文:耶鲁大学出版社,1982年版。

[4] 威廉·H.赫特:《重建计划》,伦敦:基根·保罗、特伦奇和特鲁布纳出版公司,1943年版。

第九章 实行经济改革

如果以对整个产业实行类似对待的"一揽子"方式提出改革的提议,那么,甚至被保护产业一方的成员对去政治化(私有化)的抵制也不会很激烈。也就是说,改革许多部门的组织、运行和控制等的普遍经济改革,会比一次一个或几个产业的渐次改革更有可能取得政治上的成功。如果以假设的形式加以表述,我们可以说,经济制度的社会化程度越高,经济改革的前景就越好。

我只是顺便提及经济制度的开放性与国际比较的关联。在几乎不考虑内部分配压力的情况下,一国不可能长期保留对其经济制度中为外国市场进行生产的部门无效率的政治化控制。更进一步说,就非出口部门会对整体经济制度产生溢出效应的程度而言,我们应当预见到具有重要出口部门的小国经济制度相对于大国经济制度而言,在实现有效率的去政治化时会经历较少的困难。这种粗略的分析产生了一个假说。如果随着而且当东欧的小国经济制度(匈牙利、波兰)越来越开放,我们可以期望未来几十年里通过促进发展的经济改革实现的成就会比其他国家更多。相比之下,在国内分配利益支配着国际考量的大国经济制度而且社会化/政治化还没有被扩张到荒唐的程度(比如美国)的情况下,我认为,我们必须要对实施经济改革持比较悲观的看法。

到目前为止,我尚没有提及作为经济改革源泉或动力的意识形态或者组织原则的转变。但是,意识形态的影响并不能全部排除在考虑之外。发生在 18 世纪末 19 世纪初英国经济制度的去政治化,显然部分源于政治领导人转向了古典政治经济学家提出的规范学说。20 世纪 90 年代学术界思维模式的清醒评价表明,由知识界领导重新发现自由放任作为社会组织明确规范理念的前景很是渺茫。不过,这一否定性的评价必然会伴随下述现象出现,即当后马克思主义和社会主义时代突然来临时,知识分子会采取的方向几乎完全无法确定。面对名声不好的社会主义替代方案,自由市场的智识批评者将求助于何方?

至少有可能的是,有效经济改革的主要中心会是那些后社会主义的经济制度,这些经济制度完全可能远远超越那些在 20 世纪中期并不存在广泛政治化、但已经出现的政治化因为国内分配冲突的需要而持续存在的混合经济制度。

第十章 经济学家与交易收益[*]

> 当根据其公民身份,消费者并没有委托政治机构专断地运用其以社会性的方式、通过自己提出要求(或抑制要求)实施的权力时,消费者就是主权者。
>
> ——威廉·H.赫特:《经济学家与大众》

在早期的作品中,[①]我比较了经济学家研究的两个出发点:(1)两个人、两种产品的交换模型,这种模型直接就将注意力吸引到交易收益的相互性方面;(2)一个人或克鲁索模型,这种模型会直接吸引关注各种以效用最大化为目标的选择方法就稀缺资源的配置。当然,这两种初始方法论的要素可以结合在一起,而且几乎所有经济学家的著作都包括二者的因素。不过,根据该两个起点对经济学家进行分类仍是有裨益的。这种分类可以提供评价基础,使我们能够确定与理解表面上差异很大的文献内在的一致性。

---

[*] 本章的修改版曾以"经济学家与交易收益"("Economists and the Gains from Trade")为题发表于《管理与决策经济学》(*Managerial and Decision Economics*),1988年特刊,第5—12页。

[①] 詹姆斯·M.布坎南:"强过耕田"("Better Than Plowing"),载《国家劳动银行季刊》(*Banco Nazionaledi Lavoro Quarterly Review*)第159卷(1986年12月),第359—376页。

出于某些不同但相关的原因,我将克努特·威克塞尔②、罗纳德·H.科斯③与威廉·H.赫特④归为第一类或交易收益类,我把自己的工作也自觉归入这一类。正如我在其他文章详细指出的那样⑤,我把自己的教授弗朗克·H.奈特同时归于以上两种类型,这种特征解释了其著作模糊性的来源。现代绝大多数经济学家显然都属于第二类,这里就没有必要一一罗列了。

本章我讨论的焦点是威廉·H.赫特早期的两本著作:《经济学家与大众》与《重建计划》。倘若以交易收益作为其本质特征,这两本书就很好理解。同他的其他著作一样,在这两本书中,赫特是一个能言善辩的简化主义者。在其职业生涯早期,他就展现出了如下的非凡能力,即穿透复杂分析的迷宫,析出与确定同讨论的问题相关的基本原则。

在第一部分中,我将表明简化主义者关于交易收益模型的运用如何容许赫特有效地抨击其看到的经济政策,并且提出制度改革的方向。在第二部分中,我把赫特的提议同四十年前克努特·威克塞尔提出的主张联系起来,尤其是提出了在我看来属于规范分析认识论前提方面的差异。在第三部分中,我比较了赫特与罗

---

② 克努特·威克塞尔:《财政理论研究》,耶拿:费希尔出版公司,1896年版。

③ 罗纳德·H.科斯:"社会成本问题",载《法律与经济学杂志》第3卷(1960年10月),第1—44页。

④ 威廉·H.赫特:《重建计划》,伦敦:基根·保罗、特伦齐和特鲁布纳出版公司,1943年版。

⑤ 詹姆斯·M.布坎南:"奈特对资本主义秩序伦理批评中的经济化因素"("The Economizing Element in Knight's Ethical Critique of Capitalist Order"),载《伦理学》第98卷(1987年10月),第61—75页。

纳德·H.科斯的相关分析。在第四部分中，我把赫特描述为真正的古典自由主义者，以此区别于那些并不十分适格的人，最终指出古典自由主义者在公众说服力方面面临的某些问题。第五部分则是概括性的结论。

一　交易收益

首先让我们深入探讨交易收益模式或交换视角与分配模式或最大化视角之间的区别，方式就是比较多多少少由二者自然得出的诊断或改良主义倾向。那些以自愿互利交换为基础的经济学家倾向认定看到或想象的经济过程的崩溃或失灵源于限制或禁止个人从事互惠交易的自由。严格说来，市场失灵意味着存在未得到充分利用的交易收益，而经济学家则通过如下方式诊断这种失灵，即确定存在妨碍人们获得潜在收益的障碍，而消除这些障碍就可使这些人从中获益。相比之下，那些逻辑基础在于最大化计算的经济学家往往把崩溃或失灵界定为达不到最大可能实现的总价值。更常见的是，其重点在于他/她看到的资源配置不合理体现出来的无效率。严格说来，市场失灵意味着资源运用的无效率，当经济学家确定偏离了那些资源最优利用的条件时就完成了其诊断工作。就如市场参与者面临的那种价格与成本之间的关系则提供了评价的基础。

这两种诊断市场失灵的进路就可能的矫正措施而言具有不同的规范含意。通过确定市场参与者的自由受到限制诊断市场失灵的交易收益模式经济学家，非常简单地要求取消这些限制，而不会明确考虑随后预计到的分配结果方面的转变。相形之下,通过资源运用方面存在的具体扭曲确定失灵的配置模式经济学家,则明确要求改变资源配置状况,而不会直接提到制度环境。

前述这两类经济学家立场看似简单的对比掩盖了两种立场隐含的个人经济主体界定方面的差异。交易收益经济学家将个人界定为潜在的交易者,无论就其偏好还是禀赋而言都是如此。此外,个人之间天赋资源的分配是预定且受法律保护的。资源配置经济学家则严格按照偏好或效用函数界定个人,没有必要涉及天赋资源。在此分析框架下,资源利用的效率或最优化是按照个人价值进行界定的,但就其与禀赋没有直接关系而言,这些价值脱离了现实形体。正因如此,资源配置学者同样难以确定对经济自由交易的限制,尤其难以区分这种限制与个人交易前分配状况涉及到的那些限制。

赫特《重建计划》前几章对交易收益问题的探讨是再清楚不过的。这里考察的制度背景是临近第二次世界大战时英国的经济与政治制度。这种政治经济学被描述为对个人经济自由设置多种多样的限制,这些限制措施在各种情形下大概都得到了老于世故的经济学家论点的支持,以及被认为就这些限制之存在与持续体现出来的资本价值具有推定请求权的那些人与集团的支持。取消这些限制获得的资本价值方面的潜在收益仅只是作为过去一种想象的机会而存在,而只有充分认识到市场秩序运作原理的经济学家方才会感觉到这一点。赫特在其早期著作《经济学家与大众》中就确定了这些原则,并且追溯了经济学家著作对这些原则的颠覆,其讨论的出发点是在约翰·斯图尔特·密尔的名著中出现而且为

W. S. 杰文斯（W. S. Jevons）与其他许多人发扬的模糊性。

我在前面提到，赫特对交易收益标准的适用是无论何时何地只要存在对经济自由的限制就予以反对，就此而言他是一位简化主义者。无论就以公共还是私人方式组织的限制，赫特并未试图将限制性的活动区分为两种类型，即应予反对的限制与在某种程度上可以原谅的限制。赫特是那些在赋予经济价值的规范立场方面基本保持一致的少数社会科学家之一。倘若人们自愿交易的自由受到限制，那么严格来说，这时价值就会小于没有这些限制时的价值。那么可以用什么标准区分下述两种交易情形：即排他性或主要增加交易双方价值的交易与牺牲协议之外第三方的利益增加双方价值的交易？

赫特在《经济学家与大众》中引入了现在为人熟知的"消费者主权"概念作为其判断标准（赫特引入消费者主权这一概念本身就可以确保其在本世纪经济术语史上占有重要一席）。最终产品或服务对于消费者的价值，这成为区分可以通过最终价值检验与无法通过最终价值检验的自愿交易的标准。就普通经济交易自由协商进行任何限制或阻挠都必定会损害消费者。同样，反过来，任何协议双方以牺牲第三方达成之协议的执行亦会产生净损害。约翰·斯图尔特·密尔以及其他经济学家并未认识到这一重要的差别。由于未谴责降低最终消费者价值的自愿契约（或公共替代品），其整个规范体系都崩溃了。

自19世纪中叶以降，规范性的论述连同相关经济政策的发展都使早期古典作家，特别是亚当·斯密著作中体现出来的清晰性消失殆尽。此外，经济制度日益政治化削弱了普通法的延续力量，这种力量大致体现于增值性的贸易与限制性协定之间的适当区分。无论通过公共还是私人手段，各方试图就分享或分割市场、固定价格或工资、联合谈判方面之协议取得的收益，这些严格说来不是作为交易收益实现的，而是限制交易的收益，而因此在规范方面应根据消费者主权原则予以反对。国家实施与保护个人的缔约自由并不能扩展到限制交易方面的契约。

正如前述，赫特的分析并未区分私人与公共方面就交易组织的限制，亦不支持政府基于推定的"公共利益"对交易进行直接限制，除非这些限制能被证明有利于消费者。国家以保护或促进生产者利益获得的价值水平或可能获得的价值水平，尤其是生产要素所有者的利益为由进行干预，是要遭到消费者主权原则反对的。

二 限制与改革

就增值交易的限制得出的规范含意似乎很简单。倘若政策改革的目标是最大化消费者个人的功效，在受制于其他人的偏好以及天赋分配的情况下，那么改革就是要消除这些限制。而且实际上，通常这就是经济学家向政府与政治领导者提出的改革建议的惯例，即便没有明说，经济学家也往往假定政府会仁慈地根据并继而遵循提出的建议。

早在1896年，克努特·威克塞尔就警惕经济学家的这种假设，他呼吁采用完全不同的路径认识规范政治经济学。他直接关注的是税收与支出决定的结构，其批评尤其集中于公共财政经济学家关于税收原则的空洞声明，他们提出这些原则既没有考虑财政账户的支出方面,亦没有考虑做出财政决策的制度结构。威克塞尔提出,倘若期望公共财政结果有所改进,提供建议的经济学家应将注意力集中于政治决定过程的结构,集中于最终向选民负责的立法者面临的激励措施。反过来,选民的利益必须同时体现税收成本与支出收益。

正如我在不同场合详细指出的那样,克努特·威克塞尔应当被视作整个公共选择研究领域最重要的先驱,或至少就我个人确认的那些方面是如此。[6] 威克塞尔的目标是要建立评判公共财政决定的效率标准,他指的是满足集体财政商品或服务消费者的个人的需求,类似于满足消费者在竞争市场中对私人商品与服务的需求。用赫特后来的术语说就是,威克塞尔寻求的是确立制度性的要求,通过与市场或私人部门并行的、由政府提供商品与服务确保满足消费者主权原则。根据其面临的问题的性质,威克塞尔被迫采用我称之为"交易收益"的视角。在诊断是否能够提供评判福利规范的标准时,他无法利用形式性的分散竞争均衡提供帮助。不得已,威克塞尔被迫采用协议的标准,将其解释为任何自愿交易过程的结果状态。当该评判标准被应用到财政决策过程时,就产生了规范公共财政的"自愿交易论"。

1948年,我偶然发现了威克塞尔的主要贡献,而我关于这一贡献之核心部分的翻译发表于1958年。之后,我于1959年运用

---

[6] 我1986年的诺贝尔演讲就致力于详细阐述威克塞尔在规范经济政策方面做出的基础性贡献。参见詹姆斯·M. 布坎南:"经济政策的宪法"("The Constitution of Economic Policy"),载《美国经济评论》第77卷(1987年6月),第243—250页。

威克塞尔的基本架构设计了一个我认为具有内在一致性的方法论。⑦ 在我的方法论论文发表之后不久,大约在1961年,F. A.哈耶克教授让我注意到威廉·H.赫特的著作《重建计划》,当时这本书我尚未听闻。哈耶克认为威克塞尔/布坎南的规范经济学分析框架与他在赫特著作中想到的分析框架类似。哈耶克的看法让我找到并且阅读了赫特1943年的著作(我已熟知其《经济学家与大众》一书)。

这两种分析方法存在类似性,但我发现在威克塞尔与赫特的规范视角之间亦存在重大差异。这些差异在我近来回顾这两份文献时似乎变得更加强烈。这两种架构的认识论假设以及几个相关重点方面十分不同。将赫特的整个工作与威克塞尔的进行对照,我们或许能更好地理解赫特的著作。

正如前文所述,威克塞尔面临的问题的性质要求而且同时他认为应当采用协议作为最终判断标准衡量源自税收支出决策代表的复杂交易之收益互惠性。因此促使他引入一致同意规则作为财政决策的基准制度。只有当某种税收分享计划同时获得一致同意并且提供足够收入弥补支出的情况下,支出方案方能保证是增值性的、有效的。尽管威克塞尔是在"公正"的标题下提出其整个架构的,但据我理解,他的重点放在协议的认识论属性方面。这就是

---

⑦ 译介威克塞尔著作《财政理论研究》的部分发表于"公平课税的新原则"("A New Principle of Just Taxation"),载《公共财政理论经典》(*Classics in the Theory of Public Finance*),R. A.马斯格雷夫(R. A. Musgrave)和A. T.皮科克(A. T. Peacock)编,伦敦:麦克米伦出版公司,1958年版,第72—118页。方法论方面的论文是詹姆斯·M.布坎南,"实证经济学、福利经济学和政治经济学",载《法律与经济学杂志》第2卷(1959年10月),第124—138页。

说,只有根据所有各方协议经济学界方能认为某个方案的净收益是增加的。正如前文揭示的那样,缺少这种协议,就无法确定受益各方赋予该方案的价值。理想状况下需要一致同意规则确定合意的存在,否则就无法评估方案提议⑧。

当与赫特的重建做法进行比较时,威克塞尔的架构还有一个特征值得注意。威克塞尔的目的是要确定立法机关做出财政决策的规则,该规则在随后的预算阶段仍然有效,在该阶段许多普通的税收和支出方案都会被提出要求予以通过或者被否决。根据分别确定的个人与集团的所有权,这些体现现有机构而且具有有价值主张的方案没有一个可以成立。

根据对威克塞尔架构的这种概括说明,我们可以继续考察赫特的战后重建计划。第一项差别涉及到制度环境,与前面刚刚提到的威克塞尔的目标有关。与威克塞尔相比,赫特的目标是英国经济多少具有永久性的制度体现出来的整个限制结构,就像其在战前已经存在那样。这些限制性的制度是为了确定某些个人或集团的具体要求建立的,这些要求受到了高度的重视而且理性的个人都会寻求对其进行保护。赫特把战时紧急状态的破坏视作一劳永逸纠正事情的机遇,通过一举改革与重建消除长期以来形成的做法。就结构变革方面而言,赫特的工作是真正具有"宪法性"的,而非威克塞尔式的政治决策规则的变革。一旦消除了这些限制,唯一需要注意的就是古典自由主义政治经济学家的规范性建议。

---

⑧ 威克塞尔的建设已转向宪法层次的规则的选择。参见詹姆斯·M. 布坎南和戈登·塔洛克:《同意的计算:立宪民主的逻辑基础》,安阿伯:密歇根大学出版社,1962年版。

赫特并未意识到立法机关的多数规则可能产生的政策结果。在这方面,他的工作不如威克塞尔的精确。

威克塞尔与赫特最重要的相似点是二者都承认,有效的规范经济学需要的不仅仅是根据某种荒谬的假设,即仁慈的政府会不由分说直接按照提供的建议行事,指责武断的税收计划或看到的限制性做法。不过,就二者都偏离政治经济学家的正统观点而言,二者在认识论基础方面存在细微的差别。正如前面所述,威克塞尔承认政府是由选民利益驱使的,要进行政治变革就需要一致同意。因此,改革建议必须包含一整套一致同意的变革,这种一致同意反过来在规范的基础上可以起到认可变革本身的作用。

赫特在相当程度上更加自信,相信经济学家有能力通过确定经济自由的限制定位市场失灵,这种自信或许源于所涉及到的活动形式。赫特并未因其自身的缘故谋求将一致同意作为独一无二的手段确定某种实践是减值还是增值的。他亦没有以政治重建的方式明确提到一致同意或一致同意的建设,不过这也许是讨论中十分明显以至于不需要进行考察的潜在因素。显然,赫特似乎将其包含赎买与补偿方案的计划建立在任何重大制度变革都可能伴有的不公平与不平等之上。下述说明就体现了赫特论点的本质:

……既得利益可能而且根据社会正义原则必须被"赎买"、"补偿"。我们建议……首先,应按照下述方式进行操作,即限制性特权具有的分配不公在后代消失。其次,立刻取消加于生产制度的负担而且因此附带提供必要的补偿资金。⑨

请注意,这段说明来自赫特1936年的著作,这表明《重建计划》可以被解释为不过是七年前勾画的笼统主张的详细设计。这里的论点似乎是,个人或集团可能并不是因为自身的过错使自己处于各种限制性实践受益者的地位。根据现有框架,他们的要求具有某种正当性,任何没有补偿的重建计划造成的大规模没收都会侵犯正义原则。

从我们20世纪90年代的观点出发进行考察,《重建计划》在其隐含的关于官僚机构之政治功效的假设方面似乎是天真的,而且不够精确。为了迎合20世纪三四十年代的学术风尚,赫特的整个计划还包括一套复杂的委员会与理事会的运作方法,这些组织由律师、公务员和真正服务于"公共利益"的经济学家组成。赫特承认,在提出相关方案时,他所从事的社会工程活动是在相关结构僵化为战前存在的那种限制性模式之前,在制度混乱与战争破坏的情况下作为"把握今天"的手段提出的。就此具体方面而言,赫特的设想可与曼库尔·奥尔森媲美,不过早了约四十年。⑩ 赫特清楚地看到限制主义的复萌将导致不必要的痛苦与伤害。

我们不能对赫特太过苛刻,说他没有预料到该书出版几十年

---

⑨ 威廉·H. 赫特:《经济学家与大众》(*Economists and the Public*),伦敦:乔纳森·凯普出版公司,1936年版,第65页;重点符号为原文所有。

⑩ 奥尔森在其著作中指出,与英国的增长率相比,二战后初期日本与德国的高速增长至少部分由于军事战败破坏了僵化的制度,而战胜者的经济结构则没有遭到这么大的破坏。参见曼库尔·奥尔森:《国家的兴衰》,纽黑文:耶鲁大学出版社,1982年版。

后公共选择经济学家作出的贡献。几乎必然的是,赫特撰写这些著作时承载着那个时代经济学家的部分思想倾向。重要的在于,《重建计划》通篇贯穿了赫特的简化主义重点:即限制措施的存在与未利用的交易所得二者之间的简单等式。直接与间接补偿的组合、收入保障、官僚机构管理与裁决机制,该书的这些方面往往会被现代古典自由主义者立刻否决。20世纪40年代的赫特认为这些与有望实现的发展相比只是微不足道的代价,充分利用可能获得的收益带来的价值剩余很容易就能补偿这些代价。

(说句离题的话,我们可以提出关于19世纪90年代与20世纪40年代的智识思想倾向的问题。威克塞尔对政治决策者抱更加怀疑的态度是否体现了其所处时代的特征,而这一特征在两位经济学家间隔的40多年间发生了显著的变化?)

三 没有限制的"改革"

威廉·H.赫特与罗纳德·H.科斯在年龄上相差半代,赫特居长。两位经济学家都受教于伦敦经济学院,而且二者都公开承认受埃德温·坎南(Edwin Cannan)与阿诺德·普兰特(Arnold Plant)两位学者直接或间接影响。因此,尽管二者都因其真正的原创性贡献而独树一帜,我们应能够从其分析与看法中发现类似的线索。

确实存在相似点,倘若回到我最初将二者都归类为交易收益经济学家就很容易确定这种相似性。我曾指出赫特的主要论题可以描述为:"倘若存在对经济自由的限制,那么就必然存在未利用的因而是可以加以利用的交易收益。"这一论题促使赫特坚持不懈地寻找限制,无论以公共还是以私人方式组织的,并且提出规范性的方案无论何时何地只要出现就消除这些限制性的做法。

这一论题还有其逆反论题:"倘若经济交易自由没有限制,那就不存在未利用的交易收益。"这一逆反论题很容易与罗纳德·H. 科斯的贡献联系起来,在某种程度上比与赫特第一种版本的关联更加明确。倘若所有权得到严格界定而且受法律保护,倘若不存在限制,个人之间就会采取行动利用权利交易的所有机会,而不论所有权的初始格局如何。这就是著名的科斯定理,自 20 世纪 60 年代初期以来,其对"法律经济学"研究领域的发展至关重要。现在回过头来看,我们可以预测赫特会发现科斯定理几乎是一个不证自明的命题,赫特一直在从事的就是该论题之实证变体的发展与运用。[11] 该定理给专业经济学家,甚至那些在规范方面对科斯或赫特采取的立场表示同情的人当中激起的冲击波提供了间接但明确的证据表明,分配主义的思想在 20 世纪 60 年代占据主导地位,实际上就像 90 年代一样。只有在某些忽视制度因素而且在认识论方面傲慢地专注于最优或有效率之资源配置条件的人(私人边际成本与社会边际成本相等,比如庇古)方会质疑科斯命题的不证自明性。

科斯定理的规范含意正如所料亦是与赫特论题相关的逆反命

---

[11] 我可以通过回想自己在 20 世纪 50 年代末期、第一次在弗吉尼亚大学同事中提出科斯命题时的最初反应来证明,将威克塞尔、赫特与科斯归为交易收益经济学家范畴是有道理的。从威克塞尔的视角得出科斯定理,我发现该定理几乎是不证自明的,而且当科斯向我们报告其在芝加哥大学宣读论文导致的争议时,我感到特别吃惊。

题。就后者而言,倘若存在限制,就取消限制以便获得交易收益。就前者而言,就科斯定理而言,倘若没有看到限制存在,就是自由放任的政策。基于明显市场失灵得到的无效率表象仅只是表象而已,而且可能体现了某些观察者未能估算在任何交易中必然伴随的交易成本,而这种成本只能在制度环境下存在。下述两种看法之间并无二致:即某时有些热情的、确定限制性实践以便加以取消的改革动力与面对显而易见的分配失灵但不存在限制的情况保持沉默。这两种态度是一路的;二者都是交易收益经济学家的特点。

四 古典自由主义的局限性

威廉·H.赫特是真正的古典自由主义者,该特征在《经济学家与大众》一书中得到了最好的体现,该书从很多方面来说都是他最好的著作。正如我曾指出的那样,赫特并未犯自由至上主义者的那种错误,将其对个人缔结自愿交易之自由的申辩扩展到为个人缔结限制贸易之自愿协定的自由进行辩护。他的衡量标准总是对消费者的最终价值,这一作用是经济制度中所有个人都普遍认同的。消费者主权的标准贯穿赫特论述的始终。

真正的古典自由主义者比较罕见,特别当我们要求其实证分析与规范含意具有内在一致性时更是如此。就那些方法论出发点属于配置论的经济学家而言,即便可能,亦是很难维持这种一致性,因为其并未以与结果相对的过程作为重点。配置论的核心论点在现代规范经济学中占据支配地位连同由此造成的不一致性,部分可以解释古典自由主义为何未能成为更有效的、前后一致的

第十章 经济学家与交易收益

社会哲学家。然而,我认为古典自由主义的说服力还存在更根本的局限,甚至在诸如威廉·H.赫特这样真正代表的著作中也能发现这种局限。

不过,最开始我将针对那些具有宽泛的古典自由主义信念但严格来说仍然属于配置论阵营的经济学家提出集中批评。正如前文所述,这些学者的规范重点在于资源利用的效率方面。而且正如通常指出的那样,以抽象的效率作为社会目标的论点很难获得支持。因而,这些论点在选举过程赢得选票方面难有作为。效率作为政策标准很少或没有情感方面的动力,而经济学家决不应当因其绝对支持结构以促进效率为目标的变革遭到漠视感到惊讶。

在经济学领域坚持基本的交易收益视角的真正古典自由主义者比其配置论阵营的同伴相比有所改善。倘若要保持一致,交易收益论经济学家就不会将效率或类似的论点置于其陈述中最重要的位置。他/她的改革重点指向的是取消限制性措施,同时必然产生交易增值的结果。这大致就是赫特经济学的立场。

交易收益论经济学家可以很容易地更进一步,但对配置论者则较为困难。但赫特本身亦没有明确迈出这一步。可以减少强调交换价值的收益,根据一般的正义得出反对限制交换自由的论点。可以以亚当·斯密"自然自由的正义"作为核心。我一直认为,与任何源自效用、价值或效率的论点相比,这为公众与政治支持交易自由提供了更有说服力的根据。另一方面,源自正义的论点可能更容易堕入为自愿契约自由进行笼统辩护的状态,而缺乏区分下述不同情形的手段:即将收益集中于交易各方的契约、交易或协定与那些通过将溢出损害强加于他人而取得收益的形式。必须在一定阶段将类似赫特消费者主权的某种评判标准引入评价活动。

同样试图推进古典自由主义规范原则的现代公共选择经济学家，可能在其同僚失败的地方取得成功，至少就某些缺乏说服力的方面而言是如此。公共选择经济学家既不强调市场过程更优的配置效率，亦不强调取消对经济自由的限制发掘未能从交易获得之收益的可能性，而是直接关注市场互动过程之替代性制度预期与看到的失灵或崩溃。市场会失灵，当根据理想化的效率标准进行衡量时尤为如此。但是，市场失灵的制度矫正机制亦会失灵，即便如赫特那样真正的古典自由主义者巧妙设计出来的制度亦是如此。特别是《重建计划》传递了这样的观念，只要受古典自由主义原则指引的经济学家能够重新设计制度结构，一切都可能运作良好。在那本小书中，赫特与其持不同意识形态的经济学家同仁仍然属于制度／政治理想主义者的类型，不过他与其同仁对经济过程十分苛刻。

不过，古典自由主义立场仍然存在更根本的不足，这再次在赫特早期的著作中得到了体现，这种不足或缺陷在相当程度上削弱了其整个论点的规范影响。我指的是缺乏据以检验改革措施的最终伦理标准。赫特在为其消费者主权标准进行申辩时本人亦承认该问题。请看下述说明：

> 现在可以认为，在自然稀缺的情况下，回应消费者主权的价值是唯一可以被视作提供了对社会活动进行理想控制的价值。我的基本主张如下：拒绝所有绝对的道德与美学方法，就

任何评价过程结果好坏的判断只能是个人性的；结果就是，关于社会偏好好坏之客观表述最令人满意的标准就是个人爱好的好坏。但根据我们不存在绝对标准的假设，似乎只有一种可能的价值是否可取的标准可以获得普遍接受，即决定这些价值的力量是社会性的而非个人性的。因为这个简单的原因，自由（我们认为其实际上与宽容同义）必须被视作更高的支配性原则。⑫

这里诉诸消费者主权（经过严格限定与解释的）对经济学家而言也许是有说服力的，但却不容易回应为什么是消费者这一问题？以价值最大化进行回应可能导致误解，而含混地援引效用最大化很快就会与分配方面的异议发生冲突。直接诉诸个人自由进行交易的权利，这也是任何由正义得出之论点的根据，依靠的陈述则是武断的。

什么是古典自由主义最令人满意的潜在政治哲学？倘若我们抛弃功利主义与自然权利的观点，我们还剩下什么？在我看来，这个问题的答案似乎一直很明确。契约论就符合古典自由主义对交易自由进行申辩的哲学立场。实际上，契约论可以被解释为自由交易范式向更广背景的扩展。而且重要的是，这种扩展增加了前述赫特的努力中似乎缺少的伦理内容。

具体的集体行动是正当的吗，或可以提出正当性的论点支持该行动吗？具体的规则或行动是正当的吗，或可以得出具体的论

---

⑫ 威廉·H.赫特：《经济学家与大众》，第282页，重点符号为原文所有。

点对其进行申辩吗？赫特将会采用他的消费者主权进行检验。这些行动或规则的运行有利于以最终消费者的身份独立行动的个人吗？但为什么要将个人的这种角色与其他角色区分开呢？

　　契约论可以提供走出赫特事业似乎悬而未决之困境的方法。契约论者转变了该问题：倘若积极或消极的直接影响无法归于哪一确定方，所提议的行动或观察到的规则能获得受影响的各方一致同意（在限度范围内）吗？或者用自约翰·罗尔斯原创性的著作以来人们熟知的术语来说，[13]相关提议或规则是所有人在足够厚的无知之幕与/或不确定性之幕背后达成的因而无法确定可能的受益者与受损者吗？我想，根据适当的解释，这一基本的契约论检验标准确实至少在观念上为赫特的消费者主权标准提供了操作层面的支持，但其同样具有更吸引人的伦理基础，因为其可以应用于一切角色的个人。此外，契约论检验标准就其区分可接受与不可接受之自愿协议的能力方面而言在观念上更精确。通过将"自愿交易"上升到宪法层面的规则选择，就可以应用合意或普遍协议的检验标准。

　　我这里并不是说契约论的逻辑能够用来为整个古典自由主义方案提供伦理支持，就像该方案通常理解与呈现的那样。契约论的检验标准并不能排除 A. K. 森称之为"管闲事偏好"[14]的影响，即便具有这种偏好的人在相关活动中不存在亦是如此。就可能的制度变革与政策行动而言，也存在契约论检验标准保持沉默的"灰

---

[13] 约翰·罗尔斯：《正义论》，剑桥，马萨诸塞州：哈佛大学出版社，1971年版。
[14] 阿马蒂亚·森："帕累托式自由主义者的不可能性"，载《政治经济学杂志》第78卷（1970年1/2月），第152—157页。

色"地带,而消费者主权检验标准则似乎具有决定性。⑮ 但我仍然认为,契约论基础确实为古典自由主义原则适用于吸引诸如 W. H. 赫特这样的该传统之真正代表感兴趣的领域提供了支持,而且这种伦理支持可能超过了规范政治经济学中间或"灰色"地带的确定性损失。

五　结论

在本章中,我以赫特两部样本著作的论点为基础提出与阐述了我对交易收益经济学家实证与规范角色的描述。《经济学家与大众》是赫特最主要的贡献之一,与其出版(及其以后)获得的关注相比,值得给予更多的关注。该书确实值得现代社会科学家一读(我一直主张重印此书)。

《重建计划》是一种具有时代标记的努力,部分反映了当时经济学家工程学的强烈要求,而且包含了相当枯燥的与现代没有多少关系的制度建议。在 20 世纪 90 年代,这本书并不需要认真阅读。但另一方面必须要赞扬赫特,因为他认识到根本的制度改革需要关注那些拥有在社会现状中得到体现之合理预期的个人与集团利益。仅这样的认识就足以让威廉·H. 赫特名列少数基本属于现实主义而非浪漫主义改革者的优秀政治经济学家与古典自由主义者之列。

---

⑮ 约翰·格雷(John Gray):"契约论方法、私人财产与市场经济"("Contractarian Method, Private Property, and the Market Economy"),牛津:耶稣学院,1986 年,油印件。

第十一章　古典自由主义的契约论逻辑[*]

本章拟考察宪法对个人以及组织之间自由交易的保护如何偏离契约论的检验标准。假定政治体的成员身份界定明确,而且在最终确定规则时每一个人都被予以平等地考虑。因此只有基于一致同意方会出现正当性。

倘若要在可能的范围内达成协议,就需要某些方法沟通会发生冲突的、明确界定的个人利益与通过协议界定的共同或公共利益。无知之幕与/或不确定性之幕连同某种意义的制度与规则的准永久性提供了似乎与契约论视角完全一致的唯一方法。因此问题就变为:在足够厚的无知之幕与/或不确定性之幕背后,处于假

---

[*] 本章的标题是有意借自罗素·哈丁(Russell Hardin)具有启发性的论文"自由主义的功利主义逻辑"("The Utilitarian Logic of Liberalism"),载《伦理学》第97卷(1986年10月),第47—74页,并加以修改而成。哈丁的分析与我的分析存在相似之处,但亦存在重要分歧。

我分析的实体结果与约翰·格雷在其包括更广泛但所指却不同的论文"契约论方法、私人财产与市场经济"(牛津:耶稣学院,1986年,油印件)中得出的结论更为接近。

本章的修改版曾以"古典自由主义的契约论逻辑"为题发表于《自由、财产与立宪发展的未来》,埃伦·弗兰克尔·保罗和霍华德·迪克曼编,纽约:纽约州立大学出版社,1990年版,第9—22页。

定立宪阶段的个人会选择保护自愿的契约交易吗？或者，倘若他/她选择保护某些交易而不保护其他的，那么在哪里以及如何进行划分呢？

该问题初看起来似乎很简单，但更深入的分析表明必须澄清"自愿交易"的基本含义。准确地说是两个人之间的交易包括哪些内容？

一　简单的例证

请看可能是最简单的例证：甲、乙两人关于两种可交易商品的储备是原始的而且完全分开：两种商品分别是苹果与香蕉。在缔结交易关系之前，甲储存有一定的苹果，乙储存有一定的香蕉。

要是说在进行交易之前甲拥有对苹果的权利而乙拥有对香蕉的权利，在语义学方面没错，而在逻辑方面也是有用的。实际上，倘若不存在这种法律或相互尊重的权利，交易作为一种制度就不可能存在。[①] 但严格来说对苹果具有最初储备方面的权利允许甲做些什么？很可能是这些权利可以让甲阻止其他人在没有其同意的情况下消费、吃光或以其他方式利用其最初分配的苹果。甲在这些方面受其对苹果之权利的保护；同样乙对香蕉的权利亦受到保护。

正如 A. 阿尔钦在其早期关于产权经济学的开拓性著作中强

[①] 这些权利的原始归属可以从契约论的逻辑中推导出来。关于这一点，参见布坎南：《自由的限度：在无政府状态与利维坦之间》，芝加哥：芝加哥大学出版社，1975年版。

调的那样，②交易包括权利的转移。在一次交易之后，至少一部分苹果与一部分香蕉的所有权发生了转移。不过请注意，关于权利的初始界定因而就不包括进行潜在的交易。作为一种制度，交易要求就有关商品的权利做出某种如上所述的初始安排，但同样需要就进入市场并且进行讨价还价的自由做出某种安排。在我们的例子中，甲具有关于苹果财产的原始权利；但并不享有以其交换乙的香蕉的原始自由。

在严格的两人交易情形下，对甲而言这种自由属于乙的决定范围，乙可以给也可以不给甲这种自由。乙可以简单地拒绝与甲进行交易；也可以不给甲任何进入讨价还价过程或市场的自由。请注意乙的这种行为根本不会侵犯甲对其原始储备的苹果的权利。另一方面，乙也可以给予甲进入交易过程的自由而同时甲给予乙同样的自由。倘若出现了相互给予交易自由的情形，甲将以其苹果来换取乙的香蕉，同时乙将用其香蕉换取苹果。这样交易就会发生，结果是易手商品的所有权发生了转移。

这种高度程式化的例证似乎没有分析的必要，因为似乎任何一个人都没有什么兴趣阻止另外一个人进入交易过程的自由，至少就我们停留在两个人、两种商品的分析模型范围内并且不考虑任何非经济的激励因素而言是如此。不过，我将证明权利与自由之区分在更复杂的模型中是相关的，而且这些术语的运用有助于就前面提出的基本问题做出初步的回答。我希望表明，就促进权

---

② 阿门·阿尔奇安：《起作用的经济力量》，印第安纳波利斯：自由出版社，1977年版。

利自愿转让之互相交易自由提供宪法保护是可以达成协议的,但是就不会促进权利转让的自由交易而言,这种宪法性保护无法被证明为正当的,即便这种自由交易本身完全是自愿的。

除了对最初资源的权利,另外一种表述还会包括与潜在交易的其他各方当事人开始缔约过程的能力。这一表述在语义方面的优点是不需要提及交易自由,但也有不足之处,就是需要交易的某些权利是不可转让的。在我偏好的术语中被界定为进行交易或缔约自由的东西,根据这种替代的术语,通过宪法决策过程达成的协议就变成了可以让渡的权利因素。

二 例证的扩展

现在考察一个扩大的但仍然高度程式化的苹果与香蕉交易的例证。现在有两个人:A_1 和 A_2 都拥有针对苹果储备的原始权利。假定还有十个人 B_1、B_2……B_{10},最初他们每个人都拥有针对香蕉的原始权利。在这个 12 个人的交易团体中,我们假定最初每个人都允许其他人拥有进入市场或建立交易关系的自由。在满足这些条件时,交易将以两人模型中的那种方式进行。

不过在这种情形下,我们应注意 A_1 和 A_2 很可能会发现,倘若他们两人自愿互惠分割 B 组人给予他们的交易自由,那么对两人都是有利的。譬如,A_1 可能会同意放弃与 B_6 到 B_{10} 进行交易的自由以换取 A_2 同意放弃与 B_1 到 B_5 建立交易关系的自由。这种契约对于 A 组人是互惠的,这样他们每个人都获得了对部分苹果购买者的垄断地位。相较于没有市场分割契约由竞争机制调节预期获得的份额相比,他们借此都可以预期从中获得更大的生产者/消费者租金份额。这种协议会将 A 组的好处建立在 B 组的损失上,由于 B 组人数更多,被认定难以达成安排来充分有效地补偿市场分割。

倘若我们现在引入契约论—立宪主义者的视角而且假定任何人都处于适当界定的无知之幕与/或不确定性之幕背后,显然诸如我们刚刚讨论过的发生在 A 组两个人之间的那种资源交易是不会受到宪法保护的。也就是说,在无知或不确定性之幕背后确定的法律规则会禁止实施市场分割的协议。在无知或不确定性之幕背后,没有人可以预测自己的状况是属于 A 组还是 B 组。即使在这种纯粹的交易情境下,同一方之间就市场达成的任何协议也肯定会使价值遭到损害。另一方面,相比之下,任何能够促使市场双方之间商品与服务权利交易的协议都可以促进价值的增加。根据达成合意的宪法框架,后面这种协议或契约将被赋予法律上的强制执行力。

这里的结果当然大家都是熟悉的。根据普通法,限制贸易的契约通常是不能执行的。这些契约可能涉及到我们除了产品和服务按有关条款要求的特征提供给市场外,这些契约中还可能涉及到我们简单例证中的那种市场分割,同样也可能延伸到设定价格以及向市场提供商品与服务的其他条件。任何这种契约协议都可能被解释为就与市场另一方的缔约自由进行的互惠交易。在这里的简单例证中,即我们将分析限于不存在任何溢出效应或外部效果、完全可分割的商品与服务的情况下,同一方交易者之间达成的、放弃与另一方交易者进行交易之自由的任何自愿协议都必定会使价值遭到损害。商品与服务无法流向由潜在交易关系参与者的评价确定的、更有价值的用途。

三　例证的政治化

在同种例证当中，即 A 组两个人作为苹果经销者、B 组十个人作为香蕉经销者，交易限于与苹果和香蕉的转让直接有关的那种，现在让我们假设自愿达成的限制交易的私人契约在法律上是不可以执行的。法律规则是这样的，A 组人不可达成前面讨论的那种市场分割安排。

不过，假定这 12 人团体中的大多数人对交易规定了源自政府的限制。尤其是假定 B 组的人（或至少他们中的七个），显然这已经构成了明确的多数，支持改变交易条款以便使苹果交易香蕉的价格高于根据简单经济制度不受限制的价格水平。这项立法会保证 B 组的人以 A 组的人获得更小份额为代价获得更大的总体剩余或租金。这同样会导致经济制度总价值的下降。在进行这种交易后，苹果与香蕉的配置方式不会使共同体的总体价值最大化。

在关于个人身份的无知之幕和/或不确定性之幕背后，没有人会容许宪法准许多数派的政治行为以前述方式限制市场交易。这种形式的限制不过是限制交易或交换的私人协议在政治领域的对应。这里简单的分析就很清楚地表明，同时执行普通法或成文法对私人限制交易协议的禁止与通过政治方式组织的、对交易的限制是自相矛盾的。强调市场分配的私人契约与公开颁布的交易限制之间本质上的相似性，就会吸引人们直接关注极端自由至上主义者与反对宪法为经济自由提供保护的人采取的政策立场可能存在的缺陷。自由至上主义者为市场同一方缔约主体私人性的卡特尔协议进行辩护，只要这种协议是自愿的，他们必定难以反对在具体市场中以政治方式组织的、卡特尔式的限制。而那些认为多数派对自由交易的政治干预具有正当性的人则应当发现难以为普通法约束限制交易的行为以及反垄断机构进行申辩。

四、扩展分析：可分割、可交易的商品与分配标准

就目前为止，相关分析被限定于非常简单的交易模型，其结果也几乎是不言而喻的。宪法对人们进行商品与服务普通交易之自由提供保护的契约论根源相对比较简单。但正如前述分析揭示的那样，无论从哪一方面而言，这种保护都不可以延伸到保护包括放弃进入交易过程自由在内的契约自由。不过这些结果只是在前面考察过的简单例证中得出的，还有下述隐含前提，即人们当中的商品具有可分割性、交易这些商品在道义上具有可接受性而且不存在第三方或两人交易模型不存在外部性。在这一部分中，我希望在保留这些前提的同时详细地考察自由交易具有的分配含意。我希望完全集中分析分配性考量可能对契约论者的计算产生的影响。

我们仍可以苹果—香蕉的例证解释倘若分配性的考量要与结果有关就必须存在的条件。如果在无知之幕和/或不确定性之幕背后，一个人预计到那些在交易之前最初储备香蕉的人在分配方

第十一章 古典自由主义的契约论逻辑

面会比那些最初储备苹果的人情况更糟,那么就会出现某种论点支持不对称地实施禁止限制交易的措施,无论这些限制是以私人方式还是公共方式引入的。倘若系统预期香蕉所有者(如果我们把分析扩展到生产经济也可以指香蕉生产者)属于变穷一边,而预期苹果所有者(或生产者)属于变富一边,那么处于无知之幕和/或不确定性之幕背后且无法确定自己地位的人,就会把对交易或交易条款的干预视作实现分配目标的手段之一,即使充分认识到任何这种干预都可能造成总价值的损失。

不过,正如本例所示,将分配地位与具体所有制和/或具体商品和服务的生产联系在一起似乎有点奇怪。通常来说,在分配地位与商品最初的归属与生产之间很少或根本没有关联。前市场或前交易的资源当然可能存在非常大的差别,但这种差别很难与具体市场的交易条件联系在一起。果真如此,试图将对市场的干预与最终的分配标准联系起来就没有什么根据,或者根本没有根据。当然,这一陈述并没有谈及下述内容,即分配目标在更笼统的宪法计算中是否适当或相关。

不过有一种市场,其中分配性的因素在提供限制自愿交易的推定正当性方面被公认非常重要,这里的限制既包括通过私人协议放弃交易自由形成的限制,也包括公开对个人缔约自由规定的限制。我这里提到的市场就是劳动力市场,在劳动力市场可以普遍看到公开实施得到私人同意的交易限制,而政府规定的限制还对那些私人认可的限制进行了补充。我们必须慎重检验这种古典自由主义普遍原则明显例外情形可能的契约论根据。这种对劳动力自愿交易的限制能否具有立宪阶段人们那种理性选择的根据?

设想一种对支持干预自愿交易的论点非常有利的情形。假定人们天生就分为两个不同的阶级，必须为其他人工作的人与具有雇主身份的人。再假定所有的工人都是同质的，而且每个工人的位置都是明确的，因而不能跨越空间与另外的雇主协商进行交易。作为一个阶级来看，雇员的机会要比作为一个阶级的雇主多得多，但可以预计他们每个人的收入都要比雇主少许多。

在此情形下，雇员或工人经常被说成处于相对劣势的讨价还价地位，这种主张被用来作为两种限制的正当理由，即通过工会以私人组织的自愿劳动契约的限制与政府给这种契约规定的强制性限制。但即使在这种纯粹而且非常不真实的情形中，能够从无知/不确定性之幕背后的计算推导出这种限制吗？

设想工资谈判的情形，其中工会代表工人要求并且保证工资合同的报酬标准高于在没有这种工会的情况下会出现的工资水平。但与此前相比，能保证获得工作的工人数量更少了。但如果我们假定劳动力需求在相关范围内不具有弹性，总工资报表可能更高。支付给整个工人阶级的报酬于是就会增加。但如果以分配正义为由支持这种制度变革，那么总工资报表的增长是不够的。还必须有某种方法确保收益在工人阶级之内获得更公平的分享。正如前面指出的那样，获得雇佣的工人数量更少了，但除非那些因工资增长而失业的工人从增加工资后仍保持就业的工人那里获得补助，否则根据几乎所有分配正义的标准，这种制度变迁都会产生人们不期望看到的分配结果。显然，这种工资情形以及无法保障由高于竞争性工资水平获得之收益的分配，无知和/或不确定性之幕背后人的理性计算是不会选择这种结果的。

如果我们把更多的现实主义因素引入该分析模型，允许阶级之间的流动而且无论在工人还是雇主当中都没有明确的定位且存在异质性，那么，任何私人或公家实施的、高于市场公开竞争可以获得的工资水平，就会给那些在任何规范意义上都最应该"在分配方面获得酬劳"的工人带来不成比例的、更大的伤害。做出一般性的结论似乎是不可避免的；禁止对自愿交易规定可以强制实施之限制的古典自由主义原则，无论这些限制是以私人还是公家的方式推行的，都无法以契约论的评价模式加以质疑，即便分配目标被完全纳入相关分析也是如此。

五 超越程序规范

到此为止，我对古典自由主义之契约逻辑的运用完全是以程序作为制度评价的标准的。其结果之所以是有限的，是因为通过该分析的前提假设有意识地回避了许多实体问题。我简单地假定，无论处于无知和/或不确定性幕之后还是在个人身份确定之后，任何人都会就"好处"与"坏处"的界定或分类达成协议。我还假定，所有"好处"与"坏处"在下述极端意义上都是完全可以分割的，即就任何确定的"好处"或"坏处"而言，没有人对其他人的生产或消费行为感兴趣。

显然，包括私人或公家对自愿交易施加之限制的推定正当性在内的许多问题，都会在这些假设与现实不符的情形下出现。用福利经济学的术语来说，正是外部性的存在，不论广义的还是狭义的，必然会导致下述努力的不可预知，即试图从规范上证明宪法/

法律给自愿交易提供普遍保护的制度的正当性。契约论的程序标准本身不能适用于界定与分类这种实体问题，至少不能直接适用。下面我会考察这些标准的局限性。但即便在这种公认的限度范围内，强调契约论逻辑的说服力仍然是有裨益的。

从经验方面来看，可以看到人们会就多种类型商品与服务之"好"与"坏"的界定达成一致，进而人们会同意个人或私人关于许多普通商品和服务的消费、生产与交换的偏好与那些执行这种活动的人偏好相比，对其他人而言没有什么关系。在涉及到这种普通商品与服务交易的社会互动领域中，契约论的逻辑仍然不会受到挑战。私人或公家就这些商品与服务（面包、衣服、汽车、住房、理发、咨询）之自愿交易施加的限制就被契约论的程序标准与就私人活动领域达成之协议的经验观察排除在外。

此外还存在另外一种活动领域，其中就以私人方式促动的交易活动的适当性仍然存在广泛分歧。某些人就某些活动会将其界定为可交易或交换的商品与服务，但其他人则不认为其属于个人可以合法选择的范围。这种例子很多：奴隶、性、毒品、血液、身体器官、婴儿、枪支。还有一些活动则有"好"有"坏"，在某些情形下被认为是可以交易的，但在其他情形下则可能产生第三方或溢出效应。当预计某种商品（酒精、烟草、毒品）的买和/或卖可能会对直接购买者/消费者以外的其他人产生不利影响时，还可以允许个人生产与销售吗？

我们能够从契约论的计算中推导出个人就属于外部性范围之好处与坏处进行自愿交易的自由吗？如果不能，我们是否可以确定这种商品与服务具有的某些特征提供了偏离保护自愿交易之一

第十一章 古典自由主义的契约论逻辑

般准则的正当理由？

关于这一点,回想一下处于无知和/或不确定性之幕背后的个人在做出根本宪法选择时被假定知道什么内容是有裨益的。他/她无法确定其在共同体中属于哪种人,具有哪种角色,拥有什么财富,或具有什么偏好。另一方面,至少在宽泛的界限之内,这些变量在共同体全部成员之间的总体或一般分布上被假定是已知的。

设想尤其是对商品与服务的偏好以及就这些商品与服务的交易而言对其他人活动的偏好的情形。就任何存在外部性的市场而言,关于不受限制地进入交易过程是否适当,处于无知和/或不确定性之幕背后的个人都预期会存在大量的偏好格局。有些人的偏好要求参与这种市场的普通交易,不考虑其会对共同体其他人带来的溢出效应。不过其他人会认为这种交易的存在在道德上是不能容忍的,或者会带来经济上的损失。

在无知和/或不确定性之幕背后,选择者无法预期这些偏好中哪个会体现其效用函数。如同其他方面一样,这里仍然无法进行识别。因此在幕后就制度做出的选择必须体现就各种偏好格局之相对重要性做出的某种判断,并且就这些偏好谱系的频率分布做出某种估计。立宪阶段的选择者必须进行平衡,平衡从可能的交易中直接获益的人的收益与那些遭到这种交易损害的人的损害。在任何这种情形下,都无法预先做出判断,因此就无法做出预测,即明确界定宪法会保护的商品与服务自愿交易的范围。

这种不确定性是不可避免的。不过我们可以给出下述建议,即立宪阶段的理性选择行为必须就下述机构的运作做出某种预测,这些机构可以根据宪法的授权介入属于相关外部性领域之商品与服务的交易过程。尤其是，这里的理性选择会对多数派对自愿交易的政治介入持怀疑态度。即使不是实际而仅仅在理论上进行操作，多数原则也往往会容许具有比较温和偏好的多数派支配可能强烈主张其他选择的少数派。似乎绝大多数具有外部性的商品和服务都会导致具有干预性的消极偏好。因而简单多数很可能禁止这种商品和服务的自愿交易。

134 这些考虑表明，倘若认为限制商品和服务的自愿交易是适当的，这些限制就应当采取调整法律框架的形式以使交易契约无法执行。也就是说，立宪阶段的决策应严格界定那些具有相关外部性的市场。通过普通政治活动的运作进行界定似乎是没有根据的。例如，终生奴役契约应当在宪法层面而非法律层面加以禁止；宪法是否允许性交易并不取决于具体立法机关多数派的意愿。即使历史经验告诉我们美国宪法的选择是错误的，酒精的买卖也适合作为宪法问题考虑。就如所有可交易的商品与服务那样，在这些情形中都存在一个明显的论点，即反对公然把交易过程的限制政治化。

六 契约论与古典自由主义

前述分析中新颖的东西并不多。我试图要做的是继续采用契约论的评价模型，考察对人们或组织自愿交易进行宪法保护的可能来源。显然，应当允许而且在法律上保护人们进行商品与服务的自愿交易，当这种交易不会对第三方产生重大的溢出性损害时，这种商品与服务就被认为适合作为私人处置的对象。这种保护不能延伸到限制交易的自愿协议,至少根据契约论的解释是如此。就某些人认为不适合交易的商品与服务或者预计其交易会对第三方产生重大溢出性损害的商品与服务而言,契约论的模型必然是无法确定的。就这些情形没有可适用的一般原则;每一个市场都必须具体对待,而且立宪阶段的决策必须权衡替代性制度安排预期的成本与收益。这种选择计算必须认识到那些可能在缺少明确宪法/法律指导的情况下进行运作的属性。相关分析表明通常可以推导出下述强有力的主张,即关键性的决策应放在政治活动的立宪阶段而非立宪后阶段做出。

可以把契约论的逻辑与常常被用于类似目的之权利论点进行对比。在某种意义上,契约论的全部评价都从一个假设开始,即个人拥有对其最初资源包括天赋的权利。实际上,如果没有这种假设,我们就发现难以界定个人是什么。不过我认为,个人对其最初拥有的人身或非人身性资源的权利并不包括与其他人交易这些(商品与服务)权利的自由,除非其他人给予他这种自由。正如我在其他地方详细阐述的那样,[3]将这种进入交易过程的自由扩展到市场另一方所有潜在的交易者是符合每个潜在交易者的利益的。亚当·斯密描述的"自然自由"秩序表明,自由的这种最大化延伸应当受宪法保护,而且这种保护会根据在无知和/或不确定性之幕背后达成的协议形成。但是通过就市场分割、价格设定或交易过程的任何其他一般条件达成协议的方式规定的限制,则无法

---

③ 詹姆斯·M.布坎南:"国家自由的简单经济学分析:解释性的分析"("Towards the Simple Economics of National Liberty: An Exploratory Analysis"),载《循环杂志》(*Kyklos*)第40卷第1期(1987年),第3—20页。

获得契约论逻辑的支持。

可能不让人意外的是,契约论的运用得出了古典自由主义的基本原则。当然,这些原则可以根据一般功利主义也可以根据契约论的理由进行证明,而且在其运用过程中,这两种哲学进路得出了非常相近的结果。在我看来,契约论视角的优势在于,可能从参与制度结构个人的理想化选择中得出制度结构的逻辑,这有别于同样是理想化的、被认为无所不知、无所不能的外部观察者的选择。

第十二章　宪法建设中的领导与顺从[*]

我们怎样解释詹姆斯·麦迪逊1787年的行为以及追随其智识领导的人的行为呢？更笼统地说，我们要讨论两个问题。第一个问题是，理性选择模型能适用于那些投入稀缺资源，特别是时间与智识方面的资源，从而更充分了解替代性宪法选择的人的行为吗？第二个问题是，这种理性选择模型能进一步适用于顺从前者意见的人的行为吗？

我们对这两个问题的回答将采取称之为理性顺从的理论，该术语是我们精心挑选的，与理性无知理论类似，是安东尼·道斯（Anthony Dows）[①]和戈登·塔洛克[②]提出来描述个人投票时的选择行为的。

不过，我们的理性顺从理论必须包含另外一个或附加的行为

---

[*] 本章的修改版以"宪法建设中的领导与顺从理论"（"A Theory of Leadership and Deference in Constitutional Construction"）（与维克托·范伯格合著）为题发表于《公共选择》第61卷（1989年4月），第15—27页。

[①] 安东尼·道斯：《民主的经济理论》（*An Economic Theory of Democracy*），纽约：哈珀出版公司，1957年版。

[②] 戈登·塔洛克：《政治学的数学分析》（*Toward a Mathematics of Politics*），安阿伯：密歇根大学出版社，1967年版。

维度,这个维度是根据理性无知理论类推无法得出的。正如我们第二个问题表明的那样,我们要解释为什么个人参与者的理性选择行为会要求顺从那些投入稀缺资源以了解替代性宪法选择的人?但我们还必须论及第一个问题,该维度在理性无知理论中并不能找到相应的对应,而且实际上如果径直扩展投票选择这种人们熟悉的理论,是不会得出人们进行这种投资的理论的。一种综合的理性选择模型必须既解释为什么某些参与者会顺从其他他们认为比较知悉情况的人,又要解释为什么其他人会选择首先成为这种知悉情况的人?

我们的研究严格限于一种高度程式化的模型。我们的模型是制宪会议的模型,参与者的数量相对比较庞大,需要在政治/法律/经济秩序的各种一般规则中进行选择。在此情形下,个人被要求审慎考虑其宪法偏好,也就是说,他/她会根据潜在宪法选择方案的相对可取性对其进行排列。按照所界定的这种选择情形的性质,在这种同步、规则内选择的情境下,不会出现个人利益冲突的问题。尤其是,在人们同步的服从或行动利益与其宪法性利益之间不存在不一致。③ 制宪会议模型关注的唯一一个问题是个人对各种他们期望生活于其下的政治/法律/经济秩序规则的偏好,以及通过这种规则的集体选择过程期望个人表现出来的行为形式。

这里我们特别关注的该问题的一个层面与下述事实有关,即

---

③ 关于这第二个问题的进一步论述,参见维克托·范伯格与詹姆斯·M.布坎南:"理性选择与道德秩序",载《分析与批评》第10卷(1988年12月),第138—160页。

第十二章 宪法建设中的领导与顺从 181

个人的宪法偏好可以被视为兴趣成分与理论成分的体现。④ 个人对各种可能规则的排序首先受其对由不同规则可能得出的结果模式的兴趣影响,其次受其关于替代规则得出之结果形式的实际预期或理论影响。制宪大会参与者就宪法偏好可能存在的分歧就可能源自这两者,源自对结果模式的不同兴趣,源自理论方面的分析,或兼而有之。

契约论对宪法选择进路的核心关注在于宪法选择情形的下述特征,即往往会消除宪法利益方面潜在冲突,或者更具体地说,往往会将个人之间潜在的利益冲突转化为个人自身内部的利益冲突的那些特征。布坎南/塔洛克的不确定性之幕架构⑤与罗尔斯的无知之幕架构一样⑥都预设了一种选择的情境,其中个人之间在宪法利益方面的冲突很大程度上被消除了,或者在罗尔斯的架构之下被完全消除了。倘若在这种条件下认为达成立宪合意不存在问题,那么潜在的基本假设当然就是主要障碍并非源于宪法理论的冲突,也即源于个人关于替代规则的实际运行属性的不同期望。实际上,在罗尔斯的架构下,这种理论方面的不一致被下述假设排除了,即每个参与者都充分了解替代选择方案的总体效果。

本章关注的问题则相反,探讨的是宪法选择问题的"信息方面"。我们显然并未假设制宪会议的参与者完全知晓各种潜在规

---

④ 关于这种区别的详细讨论,参见第五章。
⑤ 詹姆斯·M. 布坎南和戈登·塔洛克:《同意的计算:立宪民主的逻辑基础》,安阿伯:密歇根大学出版社,1962年版。
⑥ 约翰·罗尔斯:《正义论》,剑桥,马萨诸塞州:哈佛大学出版社,1971年版。

则的一般运作属性,而是他们必须投入资源也即产生成本,以便更加了解相关替代选择的内容及其可能产生的结果。特别是我们希望探讨下述原因,正如我们在现实世界的宪法选择中看到的那样,为什么某些人愿意进行这种投资而其他人则选择不知悉情况并且顺从其他人的宪法知识。

为了解析宪法选择中的信息维度,我们假定这样一种选择情形,其中由于不确定性之幕足够厚密,不存在宪法利益方面的冲突。也就是假设个人无法预先确定什么规则能够最大程度地增进其个人或其所代表之集团的利益。根据这些假设,达成宪法合意的过程就不是调和潜在利益冲突的问题,而是确定能够最好服务于参与者共同宪法利益的规则。

在制宪会议的参与者因利益冲突发生分裂的情况下,人们可能会倾向于认为,对自己可识别利益的关心确实激励某些个人通晓各种宪法选择。不过"理性无知理论"已经指出了为什么对大多数选民而言这种推理是错误的。选民本身的投票具有决定性的可能性越小,与其具有共同宪法利益之选民的亚群体越大,则激励选民投入资源以成为更知情投票者的动力就越小。很显然,理性无知论点的逻辑采用了一种假定,正如我们当前的分析那样,假定不存在利益冲突。根据这些条件,宪法知识并不能保护或增进其有别于他人的、可识别的利益。倘若无法识别其潜在的不同利益,个人会趋向于选择公平的规则而且预期其他人会具有同样的动机。既然在此意义上公平问题已经得到了关注,剩下的与宪法知识有关的问题似乎就是规则的总体"质量"问题,这里的"质量"是根据某些共同认可的、关于结果模式之可取性的标准界定的。⑦

前述意义上的规则质量或生产率对制宪会议的整个参与群体来说是一种真正的公共产品。随之产生的问题就是：在这种参与者众多的程式化情形中，为什么会有人提供这种在通晓相关选择随后会涉及到的、真正的"公共物品"呢？严格来说，参与者的理性选择会要求在获取信息方面进行较少的投入。而且如果所有参与者都按照这种模式行动，我们就可以预计产生的立宪选择会呈现出不稳定、循环往复与摇摆不定等属性，所有这些属性可能都是与表达性的投票联系在一起的，这种投票方式与理性的、以利益为基础的投票相对。⑧ 或者某些参与者投入资源分析各种可能宪法选择的运作属性而其他参与者顺从进行这种投入的人的意见是理性的吗？

一　理性顺从

记住根据假设，制宪会议的参与者在两个不同的方面都是不知情的。那些在获取信息方面消极与积极的每个参与者，根据假

---

⑦　当然，这里隐含的假设是"公平"与"质量"都是规则的属性，在某种意义上可以独立发生改变：就其对收益与成本在参与者之间的分配的影响而言，规则可能是公平的，而同时也可能是贫困的，只产生了较低水平的福利。也就是说，对于要实现的可取的社会秩序来说，不仅规则的公平性是相关的，规则的"总体质量"或"生产率"也是相关的。

⑧　关于在选民数目众多的情况下表达性选举之相关性的论述，参见杰弗里·布伦南和詹姆斯·M.布坎南："选民选择：评价政治方案"，载《美国行为主义科学家》第29卷(1984年11/12月)，第185—201页。

设仍然是罗尔斯所谓不知情或不确定的。每个参与者都仍然无法确定其在做出宪法选择之后的阶段中,自己与可选择方案的运作存在的利益关系。这种罗尔斯式的"宪法无知"会促进合意的形成,因为其为参与者提供了根据普遍而非特殊标准做出选择的动力。但参与者对于各种可能选择方案的一般运作属性仍然不了解。正如前面提到的那样,这第二种类型的无知在罗尔斯那种程式化的情形中是不存在的,在罗尔斯式的情形下,每个参与者都被假定充分知晓可能选择方案的一般结果模式。在我们的情形下,个人参与者不仅不知道怎样的规则才会增进其利益,而且也不知道何种规则能最大程度地实现可能运用的普遍标准。

不过我们假定第二种类型的无知可以通过在知识的取得方面投入充分的资源来消除。在这一节中,我们不会考察可能进行这种投资的人的选择行为。相反我们希望集中考察那些选择不进行这种投资的参与者,他们选择对可能的宪法选择方案的一般效果保持无知。在第二节中,我们会考察那些选择进行知悉各种选择方案之一般工作属性所需要之投资的参与者的选择行为。目前,我们仅是假设该群体中有些人、有些参与者进行了这种投资。我们希望集中考察那些仍保持无知的人的选择行为,这些宪法盲的手中仍然握有同国民代表大会或制宪会议其他成员同等的投票权力。

这种参与者现在面临着一种选择情形,该情形与全体参与者都同样无知的情形迥然有别。此人现在面临各种就可能选择之运作属性的预测,因为这已经由那些声称知悉者提出来了。这些"专家"提出他们的意见,而宪法盲则可以在专家之间选择智识领袖,而不是就可能的方案做出第一手的选择。也就是说,不了解情况的参与者会理性地顺从某个赢得其尊敬的人的意见。

要使不知情参与者对某些挑选出来的知情参与者意见的顺从是理性的,在那些可能获得顺从的知情人士之间的选择,在某种意义上成本必须低于在宪法选择方案本身之间做出选择的成本。倘若要理性地选择知情者,不知情的参与者必须变成知情者,那么这一额外的步骤并没有什么用处。这种问题类似于选择自己的医生。在限定的情形下,要理性地选择自己的医生需要取得充分的信息,以至于使得寻求医生的建议完全没有必要。不论通过观察还是基于推理,理性选择医生要求的投入必须小于使医生的建议变得多余需要的投入。提供服务的医生可以展示某些很容易识别的能力符号或标识(如毕业证书、执照、资格证书)。再者,通过语言或事迹,以直接或间接可见的方式,医生可以提供"样本",似乎可以将其推广适用于其未被观察到的与观察不到的潜在能力领域。个人就会认为听从其从所有行医者当中选择出来的医生的意见是完全理性的。

这可以与不知情的个人在可能的宪法方案做出选择进行类比。理性的格言并不必然意味着个人的投票实际上是根据情绪化的偏见、某种买彩票那样的预感进行的,或大致是根据已经拥有的最低限度的知识进行的。承认自己信息知识状况的不知情参与者会理性地顺从"宪法医生"的意见,参与者会认为该"宪法医生"非常知情而且更有能力对各种方案进行排序。参与者会选择成为智识"领袖"的追随者,该领袖是通过自己在取得相关知识方面的特别投资赢得别人的顺从的,他的投资以非常类似医生的方式与手段直接或间接地体现出来。不知情参与者在把其对集体选举结果的直接影响转移给被认为更知情的某人时,就是理性地在已知宪法选择的范围内保护自己的利益。

请注意理性顺从所选之非常知情的"领袖"的权威并不完全类似将决策权委托给代理人的情形。在委托/代理关系中,核心问题是如何控制代理人以确保其实际贯彻委托人的偏好。相比之下,在对权威的顺从关系中,问题不是如何控制代理人,而是选择权威的问题,这种权威必须拥有出众的知识从而使最终选择准确无误地促进参与者自身的利益。

二 理性领导

前一节概括的理性顺从模型基本上是标准理性无知理论的变体。与理性无知理论一样,理性顺从强调的是在投票者众多的情形下,投票者几乎没有动力在获取信息方面进行投入,只是增加了顺从某个"权威"是这种投资的低成本替代选择。

当把理性无知理论作为参照模型时,应当谨记只有当"投出更知情的一票"被认为是就相关问题获得更渊博的知识的全部收益时,才能严格适用该逻辑。只有根据这一假设,信息投资的预期报酬才会随着选民数量的增加而系统地降低,在选民众多的情形下少到可以忽略不计。就信息投资可能还存在其他预期报酬,不同于自己投票"质量"获得改进的报酬时,就必须重新思考理性无知理论,意即根据知识渊博可能产生的收益进行衡量,这种投资是否"理性"再次成为一个经验性的问题。对于"普通"投票者的计算而言,这种考虑就是很实际的,例如这种知识的渊博可以在日常谈话

第十二章 宪法建设中的领导与顺从

中作为潜在的资产。不过,在我们处理理想化的宪法选择如何建立"领导"模型的问题时,这种考虑尤为实际。

这里假设个人通过时间与智识资源方面的投资就可以消除罗尔斯式的无知。潜在的领导者可以对历史记录做出解释;可以进行制度的比较分析;可以花时间思考相关的选择方案;可以运用想象力构建和处理模型;可以根据约束条件与动机假设的变动模拟行为的模式。最后,可以在实践当中获得经验。顺从长者是传统的习俗之一。⑨ 不过,我们关心的不是最后这种获得智慧或知识的方法。我们关心的是通过明确投入的资源如何可能取得知识或信息。

参与者为什么会进行这种投资?如果只考虑对其投票行为的影响,这种投资似乎就超越了理性计算的范围。根据我们程式化的制宪会议假设,从知情投票中获得的收益没有什么差别,因为参与者并不确定其在立宪后阶段的具体利益。进而,虽然根据假设其可以在可能的选择之间做出知情的决定,其也无法通过自己个人的投票对集体选择过程最终产生的结果施加更大的影响,哪怕这种影响很小。

只有当我们考察从信息投资可以获得的其他收益,超越从"改进"个人投票行为可能获得的微不足道的收益时,才可以根据理性选择解释这种投资。至少就我们程式化的制宪大会某些参与者的效用函数来说,由于我们可以将其他某些预期从"宪法知识的渊博"中获得的收益算作相关的变量,我们就有可能解释那些希望承

---

⑨ 在传播媒介不发达的文化环境中,对长者的崇敬似乎很容易解释。

担智识领袖之参与者的投资决定。例如,其他这种收益可以通过顺从的需求方面加以确定。正如第一部分指出的那样,某些个人会"顺从"那些他们认为更知情的人。但同时,那些声称相对比较知情的人"需求"顺从,意谓他们认为以其意见与发现影响别人具有积极的价值。对这样的人而言,其他人可能成为其智识方面的追随者,无论从其本身还是工具的角度获得了正面的评价,原因是(但不是唯一的原因)通过提高确定最终集体结果的力量可以发挥直接的工具性影响。[10]

这里的模型可以加以格式化。[11] 个人 i 在其效用函数中有两个变量:X 代表所有标准形式的"商品"集合,D 指相关集体中其他人的顺从。因此,

$$U_i = U_i(X, D) \tag{1}$$

其中假定对这两个变量的偏好反映的是人们通常具有的属性。

该个人同时也面临一个生产函数,体现 X 用来交易 D 的比率,反之亦然。

$$F_i = F_i(X, D) \tag{2}$$

通过从 X 的"生产"转移分配一定的时间与其他资源,个人就能够

---

[10] 对任何参与者而言,影响其他人的能力总是具有这种工具性价值,因为在概率上,任何额外的投票权力都会增加对集体选择结果的控制。关于这一方面在标准投票模型中的形式分析,参见詹姆斯·M. 布坎南和德怀特·R. 李(Dwight R. Lee):"程式化情形下的收买选票行为"("Vote Buying in a Stylized Setting"),载《公共选择》第 49 卷第 1 期(1986 年),第 3—16 页。

[11] 本节的分析与戴维·列维在其论文草稿中提出的分析有关,"名誉与豪言壮语的供给"("Fame and the Supply of Heroics"),乔治梅森大学公共选择研究中心,1987年,油印件。

第十二章 宪法建设中的领导与顺从

"生产"D或期望能够生产D。为达到个人均衡,当效用最大化时,个人对X与D的选择就必须满足以下条件:

$$\frac{U_{ix}}{U_{id}} = \frac{F_{ix}}{F_{id}} \tag{3}$$

其中下标的第二个字母代表效用与生产函数关于指定变量的导数。不考虑数学公式,当个人效用函数中X和D之间的边际替代率等于其在生产中面临的边际交易时效用就实现了最大化。

当然,这种形式的阐释缺少解释性的内容。我们需要更进一步详细描述某些人但不是所有人做出取得信息的必要投资过程,并且进一步考察下述过程:既限制投资的数量又限制试图承担智识领袖、成为"顺从"之需求者的人的数量。

尽管假定参与者之间存在不平等具有内在的可行性,但或许让人感兴趣的是,无论从效用函数还是从生产可能性方面,我们都不需要假定参与者之间存在最初的差异。[12] 也就是说,就与其他商品相关的顺从而言,没有必要存在偏好方面的差异;同样也不需要在产生顺从其他商品的机会成本方面存在差异。注意在单独一个人的经济制度下,无法"以私人方式要求与供给"顺从;也就是说,顺从关系只存在于人们之间的互动当中;在鲁滨逊式的环境下无法存在。

消息不灵通的那个人顺从另外的人;获得顺从的该人也获得另外的人的顺从。不过,请注意概念化的简单交易并不能轻易运用于这种互动情形。消息不灵通的人不是"以某种价格"向另外的

---

[12] 这里强调的是最初。为获得信息做出的投资一旦进行,就可能影响投资者的人力资本,并因而影响其未来潜在的生产价值。

人提供服从；他们不会直接为了具有私人排他性的金钱或其他可分割的商品与服务而"出卖自己的选票"。通过接受其他人的领导，他/她提供顺从只是为了非直接的交换关于各种可能选择方案的一般知识，这些知识对他与其他所有人一样都是不具有排他性的"公共物品"。为获取知识进行投资的人也不会以其 X 中的商品股份或者其生产这种商品的能力直接从其他人那里"购买"顺从。相反，他/她用这些商品与能力生产不具有排他性的公共物品，即关于各种宪法选择方案的信息，期望当其可以让其他人利用这些公共物品时会间接取得其他人的顺从。⑬

由于作为赢得顺从而产生的东西固有的极端公共性，我们并不要求个人之间在偏好或机会成本方面的最初需要存在差别。界定极端公共性的两种属性在这里都是存在的。关于各种宪法选择方案的知识一旦生产出来并可为一个所用，那么相关群体的所有人就都可以利用而无须额外的成本。⑭ 这种"物品"的"消费"的非竞争性是非常彻底的。另外，一旦为一人可用，就无法排除其他人对该"物品"的利用。

三　产业均衡

现在，让我们考察取得信息知识之"产业"实现均衡的过程。

---

⑬　显然在任何情形当中，只要宪法专家可以利用其他人的这种顺从发展自己的职业政治生涯，就可以取得间接的收益。相反的是，在这些情况下候选人之间的竞争给生产"宪法知识"方面的激励规定了限制。换言之，"宪法知识"这种公共物品的生产部分是人们发展自己政治生涯之努力的副产品。

⑭　当然，在把取得的宪法知识转移给该集团中其他人的时候也会产生成本。

第十二章 宪法建设中的领导与顺从

假定在某个最初的时段，程式化之制宪会议的所有参与者都是同样无知和不知情。假设现在一位参与者偶然地、误打误撞或通过其他方法，在取得信息和知识方面进行了最低程度的资源投入。他/她立刻就成为先知者；其他人顺从其展示出来的出众知识，寻求其关于宪法方案选择的建议并且据以行动。结果这个人就成为了共同体的立法者。由于其取得了这种地位，就被认为享有其他人给予的具有正面评价的顺从，无论从工具的角度还是就其本身而言都是如此。

显然这种情形描述的不是产业均衡。知识供给者在取得大量顺从 D 的同时，只是消耗了最低限度的混合商品 X。他/她被提升到一种高于其追随者的效用水平，这里假设的是追随者在各个方面与其都是平等的。其他人就会被吸引进入到知识取得与传播的行业。竞争体现为对知识额外投入的差别，这种差异可以直接与间接观察到。最初的进入者就会在取得关于各种方案的知识方面投入更多的资源来回应其竞争者的威胁。

在均衡状态下，任何人在知识产业的"工作"与专门投入产品 X 生产的"工作"之间，预期效用都是相同的。该均衡有几个有趣的方面值得关注。首先请注意，与进入知识产业的人相比，X 这种商品与服务合成体的享用对那些外在于该领域的人而言更高。前者必须牺牲对 X 可能的消费与享用以便取得间接期望享有顺从的知识/信息。如果完全以 X 来衡量"收入"，那么在均衡状态下，知识产业那些人的收入必须低于那些该产业以外的人。

其次，请注意与激励进入该行业以及已经进入者的投资水平有关的是预期效用。由于产业内的人提供的东西具有极端的公共性,那些实际进入产业的人在产业内外实现的效用水平不需要相等。实际上顺从只是提供给那些提供知识者当中的少数(最少只有一人),他们因而才享有这种顺从。那些在提供这种领导地位方面取得成功的人会实现超过行业之外的人的效用水平,而那些不成功的人实际实现的效用水平就会低于产业外的那些人。

相关的一点表明,根据传统的效率标准,在产业均衡的情况下可能会存在资源浪费。在获取知识方面的投资可能会过度,非常接近于因人为稀缺产生的寻租行为的浪费。这里存在的资源浪费的可能性,不是由于人为限制产生的,而是由于获取知识与信息需要之投资的独特性决定的。那些希望成为领导者的个人花在获取知识上的时间,并不会产生具有累积属性的公共物品,至少在传统的情形下是这样的。就预期效用而言,剥夺詹姆斯·麦迪逊智识领袖的地位对于费城制宪会议的某个成员来说可能完全是理性的,但要这样做就会要求此人必须投入时间和资源考查宪法历史,重复麦迪逊此前已经做过的工作。在共同体范围的意义上,这种资源的投入必然具有浪费性。[15]

会有多少人进入知识/信息产业,投资会有多少?对这两个问题的回答取决于 D 的价值以及获取知识生产 D 的成本,这种成本是根据 X 计算的。通常来说,倘若人们认为成为或担任舆论领袖

---

[15] 注意我们模型中可能存在的过度投资与厄尔·汤普森模型中以竞争的方式提供排他性公共物品的来源并不相同。参见厄尔·汤普森(Earl Thompson):"集体物品的完全竞争性生产"("The Perfectly Competitive Production of Collective Goods"),载《经济学与统计学评论》(*Review of Economics and Statistics*)第 50 卷第 1 期(1968 年 2 月),第 1—12 页。

只有很少价值或根本没有任何价值,那么在我们严格限定的模型下,我们就会预期在取得知识方面的投资是相对比较少的。同样地,即使顺从得到高度重视,但如果通过获取知识获得顺从的成本太高,预期的投入水平也会很低。这些成本很高可能是出于两个不同的原因。无论根据取得成就的某种门槛还是根据持续的资源投入,获取相关知识本身就会需要高昂的投入。另外,即便已经获得了知识,但如果互动的气氛难以取得不知情者的尊重与信任,就不会出现顺从。

同样可以得出相反的结论。如果顺从获得了高度重视,而且其可以以相对较低的成本产生,那么我们就可以预期会出现较高水平的投入,而且可能会出现前述意义上的较高的浪费。

四 身后顺从

这里应当强调一下我们基本模型的局限性。到目前为止,我们的分析是在限定的假设之下进行的,即参与者无论在偏好还是生产能力方面都是平等的,而且得到重视的顺从是同时代的。也就是说,以具有正面价值之变量进入效用函数的"好处"是根据同时代人提供的顺从模式进行衡量的。我们尚未考虑体现我们所谓身后顺从或名誉这一变量,后面这种说法更具有描述性。[16]

无论如何,这种变量在解释为什么人们在获取和传播知识方

---

[16] 参见戴维·列维:"名誉与豪言壮语的供给"以及道格拉斯·阿戴尔(Douglass Adair):《名誉与国父》(*Fame and the Founding Fathers*),纽约:诺顿出版公司,1974年版。

面投入资源可能是很重要的。除了期望影响同时代人的观念之外,甚至与这种影响完全不同的是,个人可能还希望影响"生活在他们之后的人",因而会自愿为此进行投资。这使得按照这种"好处"运用"预期效用"在术语方面前后不一,从而可能会质疑整个预期效用的观念。不过,人们确实认为身后顺从是有价值的,我们可以很容易地调整我们的形式模型将这种额外的变量纳入进来。我们同样也可以扩展关于产业均衡条件的说明来解释这种额外的因素。

倘若我们只考虑进行知识投资的那些人的行为,那么与仅存在同时代人顺从的情况相比,将身后顺从的估价包括在内往往会增加投资的水平。不过,倘若同时包括那些可能提供顺从的不知情者的行为,就会得出有些不同的结论。就很早以前的人们成功"购得"身后顺从而言,他们的影响也就保持下来。而此时此地的人们可能会选择顺从那些生活在较早时期的人的观点,而非直接顺从当前以潜在智识或舆论领袖提供服务的那些人。就这种以往的影响仍然残留而言,就詹姆斯·麦迪逊而非其他当代学者影响与塑造着如今普通人的观念而言,当前投资知识的理性激励将会变少。那些试图影响并领导当前参与者的人必须为了赢得顺从进行竞争,不仅要与已经进入知识产业的同时代人竞争,还要与过去所有做出同样投资并且将其观念载入了文献而且可以随着时间流传的人竞争。在一个长期保持稳定的共同体内,尤其是拥有文字历史记录的共同体,这种影响似乎有可能超过前面提到的第一种影响。在这种共同体中,与完全不存在身后顺从的情形相比,在知识方面的投资很可能会更少。

五 不平等的共同体

如前所述,我们的分析是在严格限定的、程式化的模型下进行的。如果我们删掉限定性的假设,即人们在偏好和/或相关生产能力方面都是平等的,那么就更容易而且更可能提出一个一般的理性顺从模型。如果我们仅仅假设,不管是偏好还是生产能力方面,都不存在"天生"的追随者与"天生"的领导者,前述两种行为模式甚至更容易符合理性规则的要求。进而,倘若在那些有能力通过知识投资赢得顺从的人当中,在 X 与 D 之间进行相关交易的机会成本存在显著差别,我们就能够解释进入取得与传播知识和信息产业的模式了。

正如我们开始就指出的那样,我们的研究重点是严格限定的。我们试图运用理性选择的模型解释真实立宪评价的动力,以及可能的话解释宪法改革的动力。我们的分析已经成为"扩展理性选择模型界限"的活动之一。我们借此并不是想传达这样的印象,即理性选择模型是唯一可行的解释工具。我们并没有宣称已经解释了詹姆斯·麦迪逊以及那些在宪法建设中追随他的人的行为。我想,我们只是利用熟悉的社会科学工具提供了关于该行为的一种解释。尤其需要指出的是,我们并未主张个人的理性选择是实际宪法秩序的充分条件,第十三章还会直接讨论这一问题。

第三编

伦理学基础

第十三章　宪法秩序的伦理学

1953年罗伯特·达尔与查尔斯·林德布洛姆合作出版了一部题为《政治学、经济学与福利》的发人深思的著作。[1] 该书的核心论题或主张就是：作为单个公民的我们不是在各种宏大的组织方案之间进行选择，我们不是在"资本主义"和"社会主义"之间进行选择；相反，我们是在那些根据实际严格界定并且高度具体化的政策方案之间进行选择，这些方案会通过政治过程间接向我们展现出来。而我们是根据无知、意识形态与利益等能最好描述我们心理状态的各种因素进行选择的。

我清楚地记得当时我因达尔和林德布卢姆的这个论点而有点不安，但我没能为自己提出完全让人满意的回应或辩论。或许四十多年后的今天，我可以就此尝试一番。

首先，让我把这个问题转化为我更熟悉的同样也是更一般化的术语。我这里会提到整个宪法秩序，也就是我们既以私人身份也以公共身份在当中进行活动的法律/政治规则体系。达尔和林

---

[1] 罗伯特·A.达尔（Robert A. Dahl）和查尔斯·E.林德布洛姆（Charles E. Lindblom）:《政治学、经济学与福利》（*Politics, Economics, and Welfare*），纽约：哈珀出版公司，1953年版。

德布洛姆的主题是我们并非有意识地选择这种体系。就经验来看,他们似乎是正确的。我们通常进行的涉及到与其他人与集团复杂互动的普通选择,都是在一定的规则框架或体系下进行的,我们只是将其视作我们环境的一部分,可以说是自然状态的一部分。这种描述性的特征同样适用于日常的社会经济与政治互动领域。

不过,倘若我们不是有意识地在规则体系之间进行选择,也就是在不同的宪法秩序之间进行选择,甚至连想都不想,那么我们怎么才能为我们生活于其中的政治制度负责呢?而倘若我们不对宪法方案的选择负责,而且实际上无法选择,讨论宪政变迁或宪法改革不就没有意义了吗?

这里的含义似乎是清楚的。不管是否愿意,我们都必须默认我们生活于其中的政治制度,当我们面对实际形成的选择时只能尽力理性地行为而已。这个观点似乎有些问题。就大部分时间而且从最实际的目的而言,或许受现有宪法秩序为"比较绝对的最终基础"是最好的。但这种接受并非等同于否认可能进行变化,即使就思考、分析、评估与提议备选体系的个人而言也是如此。我这里想说的是,作为公民,我们每个人都有道德上的义务直接与/或间接参加当前正在进行而且会持续进行的宪法对话,这种对话与在那些界定现行体制之规则下进行的日常行为模式不同,但是并行不悖。

让我以扑克牌为例来说明这里的整个问题,这个例子对于那些已经接触过我宪法政治经济学内容的读者而言是比较熟悉的。在已有观察到的而且正在进行的扑克游戏中,作为玩家的个人都要遵守已有的界定游戏本身的规则。玩家在现有的规则范围内采取这种或那种策略以赢得游戏。不过与此同时,这些人还会评价规则本身,而且可能附带讨论就规则进行修改以使游戏"更好"。倘若作为讨论的结果达成了协议,那么规则就改变了而制度发生了变迁,就产生了新的宪法。

这个扑克牌的例子有助于让我提出两个基本但却非常重要的要点。首先,这个例子有助于区分在现有规则集合范围内选择策略与在各种可以选择的规则集合之间进行选择,或者更笼统地说,区分非宪法性与宪法性选择。其次,这个例子也可以让我们看到,作为玩家的个人可能合理而且理性地在界定游戏的规则之下选择与实施策略,而自身并不必然关心规则本身的变化。也就是说,单个的玩家可能但并不必然会参与改变规则的对话和讨论。要作为游戏的玩家,就必须在游戏策略当中进行选择,但没有必要参与选择规则。这两点中的第一点在现代已经得到了详尽地分析,但第二点却尚未得到充分地考察,这就是这短短一章关注的焦点。

让我们仍然在更熟悉的领域讨论第一点以便总结目前典型的观点。区分规则层面之间的选择、区分立宪后或规则内的选择和在规则之间的选择有助于沟通下述两者,即个人的理性选择行为与就某种可以被称作"公共利益"的东西达成一致。如果由于某种足够厚实的不确定性之幕的存在,人们难以确定自己严格界定的利益,那么他们就可能会根据诸如公正等某种一般标准在备选方案之间进行选择。因此,在这种宪法选择的情形下,似乎并不必然会出现明确的伦理规范。

在引入宪法选择的情形时,扑克牌游戏与不确定性之幕模型被证明很有助益,这也是我经常使用的一个模型。但是就与我现在讨论的问题相关的方面而言，该模型却很有误导性。倘若我们考察的游戏参与者数量足够多，那么单个玩家就很少有甚至根本没有动力积极参与对规则进行认真的评估。当然，不管存在的规则是什么，每个玩家都会试图最大化自己的回报而且当不知道自己地位时，符合一般化标准之规则的存在也是符合每个玩家的利益的。但是具有这一方面的利益并不等于会有基于利益的动力采取行动，除非个人认为其自己的行为能够影响集体对备选方案选择的结果。这一点对那些承认公共选择基本逻辑的人而言是很熟悉的，当适用于选举者理性的弃权及理性的无知而言尤为如此。在人数众多的情形下，单个玩家可能不会认为自己在控制最终规则集合的选择方面具有影响；因此完全理性的玩家很可能就不会参与在制度之间进行选择。

扑克牌游戏的类比还有一点会产生误导，尤其是当扩展适用于政治领域时。扑克牌游戏是自愿的；因此至少从某种意义上讲，规则必须得到所有玩家的认可，因为未得到满足的玩家很可能完全退出游戏。在此情形下，玩家人数众多的情形可能不会有这么多的问题，因为每个玩家选择退出的成本都很低。但是在国家政治制度中就不可能存在这种退出选择了。政治游戏是强制性的，我们大家都得去玩。因此就个人而言，我们甚至无法通过有效的退出选择施加哪怕残留的一点影响。结论就很清楚了；倘若个人最终无法影响政体的选择，那么积极参与讨论宪法改革或者了解各种宪法方案就不是理性的。

该论点表明，了解宪法规则并且参与宪法规则的讨论可能要求存在某种超越个人理性利益的伦理准则（前面第十二章描述的

第十三章 宪法秩序的伦理学

理性选择行为的扩展尚不充分)。遵照这种伦理准则的人,其行事方式"好像就是"其对整体最终选择的影响要超过理性选择计算得出的影响。符合这种伦理准则的行为体现了对政体选择的伦理责任。

请注意这种宪法公民身份伦理与人们在既有政体规则约束之下与其他人互动的伦理行为无法直接比较。从标准的伦理意义上,个人完全是负责任的,但却无法满足宪法公民身份的伦理要求。在与他人的交往中,个人可能是坦率、诚实、相互尊重与宽容的;然而与此同时,同样是这个人,其可能根本不会为宪法结构的维护与改善费心。

在很多种场合我都提到过我所谓宪法智慧的丧失,在本世纪过去几十年中尤为如此。我这里的主张是说,这种对政治结构理解与兴趣方面的丧失,是理性地以个人私利为基础的简单计算的结果,同时腐蚀了宪法责任伦理原则。就我们作为个人的行事方式并非"好像就是"在宏大的方案之间进行选择而言,那么我们继承的宪法制度就不仅容易遭到无原则开发利用的损害,也容易遭到历史变迁自然侵蚀的损害。

这种结果正是我们过去几十年观察到的那样。贯穿于詹姆斯·麦迪逊及其国父同仁们思想中的宪法秩序设想已经在我们国家历史上延续了百多年之久。这种设想不仅体现了对宪法秩序基本原则的理解,而且承认个人作为公民必须接受下述伦理责任,即充分和知情地参与仍然持续的制宪会议。

麦迪逊式的设想及其内含的宪法公民身份伦理,一旦从公共意识中消失就很难再重温。前面在引入扑克牌游戏例证时说明的那种区分,即规则之内的策略选择与规则集合之间的宪法选择这种虽然简单但精细的区分,这种区分必须贯穿于所有关于政策选择的思考当中。个人作为公民不能将自己的关注仅限于规则之内的政策选项;个人也不能仅仅思考在诸如立法机关多数投票等集体决策规则之下产生的选择方案。选择不能局限于个人根据自身利益或个人自己对某种公共利益的看法来决定哪一项是"最好的"。宪法的公民身份还要求个人决定自己偏好的政策选项和偏好的宪法结构之间的一致性。(这点可以用一个私人选择的例子说明。某个人可能想来一盘冰淇淋;但是吃这样一盘冰淇淋可能与自己制定的减肥计划的要求不一致,也就是与吃的宪法不一致。)

我们在现代政治活动中观察到的很多事情,都可以被看作是在没有理解甚至没有考虑那些界定宪法秩序之规则的情况下采取的行为。我将这种政治活动称作"宪法无政府主义",借此我指的是下述政治活动,即忽视对政治结构的影响、几乎完全被竞争性利益集团做出的策略选择支配或由其衍生而来。这种政治活动已经取得了如今这种地位,因为作为公民,我们未能尽到我们的伦理责任。我们的行为方式就像是我们社会秩序的结构以及最广意义上的宪法会永远保持不变,或者会在没有我们主动参与的情况下会以某种方式随着时间令人满意地演进。

只要粗略观察一下我们政治与司法代理人的行为就可以表明这种信念并非完全没有根基。当然,我们仍然可以继续放弃宪法公民身份的伦理责任。不过,倘若我们这样做,我们就等于放任不受限制的国家走向专制,这种专制只有通过革命方可改变。倘若作为个人，我们即使可以部分恢复建立我们宪法秩序的伦理原则，那么无论这种专制还是随后产生的革命都是没有必要的。

我们必须关注约束我们统治者的那些规则，而且即便这种关注似乎并非理性选择计算的一部分，我们也必须这样做。默认现状的非道德属性会导致绝望与渴望；理解宪法蕴涵的道德属性体现的希望则可以作为必要的补充。

第十四章　经济上的相互依赖与工作伦理

首先我得坦承，至少我无法以让自己满意的方式在智识方面阐明下述问题，即个人就工作多少进行的简单选择与在扩大的生产交换网络中与选择者进行互动的其他人之福利的关系。我是以强烈的直觉性假设进行这一方面的研究的，其内容大致为：任何人做出的工作更多时间、为经济关系增加价值的决定都会给互动过程中的其他人带来收益，或者换一种更笼统的说法来表述这一假设就是，工作伦理具有经济性的内容，与其他方面一样，就此而言我们在经济上和伦理上同样都是相互依赖的。

我并没有放弃我的假设，但是我并没有在该假设的各个方面都解决该问题，甚至在我自己要求的最低程度上都没有解决。但是现在我能更清楚地表述这个假设，并且将其融入可行的分析框架中。本章是以非正式的方式阐述这个观点的，这样做部分是为了避免格式化该假设偏离其普遍含意。

本章的内容安排如下。在第一部分中，我将通过下述方式"净化模型"，也就是列举与简要描述伦理相互依赖的假设显然成立的经济/制度情形。尽管这些结构安排本质上具有某种意义，而且与相关政策存在重要的关联性，但并非我首要关注的问题。因而指出这些情形是为了更好地领会中心问题。第二部分则在显然矛盾的情形下全面展示这些问题,这种矛盾情形的解决一开始就激发了我的兴趣。在第三部分中,我尽自己所能讨论了对立的情形,即我的假设是完全错误的,根据经济理论的标准假设,工作伦理不存在经济性的内容。第四部分则以我一直拒绝屈从分析方法的说服力为根据,暂时修正公认的理论以使我自己的假设成立。第五部分则对相关分析进行扩展,尤其当其与竞争均衡理论的其他因素相关时。第六部分则考察前述分析的福利含意,重点是通过引入伦理约束条件实现外部性的内部化。第七部分的概括性评述和扩展则对全章内容进行总结。

一 财政上的相互依赖与团队生产

正如前面所述,这一部分的目的是要"净化"相关分析,简要描述工作伦理假设至少在某些方面显然成立的情形,但这样做是为了消除在后面讨论更有趣的问题时的干扰。第一个这种情形同样还可以以初步说明要讨论的具有普遍性的问题。

设想某个经济制度是有组织的,而且以竞争方式有效运作。在此阶段尚不需要严格描述均衡的属性。该经济制度存在一个公共或集体化的部门,该部门是通过集体消费公共物品与服务而存在的,这些公共产品与服务的资金是通过向已评定收入征收累进税筹集的,而非基于全部收入的单一基准税。在这种制度下,财政上的相互依赖性能够确保任何劳动供给者(或收入获得者)做出的工作/休闲的决定都会在边际方面对经济关系中的其他人产生帕累托式的外部效应。① 通过决定额外工作一小时、一天或一个星期，某个人将增加有效的税基，从而反过来允许经济关系中的其他人享受更多的公共产品与服务和/或承担更少的税负。从自动调整均衡的初始状态出发，所有参与者就投入供应者向经济联系提供更多投入达成的协议（倘若需要也包括补偿），必须在一定范围内可以给所有人都带来收益。在此情形下，抑制休闲消费的伦理约束措施的存在、维系与促进都会部分取代会促进效用的一般协议。

我不会再进一步讨论这种财政上的相互依赖问题，尽管充分承认这种关系确实对税收结构的组织具有显而易见的含意。下面我只是简单假设任何税收都是以下述方式向个人征收的，即个人的选择行为无法变更税负（因而包括税基）。

前述假设的有效性不会遭到挑战的第二种情形体现的是根据下述条件进行的生产，即团队全部成员的共同努力具有实在的优势。根据推定，因为当个人与他人合作时比单独行动时的产出更高，根据分散且非集中化的调整方式，个人工作/休闲选择的边际就存在真正技术上的外部性。不过，如果团队生产或联合供应的优势超越了相对有限的总供应人口的子集，那么就可以预计企业家会将相关外部性在生产团队的成员之间内部化。倘若联合生产的效率被限于使这些优势能够在规模低于整个产业规模的企业中内部化，那么在竞争均衡的情况下，仍然没有必要存在帕累托相关

---

① 关于早期的分析，参见詹姆斯·M. 布坎南："税收影响中的外部性"（"Externality in Tax Response"），载《南方经济学杂志》第33卷（1966年7月），第35—42页。

的外部效应。[2]

二 经济上的相互依赖与伦理上的独立

标准的竞争性经济互动模型,除掉了那些当个人在工作与休闲边际进行选择时可能产生的明显帕累托相关的外部性,从描述方面来看其基本伦理含意也是很有趣的。尽管公认所有参与者在扩大的经济依赖网络中可以取得收益,但似乎并不存在普遍的伦理依赖性,至少就本章唯一关注的休闲/劳动的数量坐标而言是如此。对经济关系中其他人做出的工作/休闲选择的任何参与者来说,预期效用的取得与损失都未体现出明显的经济利益。

决定增加 1 单位投入的人,多工作 1 小时、1 天或 1 周,其获得的报酬(每时间单位)恰好等于由其增加的单位投入带来的产品价值的增加。总产值增加的数量与提供增量投入的人已评定的收入相当。其他人的收入(效用)则保持不变。由竞争均衡的这个特征可以得出,前述这个人或实际上其他任何人为市场提供的工作都不会影响到其他人,因而其他人也没有利害关系。在标准的竞争性均衡调节模型中,个人之间并不会互相影响。在某种不同的意义上使用戴维·戈塞尔的描述来说,均衡的竞争市场是"道德上

---

[2] 与我就工作伦理分析的几个方面进行合作研究的同事罗杰·康格尔顿(Roger Congleton),在一份草稿"工作伦理的经济学分析"("The Economics of the Work Ethic")(乔治梅森大学公共选择研究中心,1988 年)中更全面地考察了团队生产的重要性及其相关性。

的自由区"③。

这个结果似乎与所有经济学入门教材强调的基本原理都存在显然而且是明目张胆的冲突,这个原则就是交易能够给双方都带来收益,而且只有进行交易所有参与者才可能从专业化中获益。如何才能调和这种显而易见的矛盾呢?单个参与者获得的效用与整个生产/交换关系("市场")规模之间的正向关系,如何与任何个人进行工作的努力与其他与之互动的人的效用之间显然不存在任何关系这一点保持一致呢?如果个人的效用确实取决于市场的规模或范围,那么似乎就会得出,诸如由任何人提供额外单位的投入等这种规模的增加,对其他人而言必然会促进效用,至少在某种潜在的意义方面是如此。不过,在此情形下,其他人做出之工作/休闲选择的任何参与者都必须存在某种经济利益。似乎伦理的内容可以恢复,不过与从传统的竞争性调节模型中得出的含意不同。

这种智识/分析方面的挑战是显而易见的。那么在可以得出伦理彻底独立含义的理想化竞争经济制度下的标准一般均衡模型存在什么问题呢?

三 工作/休闲选择的伦理相关性

在这一部分中,我将提出"相反的"情形。我将以不太严密的方式描述标准的竞争均衡理论,以便说明根据标准的假设,在这样

---

③ 戴维·戈塞尔:《通过协议实现道德》,牛津:牛津大学出版社,1985年版。

第十四章 经济上的相互依赖与工作伦理 211

一种理想化的经济互动情形下，个人参与者做出的工作/休闲选择不存在伦理方面的内容。

在均衡状态下，通常的团队生产优势在企业中进行了内部化，每一家企业都在按照规定比例获得固定报酬的范围内进行生产。无论是现实的还是潜在的市场进入都确保任何企业无法获得纯利润。相对于生产其产品的产业而言，每家企业的规模都很小；而且无论作为产品的提供者还是投入的需求者，每家企业都是价格的接受者。每个投入供给者也是价格接受者，能够根据参数投入价格自由调整供给数量，就好像是由赚钱与不赚钱（工作与休闲）的相对评估规定的那样。最终产品的每个消费者或需求者在所有市场里也都是价格接受者，能够根据对可以购买的不同产品的相对评估自由调整购买数量。最终产品的所有需求者、投入的所有供给者以及企业的所有决策者都处于最优的调整位置。帕累托最优的必要条件得到了满足，更严格地说，其解是问题的关键。任何个人以及个人的任何联合包括所有个人的联合都没有更改行为以偏离所界定的均衡状态。

现在让我们假设这种均衡因为行为方面的一个改变而受到了震动。一个工人或投入提供者不管出于什么原因向市场增加了一个单位的市场投入率。这个工人向生产/交换体系额外提供了每天 1 小时、每周 1 天、每年 1 周的工作，这种体系因为这种额外单位的投入增加的价值而变得更大了。

这里的分析工作限于纯粹静态的比较。我们可以描述交换后最终均衡的属性，并且确定这种状态与交换前的均衡的差别。当然，相关变量的价值会发生过渡性的变化，而且在过渡期间，这些变化会通过分化市场参与者的方式影响效用水平。但是这些短期或中期的影响并非我们这里主要关注的问题。我感兴趣的只是长期或永久性的影响,也就是理想化的互动体系在概念上最终完全达到交易后均衡时仍然存在的影响。

首先在单一元素模型中进行分析便于进行展示。我们可以假定劳动力是唯一的投入要素,或者换句话说,由于受制于供给者的选择,"劳动力"体现了某种补充性的要素,是固定比例的"资本"[④]。在此情形下,这里吸引我注意力的属性是确定交易前与交易后均衡产品价格与投入价格向量。而且由于这些价格向量没有变更,因此除了那个引起参数改变的人之外,其他人的潜在效用水平都没有发生变化。因而人们对其他人对市场提供的投入不具有长期的经济利益。衡量两种均衡状态之间产品价值的增加,完全根据支付给偏好转变从而造成整个制度变化之个人的工资或投入价格进行的。

不可否认的是,这种结果取决于不存在投入的专门化,至少在投入供给与随后的产出混合体方面的变化造成的相关变动范围内是如此。在边际点上,某些单位的投入必须能够在所有的用途方面都能产生同样的价值增量,不过其余的投入可以在某些专门的用途方面赚取纯租金。

这里值得注意的是,至少就我所描述的标准模型下的竞争性调整世界而言,其在各个方面都等同于古典经济学的世界,而且实

---

④ 在这方面,该模型类似于马丁·魏茨曼(Martin Weitzman)在"回报递增与失业理论的基础"("Increasing Returns and Foundations of Unemployment Theory")(载《经济学杂志》第92卷(1982年12月),第787—804页)运用的模型。

际上也可以被视作仅是亚当·斯密的鹿/狸模型的扩展,在后者这个模型中,生产的相关成本决定着排除需求方或效用影响的相关成本。根据标准模型的假定,由于最终产品的偏好变化导致需求的改变,当然会导致相对供给的变化,但是除非在需求变化的相关范围内存在专门化的投入,否则相关价格向量就不会发生变化。

当然,通过关于投入的某种特别假定,还是可以引入相关价格对需求的依赖关系的,甚至在完全调整之后也可以。但是,这一步要求在某种程度上缓和竞争模型的标准假设,尤其是体现按照规定比例获取固定收益的假设。在这里我并不准备从投入的特殊条件出发进行讨论。⑤

四　回到相关性

我的假设表明,根据标准模型体现的所有假定,理想化的竞争均衡可能并非是帕累托最优的,这就等于是说可能存在未利用的"交易收益",仍有待于从所有参与者可能达成的某种协议中取得。

---

⑤　如果我们放弃单一要素的假定,并不会改变一般的结果,不过在两个竞争均衡模型的转变中会出现净获益者与净损失者。假定单个人在劳动力供给方面的增加会增加互补性投入,也就是"资本"供应者的回报,与此同时会降低替代性投入,也就是"劳动"供应者的回报。这些投入成本向量的变化反过来会导致产出成本向量发生变化,因为不同的产出体现的是不同的要素比例。

在我看来,相关的结果是,尽管投入和产出的成本发生了变化,但是增加某种投入产生的外部收益者不可能在净额上补偿外部损失者,而同时保留足够的收益以补偿唯一的投入供给者改变其偏好的行为。换言之,多要素的模型确实给投入供给者带来了外部性,但根据竞争性均衡调整的标准条件,这些外部性只是金钱方面的,因而是与帕累托无关的。

具体来说，我的假设是所有参与者，作为投入的供给者与产出的使用者可以通过改变行为增加向交换体系提供工作以达到更高的效用水平。我认为，目前普遍接受的分析存在的错误在于忽视了劳动分工原则，或者更笼统地说是专业化原则的全部含意。正如前面指出的那样，接受亚当·斯密的下述命题就承认了这一原则，即"劳动分工受制于市场的范围"，但是除了少数例外，这一人们熟知的命题对竞争均衡之最优属性的含意似乎没有引起足够的关注。

显然，对交换体系投入数量方面的任何增加都会使市场扩大。因此，根据斯密式的原则，这就使劳动分工的增加成为可能。但是为竞争性均衡限定的正式条件确保由专业化获得的全部收益都完全被消耗了；因此市场规模的扩大就不存在福利效应。我认为这种结果是由强加于具体模型上的假定人为造成的，这个具体模型如今已经支配着新古典经济学的研究方案，我认为应当提出一种可以消除这一矛盾的更可接受的模型。当然两种模型在分析方面都是理想化的，任何一个都不是用来反映直接描述意义上的现实的。

让我们回到比较静态模型的简单操作。经济制度处于理想的竞争性均衡状态；现在有个人增加了一个时间单位的劳动，体现出偏好方面的转变，即向市场提供投入与向此人自己的休闲消费之生产提供"投入"（时间）方面的转变。在这后一种内部化的"交换"中，时间单位会直接产出效用；增加休闲就会增加效用，至少与该分析相关的选择范围是如此。但是在个人与市场的外部交换当中，则存在着一种相反的关系；为了获得工资而供给的时间单位会降低效用。这种交换仅仅是间接成为提升效用之行为策略的组成

第十四章　经济上的相互依赖与工作伦理

部分。由于相关收入被用于购买有价值的产品，因此牺牲休闲造成的效用损失就会以在产品价值方面获得的效用加以补偿。简单地说，在标准的模型中，人们向市场关系进行投入是为了能从中购买产出。供应者是受能成为需求者的前景激励的。在此处的分析中，萨伊定律确实是成立的。只有当供给能够使自身的需求成为可能，供给才会出现。

　　离题讨论市场中的这种基本选择行为逻辑与我提议重构竞争性均衡有什么关系呢？向市场体系提供额外劳动单位的人因此获得了工资或收入。该收入以增加对最终产品需求的形式返回了市场。这种需求的增加与最初使其成为供给方面的增加相当，有可能导致在某些生产当中利用进一步的专业化，这些生产在交换前的均衡中正好处于经济生存能力的边际之下。在受到影响的产业中，生产的实际成本（根据生产给定产出必须的最低投入数量进行衡量）就会下降。产出成本的向量也会发生变化，以体现按照降低了的实际成本进行生产的产品更低的相关价格。倘若以相关的方式进行衡量，既然投入单位并非相关范围内的具体产品，那么投入价格这一向量就不会发生变化。不过，如果以产出价格指数或计价单位进行衡量，那么投入的价值就会增加。就市场任何给定数量的投入而言，其销售所获得的收入将使提供者能够购买比交换之前更高价值指数的大量产品。就购买了成本价格降低了的产品的单个供应者而言，其效用就会有所增加。此人工作的增加就会对市场关系中所有购买该产品的人带来外部或溢出收益，因为市场的扩张使得可以利用专业化的分工，该产品的生产成本以及价格都会降低。

五　竞争性均衡、回报递增与外部性

前面已经描述了我论点的整体框架,但还是要填补分析方面的细节。我的模型不符合为标准的竞争性均衡规定的固定回报的一般条件。为了使生产/交换体系规模的扩大能产生增进效用或福利的作用,固定回报在整个经济制度中必须至少在一个产业中不存在。就这个产业来说,产品需求的增加相应地要求在供给方面予以回应,这种回应体现着更低的实际生产成本。就该产业来说,其长期供给曲线向下倾斜。相关产品则是根据该行业的产出规模回报递增的条件进行生产的。

这种条件不是必然与竞争性组织不一致。在需求条件不变的情况下,产业产出回报的增加并不必然意味着产业内任何单个企业产出回报的递增。每家单独的企业会知道整个产业产出的回报,但任何独立进行的扩张都会降低其他企业的均衡产出水平,使得该企业无法获得规模优势。只有当对整个产业的产品需求增加时,才可能实现这些收益,而在经济体系的购买力增加的情况下这种需求就确实会增加。至少对一个产业而言,需求的增加使得降低平均生产成本成为可能,因而使得市场体系中消费该产品的所有参与者都获得了效用方面的收益。

倘若能够预先确定可以进行调整以利用进一步专业化优势的产业,或者是通过某种理想的万能中央经济计划者或者某种理想化的集体决策者来实现,那么就可以通过补贴的方式设计制度安排以确保取得新技术带来的潜在收益。但是,由于缺乏这样的万

第十四章 经济上的相互依赖与工作伦理

能者、同时也由于现实政策的复杂性,这样的制度安排难以发挥作用,那么如何才能保证获得规模递增的潜在收益呢?

如果无法确定递增回报的具体产业,那么降低相关产业的费用支出以补贴其他产业可能会减少而非增加经济制度的生产率。不过,因为专业化的扩张,还有一种生产力的最终用途也是无法增加回报递增的特征。这个"产业"必然是非专业化的,也就是说会造成经济体系中的每个人都是自我消费式的。从该事实可以得出的结论是,减少不可市场化之产品(主要是休闲)的任何方式都必然为其他产业扩大市场的规模,因而必须在某种程度上增加对回报递增产业的需求。⑥ 正是在此意义上,这里讨论的外部性在个人选择的工作/休闲边际方面是很特别的。

就更广的意义而言,根据报酬递增方式运作的产业竞争性均衡或准竞争性均衡竞争之存在的所有问题仍然不是我直接关心的问题。即使这样描述的产业必须按照垄断的方式组织,或者是如果企业之间的有效竞争要求存在公司具体需求因而产生了垄断性的竞争产业结构,由于工作/休闲选择造成的"外部性"仍会存在。⑦

---

⑥ 似乎只有阿林·扬(Allyn Young)论述回报递增的经典论文认识到了这一关键的问题,参见"回报递增与经济进步"("Increasing Returns and Economic Progress")(载《经济学杂志》第 38 卷[1928 年],第 527—542 页)。

⑦ 关于所有回报递增问题之争论的全面概括和总结以及对相关文献的适当援引,请参见 S. 瓦西拉斯基(S. Vassilakis):"按照固定比例回报递增"("Increasing Returns to Scale")(载《新帕尔格雷夫经济学词典》,J. 伊特维尔、M. 米尔盖特和 P. 纽曼编,伦敦:麦克米伦出版公司,1987 年版,第 2 卷,第 761—765 页)。

我的重点完全在于微观经济方面,但这里提出的论点与马丁·魏茨曼提出的论点在分析方面具有相似性,不过他的兴趣完全在于宏观经济方面。⑧ 他的论点表明,就理解准竞争性失业均衡的出现而言,一般化的回报递增可以为其提供可行的微观经济基础。尤其是,魏茨曼的确注意到斯密强调劳动分工与市场规模有关同标准竞争理论中的固定回报条件存在冲突。在这之前,N. 卡尔多在对均衡理论进行全面批评时也强调了同样的观点⑨。

我已经反复提到了个人在选择向市场提供工作与向自己提供休闲时做出的行为调整涉及到的"外部性"。这里需要对这种外部性的特征进行讨论。首先请注意,该外部性并不一定非得用位置、职业或产业分类等属性加以确定。相关的行为边际涉及到在任何时刻、以任何生产率水平上向生产/交换体系提供生产的努力。尤其需要注意的是,在其中做出工作/休闲选择之产业的运作特征是完全不相关的。这种外部性适用于所有工作/休闲选择边际,无论是在回报递增、固定回报还是回报递减的产业都是如此。只有当投入供应者以消费者/购买者的身份将赚取的价值增量返回市场因而增加有效需求时,整个经济体系价值的增加才会产生外部效果。如果市场范围限制了实现专业化优势的潜力,那么整个生产/交换体系中至少有一个产业必须体现出回报递增。这种外部性的受益者源于最初支出自己因增加工作而获得的收入从而造成的有效需求的增加,这些受益者是那些在其消费投资中包含根据回报

---

⑧ 马丁·魏茨曼:"回报递增与失业的理论基础"。

⑨ N. 卡尔多(N. Kaldor):"均衡经济学的非相关性"("The Irrelevance of Equilibrium Economics"),载《经济学杂志》第 82 卷(1972 年),第 1237—1255 页。

递增条件生产的产品的那些人。当然其效果是可逆的；倘若个人决定减少向经济体系的工作供给，结果就是导致有效需求的减少，这就会对那些消费回报递增产业之产品的所有人带来消极的外部性或不经济。

这里界定的外部性与福利或应用经济学经常讨论的外部性至少在两个基本特征方面存在不同。在外部效应的制造者与收益（或损害）的接受者之间，并不必然会存在密切的关系，无论在位置方面还是其他方面。为了比较起见，可以考虑一下几个我们熟悉的例子。河水污染减少了那些居住在河下游的居民捕鱼和出船的机会。维持一个美好花园的居民增加了其街坊的效用；科斯式的牛*会闯入临近农户的田地；马歇尔式的企业都在同一个行业。**另一方面，与之形成对比的是，选择工作造成的外部性可能在给整个经济制度造成影响，如果精致制度的界定小于交易体系，那么就可以说会产生超越经济的影响。

假定提供额外工作的个人所在的行业生产的是最终商品集为 $x_1, x_2, \cdots\cdots x_n$ 中的 x_i，其给消费/购买根据回报递增条件生产之商品 x_j 的所有人都带来了价值，这里的消费者/购买者无论在哪一个方面都可能距离 x_i 的生产者与消费者非常"遥远"。

供给工作达致的外部性与其他我们更熟悉之外部性的另外一个差别，是收益（或损害）进入受外部影响者效用函数的方式。在

---

* 科斯在其"社会成本理论"一文中讨论了养牛与农户种庄稼之间的关系。——译者注

** 马歇尔在其《经济学原理》中举的例子。——译者注

前述标识系统中，相关外部性影响是借助 x_j 价格的下降影响根据回报递增条件生产之商品 x_j 的消费者/购买者的效用的。这当中不存在下述那种对效用函数的影响，即临街的园丁增加了鲜花的壮观或邻居的蜜蜂为苹果园进行授粉。根据回报递增生产的产品 x_j 的消费者/购买者发现由于 x_j 降价，其预算约束发生了修改。而在这种情况下，该价格方面的影响在经济制度的其他方面并没有像这个或任何其他消费者/购买者面临的那样，由价格的补偿性增加予以抵消。这种价格方面的影响就像是纯粹的价格变动，好像是由向经济体系供应的经济价值总量的增加造成的。分析者必须抵制因为外部性通过价格进入效用函数而轻视外部性的诱惑。用传统的术语来说，外部性是"技术性的"，因而是帕累托相关的，因为其在没有完全抵消其他人选择集合存在的限制的情况下扩大了经济体系中某些人的选择集合。

对传统外部性的这两项修正有助于我们理解工作供给的影响。如果我们假定消费是一般化的，意谓所有最终商品都包含在每个参与者偏好的消费集合中，那么经济体系中的每个参与者，就其作为根据回报递增生产之商品的最终用户而言，就成为整个经济体系中任何工人增加工作供给的受益者。如果我们引入家庭生产的模型，假定贝克尔式的产品 Z 是用直接购自市场的 x 商品的适当集合进行"生产"的，那么 x 商品（这里是 x_j）价格的下降就会改变某种 Z 商品的生产函数，从而使得这种外部性看来类似正统分析中我们更熟悉的那些外部性。

六 经济外部性的伦理内部化

准确描述工作供给的外部性有助于考察外部性可能的内部化或矫正方式。在这一部分当中,我将讨论四种可能的方案:(1)内部交易的讨价还价;(2)制度演进;(3)政治化的矫正;(4)伦理规范。我将努力证明我假想的第二部分,大意就是,在一定的限度范围内,文化传统可以通过工作伦理的灌输将工作供给的外部性内部化。

某种明确外部性的存在或可能存在直接表明,在某种无所不包或整个经济制度的意义上,仍然存在着未得到利用的"交易收益"。对那些仅仅根据外在于可能出现的交换或交易的当事人这种直接的观察诊断市场失灵从而将相关的外部性内部化的经济学家来说,承认这一点就是敲响了警钟。人们已经从科斯及其追随者那里得到了这个教训。[10] 因此,在我对工作供给的外部性进行了推定之后,这里首先要提出的问题关系到的就是这种所谓市场失灵可能或已经通过适当的内部交易谈判、协定、合同或交易内部化的前景。

如果参考科斯的作品就会让我们立即关注相关互动作用涉及到的数字。正如前面指出的那样,在通常的联合供给意义上的团队生产的真正优势可以通过企业组织来实现。但就工作供给选择

---

[10] R.H.科斯:"社会成本问题",载《法律与经济学杂志》第3卷(1960年),第1—44页。

体现的整个经济范围的外部性而言,该问题的答案当然是否定的。可以预计,在少数人交易的情形下就会出现当事人在普通市场之外进行内部交易谈判,或者即便在多数人交易的情形下,如果而且只要受影响的子集可以以具有很明确之共同利益的方式体现出来,前述交易也会出现。⑪ 不过,正如第五部分的描述性分析表明的那样,通过谈判内部化工作供给的外部性似乎是不可行的。消费者作为一个集团是增加工作供给的受益者,但是在整个消费者集合内部,收益是根据相关偏好以不同的方式进行安排的,而只有通过商品的生产条件才能够确定这些偏好。在这种情况下,甚至难以设计某种可以获得普遍同意的、想象的补偿与支付方案。

这里值得提及的第二种内部化方式是界定为制度演进。当我们分析其工作机理时,市场是被理想化的,而我们观察到的制度从描述方面来看似乎并不接近理想化的分析情形。似乎可以说,制度化的偏离理想的分析情形之所以可能出现而且可能持续,是因为其有效地将相关外部性内部化了。对那些似乎非常直接影响工作供给之制度进行考察得出的结果是模棱两可的,而且在权重方面可能倾向于得出否定性的评价。无论正式还是非正式的惯例与安排随着时间已经给工作的供给规定了最低的限制,例如每周最低工作 40 小时,同时给超时部分更高的费用——这些安排"似乎"可以根据默示承认工作供给的外部性而予以理性化。但也存在其他方面的发展,似乎体现了对工作提供的相反影响。在历史上,每

---

⑪ 詹姆斯·M. 布坎南:"外部性的制度结构",载《公共选择》第 14 卷(1973 年春季号),第 69—82 页。

周的工作时间已经被大大减少了；有些时候根据社会退休政策，其中有些是强制性的，工作年限遭到了大幅度地削减；而且休假的时间以及病假几乎一直在增加——所有这些变化似乎都与以制度化的方式矫正工作供给带来的外部性经济相对。

在本世纪中叶的理论福利经济学中，只要确定外部性的存在就为实施政治化的矫正措施提供了明显的规范基础。公共选择理论的影响就是要消除这种过度简化而且又未经检验的论点。像市场一样，政治活动有时候也会失灵，我们同样可以按照评价前面简要述及的内部交易矫正措施的方式评价以政治措施有效矫正外部性的可能。即使给职业政治家提供假定的所有经济学家都承认工作供给外部性具有重要性与相关性，我们能够预期在以利益为驱动、以选区为基础的政治活动的互动中会采取矫正性的措施吗？

参考一下税收结构方面的政治活动记录立刻就会给这里的政治化矫正措施的希望泼上一瓢冷水。第一部分描述的财政上的相互依赖情形体现了美国以及其他国家真实世界的财政状况。财政方面的外部性仍然得不到矫正，这种外部性会恶化即便在财政中立的世界也会存在的工作供给的影响。不过，撇开财政方面的例子不说，我们也很难确立一个可以批准下述消费税的现代民主政治模型，这种消费税的目的是为了支付普遍的工资补贴而征收的，这可能就是政治内部化的表现形式之一。

我们现在还有第四种选择方案，这种方式能够通过灌输、维持或传播伦理规则的方式内部化工作供给的外部性。不过，在我们直接讨论这种方案之前，有必要讨论可能就我这里的整个分析可能提出的批评，尤其是对其福利方面的含意可能提出的挑战。不管通过市场、政治还是其他方式,倘若可以只有缔结任何契约协议的单个参与者的激励不足以产生让人满意的内部化,那么下述主张是否还有正当的理由,即无论从哪种意义上说,不加矫正的解决方式都不是最优的？倘若出现了某种类似交易成本的东西妨碍实施可内部化外部性的协议、合同或交易,虽然存在这种溢出性收益,不加矫正的解决方式不就是最优的么？本文的分析中确定的工作供给的外部性不是帕累托相关的吗？[12]

在此情形下,我们可以承认个人做出的工作/休闲选择确实存在外部效果,而且这种效果改变了经济体系中那些消费回报递增产业最终产品的人可实现的效用水平,而与此同时,我们还会放弃建构会改变增加市场工作供给之激励的安排。这种情形要求的似乎就是对个人化的工作/休闲选择奉行不干预的政策模型或自由放任。

就此还有很多需要说明,倘若矫正性的内部化仅限于这里讨论的方案尤为如此。（如果可能缔结有约束力的合同,而且似乎陷入囚徒困境的那些人不会缔结这种契约,那么通过其自身的行为,他们就表明了对该困境的诊断是错误的。[13]）不过,即便当作为假设提出时因为协议的不存在而被证明不成立,这种诊断活动本身还是有用处的。而且在这里重要的是认识到,无法通过以个人追求私利的行为为根据的制度安排实现可行与稳定的协议这一点,

---

[12] 詹姆斯·M. 布坎南和 W. C. 斯塔布尔宾:"外部性",载《经济学》第 29 卷（1962 年 11 月）,第 371—384 页。

[13] 詹姆斯·M. 布坎南:"实证经济学、福利经济学与政治经济学",载《法律与经济学杂志》第 2 卷（1959 年 10 月）,第 124—138 页。

并没有就通过引入伦理原则矫正外部性的前景方面告诉我们多少内容。

要将伦理或道德约束引入经济选择理论的分析工具中是很困难的。向市场体系提供工作的人似乎只是根据其面对的单位时间工资参数调整数量而已。似乎没有可操作的方法可以决定实际做出的工作/休闲选择在多大程度上体现了伦理规范的影响,包括这种规范在多大程度上存在。不过,只要我们诉诸一种将个人选择的内部和外部约束都包括在内的结构,从分析的角度描述伦理标准的约束力量还是可能的。

可以图表14.1加以说明。其中无差别恒值异曲线反映的是

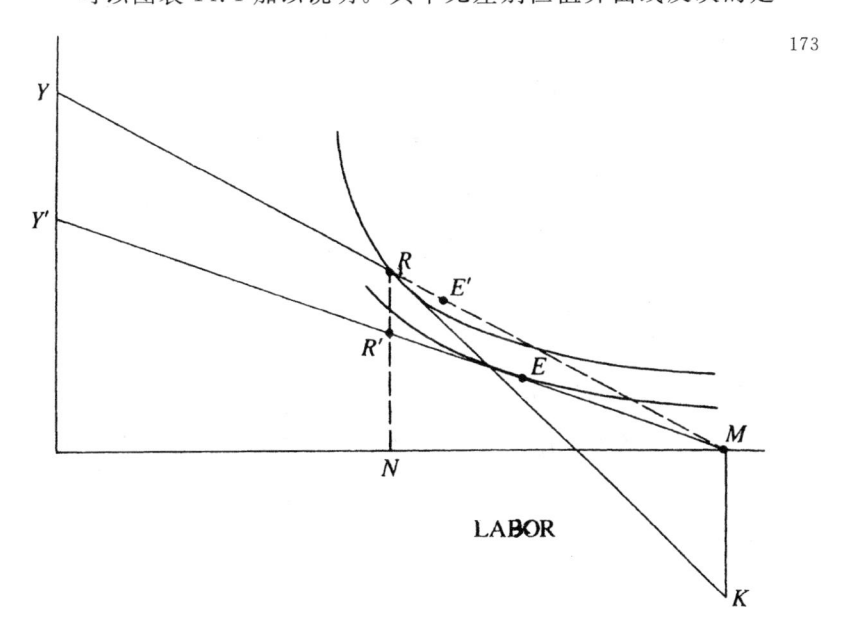

图表 14.1

金钱收入与休闲的相对估价,二者都是"商品"。点 M 表示最大休闲的位置,经过点 M 的线条描述的是市场处境规定的外部约束,其倾斜度衡量的是单位时间的工资比率(这里假定工资比率都是一样的)。如果没有任何内部约束,而工资比率是 MY′ 的倾斜度,那么就个人均衡就会在 E 点实现。

我们可以通过将其视作内部约束的方式纳入工作伦理。如果个人位于 M 点,现在假定其要承认某种内部成本,这种成本可以用货币单位进行衡量,在图表 14.1 中以间距 MK 表示。随着工作向经济体系的供给,这种(闲暇的)内部成本就会逐渐降低。请注意,如图表所示,面对 MR 的倾斜度代表的工资比率以及在 NM 的值域范围内受到内部限制的个人,将会处于 R 的位置,这是一个夹角的解。在这种修正的架构中,选择者是无法实现线段 RM 的。

不过请注意,个人不可能通过自己的努力实现从 E 点均衡地转移到 R 点。实际上,如图表 14.1 所示,个人在 R 点的经济状况要优于 E 点。但是对位于 E 点的个人而言,提供更多劳动的私人决定只会让他转移到 R′,在这里其经济状况会变得更糟。正是由于经济体系中全部或大多数参与者中普遍工作伦理的存在,这与在该体系中存在回报递增的某处地方一起导致了工资比率的增加。而且随着工资比率的增加,在存在内部约束时取得的位置要优于不存在内部约束且工资比率更低时取得的位置。[14]

---

[14] 戴维·列维因为其他的目的,曾运用了一种相关的架构来指出道德约束可能具有相关性。参见戴维·列维,"能够促进效用的消费约束"("Utility Enhancing Consumption Constraints"),载《经济学与哲学》(*Economics and Philosophy*)第 4 卷(1988年),第 69—88 页。

第十四章 经济上的相互依赖与工作伦理

不过,如图表 14.1 所示的架构可能存在误导,因为其假定进行选择的个人在心理上知道伦理约束会制约其实现否则似乎更优的位置(E')。似乎在描述方面更为准确的是,个人可能并未意识到在日常市场交易中指引做出的选择的伦理规范。[15] 在做出选择时,个人根本没有感觉到任何约束性的影响。当在内部感受到的时候,个人便转到由其选择行为揭示出的经济上可行之效用函数集合中的最优位置。

这个特征自身就说明,与通过讨价还价或政治化的方案相比,通过伦理规范获得内部化可能更容易实现。在讨价还价式的内部化方式中,那些期望能够取得利益的人和集团必须补偿其行为产生了外部收益或损害的那些人。而且即使政治化的方式无须包含在一次"交换"中囊括所有参与者的集合,但仍有必要在不同的利益之间达成协议,这同样会要求预期受益者以某种方式支付其效用方面的收益,这种收益是因为那些改变从而导致修正行为的人才获得的。相形之下,如果伦理约束能够起作用并且发挥影响,那么就会对经济体系投入供给者的行为产生单方面的作用。受益人获得的是"单一的游戏";他们会发现无须进行任何支付就可以提高其福利水平。讨价还价、交易、协议以及政治妥协完全不在计算的范围之内。

反过来,伦理内部化这种非交互性的特征又提出了另外两个派生的、值得关注的方面。第一个与外部性理论中帕累托相关的

---

[15] 尤其是哈耶克强调了市场中人们对行为典范的遵守是无意识的。参见哈耶克:《法律、立法与自由》,第 3 卷《自由社会的政治秩序》(*The Political Order of a Free People*),芝加哥:芝加哥大学出版社,1979 年版。

核心含义有关。外部性在下述情况下就可以被界定为帕累托相关的，即那些预期获得好处（或损失）的人的潜在收益（或损失）在价值上超过预期相关行为的转变（边际性的或整体性的）会给做出转变的那些人带来的损失（或收益）。将外部性关系划分为帕累托相关与非帕累托相关的集合，不仅要求做出某些初步诊断的经济观察家，最终也要求该关系中受影响的双方当事人进行收益/损失方面的比较。而且属于非帕累托相关的外部性集合绝不可能是空集；当交易成本被考虑在内时，这个集合实际上是非常大的。不过，请注意效用的相互依赖仍然是存在的。非帕累托相关这种分类指的仅是经济内部化的可能性。

如果我们考虑通过伦理约束的方式实现内部化，那么帕累托相关与非帕累托相关的分类就没有意义了，因为这时并不要求根据其他人的损失衡量某些可能受影响的当事人的收益。换言之，只要效用的相互依赖存在，伦理内部化的可能性就存在。对那些非帕累托相关的外部性关系而言，唯一的改进方式就在于选择行为中存在某种通过伦理产生的修正。

由伦理内部化非交互性产生的第二个特征，涉及到外部性关系中受影响一方当事人普遍参与的相对重要性。这一方面与决定外部性是帕累托相关还是非帕累托相关时交易成本的重要性密切相关，但在概念上似乎又是独立的。再以经济体系只有一个投入供给者的工作/休闲边际模型为例。通过额外的时间单位给经济体系增加的额外价值，会给所有可能消费根据回报递增条件生产之商品的人带来收益。投入供给者给该消费群体的成员带来了真正的"公共物品"，因为该集团任何单个成员都可以单独获得其效用。因此，具体的受益者没有办法与任何单个投入供给者抑或全部供给者进行分解了的、少量人参加的"交易"。

投入供给之增加具有的这种"公共性"特征在伦理内部化的情形下并未发生改变。但是，因为受益者无论是单个还是整个都无须为投入增长带来的"公共产品"提供"资助"，所以也就不存在类似难以克服搭便车而造成的门槛问题。由于任何投入供给方面的增加都能产生"公共物品"，因而只要一个人出于工作伦理而改变其行为，就会出现某种对外部性的矫正措施。

七 工作是仁慈的自利

或许《国富论》中我们最熟悉的论述就是"我们能吃上饭不是因为屠夫、啤酒商抑或面包师的仁慈，而是因为他们对自身利益的关注。"[16]我们能够理解亚当·斯密的这个论点，但是如果我们认真对待竞争经济制度中的传统分配理论，我们就立即会发现显然的矛盾。如果屠夫与其他所有人都从整个经济制度中获取恰好等于其工作向这当中增加的价值，那么我们如何从个人的自利行为中获益呢？

假如屠夫决定提前退休去钓鱼，而且他这样做完全是出于私利。那么这种行为的变化如何影响我们其他人呢？倘若我们接受分配的边际生产力理论而且假定整个经济制度是有效竞争的，从长远来看一点影响都没有。屠夫退休时，市场规模会稍微变小，但

---

[16] 亚当·斯密：《国富论》，印第安纳波利斯：自由经典，1981年版，第26—27页。

在其他屠夫扩大屠宰规模之后,价格就会回归到这个屠夫退休之前的水平。

我已经指出,就这个推论而言,传统的竞争性调节理论肯定是存在错误的,我们必须想办法修正传统的推理以容纳斯密的核心定理,即劳动分工的扩展可以促进交易收益。我试图表明的是,要使该网络中其他参与者的效用受到经济体系规模变化的影响,就必须放松理想竞争均衡中按照规定比例固定回报的条件。在整个生产/交换体系中,至少有一个产业必须存在回报递增(成本递减)。

幸运的是,就我的讨论而言,我无须直接介入下述有争议的分析领域,即回报递增与反过来造成不同产业组织模式之竞争性均衡的一致性。甚至我也没有必要在概念上确定整个生产从回报递增经营中产生的相关份额,或者区分这些产业与其他产业(例如在制造业、服务业与农业部门之间进行区分)。就我的讨论而言,我只需要求至少有一个产业的运作具有回报递增的特征,而且不需要确定是哪个行业。为了解说得更清楚起见,我在分析时尽量缩小与传统竞争模型的差别。因此我的论点是在具有马歇尔式的外部经济性产业下提出的,在这种情形下单个的公司无法利用规模带来的优势。但是其结果绝不限于那种情形。

我已经试着表明工作供给外部性的特征给市场内部或政治化的矫正措施都带来了严重的障碍,从而将内部化的负担留给了工作选择中可能的伦理规范的表现形式。就工作伦理进入投入提供者之选择计算的程度而言,无论这是否是有意识的,消费者都会在

第十四章 经济上的相互依赖与工作伦理

经济制度的某处获得溢出性的收益。因此工作伦理中存在经济方面的内容。而且因为存在这种经济性的内容，无论以个人还是集体的方式在整个文化以及世代之间传播、维持与传递这种伦理都是具有正当理由的。

屠夫基于仁慈的私利进行工作给其他人带来的"好处"因为其去钓鱼而丧失了。20世纪60年代反工作伦理的倾向在"花点时间闻闻花香"的告诫中得到了概括，这会明显引诱人们破坏听众以外之其他人可能获得的经济价值。当然，外部效应的大小与可能供给之投入的市场价值直接相关。游手好闲的放射线学者给其他人带来的损害远远超过了快餐店员工类似行为的损害。

在这一章里，我有意识地将讨论限于工作/休闲选择的边际，运用时间单位的维度加以衡量，就如分析经济/交换体系规模的扩张与收缩的潜在原因那样。这里的分析显然既可以适用于投入价值数量方面的变化，也可以适用于其质量方面的变化。其核心分析也很容易扩展到至少并不直接涉及到个别投入者的行为时市场规模变化的原因。也许最明显相关的边际是由政治/法律方面的约束确定的，这些约束根据几个维度确定了允许人们进行自愿交易的范围。贸易理论方面的专家一直都承认贸易网络规模的扩大可以使人们进一步利用从专业化当中获得的收益，而且引入了回报递增的模型。

不过，这些文献似乎没有怎么关注未穷尽专业化的收益与竞争性均衡的标准分析之间存在的不一致。但是贸易理论家肯定不会对我的提议感到惊奇，即工作供给的外部性类似于"贸易扩张"

的外部性。⑰

这里的分析对许多其他政策领域也具有重要意义,例如人口控制、移民、妇女就业、福利方面的劳动要求、退休方案以及前面提到过的税收结构等。不过我关心的主要不是要在这些领域中引申出具体的政策含义。我的重点是要界定工作伦理的经济基础。而且,如果必须概括我的目标,那就是要说服经济学家同行们,与其他许多选择一样,在工作/休闲的边际进行选择时,我们不仅在经济方面是相互依赖的,在伦理方面我们也是相互依赖的。如果我们经济学家在这种伦理方面的相互依赖性包含相关而且非常重要的经济内容时仍然对其视而不见,那么我们就很容易遭到下述指责,即我们的深奥分析不过是中世纪针尖上跳舞的天使这一争论的现代翻版而已。

---

⑰ W.J.埃塞尔(W.J.Ethier)对此很有启发的分析,而且其中也参考了有关贸易方面的文献。参见"现代制度交易理论中的国内与国际固定比例回报"("National and International Returns to Scale in the Modern Theory of Institutional Trade"),载《美国经济评论》第27卷(1982年6月),第389—405页。

第十五章　伦理约束的经济起源

> 基督教信条告诫说，在关注自己的事情之前，你应当关注邻居的事情。
>
> ——伊兹拉·庞德（Ezra Pound）

无论在理论还是实践当中，对人类行为之正式或法律约束与伦理约束之间的基本关系都已经获得了普遍的承认。就人们在社会互动中彼此根据共同拥有的伦理规则行事而言，以理性为基础对一般化的法律约束进行的契约性解释都会变得更弱。普遍的公共意识告诉我们，如果只有少数几个人盗窃，而且这少数几个人的盗窃也是比较少的，那么针对盗窃的法律就会更少，而且不是那么严格，需要的警察也会更少。

将正式约束的逻辑起源置于个人私利的计算方面是相对比较简单的。[①] 但是就我所知，就伦理约束的起源问题尚没有类似的

[①] 詹姆斯·M.布坎南：《自由的界限：在无政府状态与利维坦之间》，芝加哥：芝加哥大学出版社，1975年版。

解释。本章就初步尝试填补这一空白。②

从个人主义的视角来看，只要预期不受约束的行为会带来损害（至少在机会成本的意义上可以根据预期效用的损失加以衡量）参与社会互动的人就会试图对其他人的行为进行约束，其方式或者是通过以契约方式形成的法律规则，或者是通过伦理规范的非正式运作。就对行为进行约束的任何努力来说，外部性的存在都是必要的。而且在此情形下，法律与伦理方面的约束就成为两种内部化的制度。

第一部分通过引入人们熟悉的 2×2 矩阵图来展示分析的框架，其中每种情形都可以通过把一个博弈者指派为"所有其他人"的方式推广适用于多数人的情形。这里的重点在于区分经济与伦理的相互依赖性。第二部分是确定经济私利与以伦理规范内部化外部性的投资之间的直接关系。第三部分考察在说服方面的投资的生产率。第四部分将前述分析加以扩展，并且讨论在修正偏好次序的情况下的可比性问题。第五部分的讨论与哈耶克的道德秩序进化理论有关。第六部分通过比较这里得出的伦理约束与法律/正式约束以及在其他架构中得出的伦理约束对相关分析进行了总结。

这里我并未谈到解释的包容性问题；我只是要说明，认识与理解行为之伦理约束的经济起源会使我们的行为模型与经验现实更加接近。也就是说，就人们为什么会在社会互动中以我们观察到

---

② 关于由对本章初稿的讨论产生的更宽泛的论述，参见哈特穆特·克利姆特："道德外部性"("Moral Externalities")，载《布坎南及相关主题论文集》(*Papers on Buchanan and Related Subjects*)，慕尼黑：Accedo 出版公司，1990 年版。

的方式行为而言,这里的分析给我们的一般观念增加了此前一直缺少的一个因素。

一 外部性之契约(经济)与伦理内部化中的关联性与非关联性

行家很容易就可以看出图表15.1所示的简单的2×2矩阵图即是标准的囚徒困境,其中用数字表示的回报代表的是两个博弈者的效用序数指数。现代社会契约理论中几乎所有的分析与讨论都(或者可以)被置于这种高度抽象的情形下,其范围囊括了从私有财产与国家的起源、公共物品、环保清理直到社会礼仪问题。基于初步的观察就可以得出主要的结果。两个博弈者每个人自私自利的、自我效用最大化的行为产生的结果既非其期望的,也非其自己一人时会选择的结果。这种选择的情形结果是每一个博弈者单独且缺乏合作的行为产生的解有违帕累托效率或最优的解。根据每个博弈者自己的效用指数,在矩阵的其他体现不同的行为模式但仍然属于可以选择的集合范围的单元格内,两个博弈者的处境都有可能得到改善。

我们的注意力一下子就转到了合作策略的可能上来,这种策略代表的主题是就共同选择、两种元素的行为集合达成的协议,这会将结果转到单元格I,这种结构在每一方博弈者看来都要优于单元格IV中非合作的结果。用福利经济学的术语来说,单元格I帕累托优于单元格IV。不过,只有当有可能在博弈者之间达成有约束力或可执行的协议时,前述联合或合作行为方有可能。这种契约代表的制度性转变会改变每一个博弈者面临的效用指标。

		B	
		b_1	b_2
A	a_1	I 3,3	II 1,4
	a_2	III 4,1	IV 2,2

图表 15.1

请注意在这种潜在的契约当中,每个博弈者是以其自己独立行动的自由交易或换取其同伴接受相应的限制。每个博弈者之所以同意约束自己,不是为了自身的利益而对自己的行为进行限制(不是为了像尤利西斯那样自我控制),而是因为自由接受这样的约束,才能确保对另一方主体的行为进行相应的控制。而且这种协议/契约的形成无须任何一方主体关注相关体系中其他人的福利或效用。

在图表 15.1 描述的情形中,两个博弈者在经济方面是相互依赖的。任何一方通过自己独立的行动所获得的都不如在交换或交易中双方协作的水平高。单元格 I 和 IV 的相对效用指标就体现了这种相互依赖性。但是请注意两个博弈者在伦理方面同样是相互依赖的。任何一方偏离基于合作策略协议达成的协议或在其外单独采取行动都单方面影响到另一人的效用。这种相互依赖性体现于下述关系中,即单元格 IV 的普通效用指标(双方各自进行调整的解)与单元格 II 与 III 的关系,单元格 II 与 III 代表着两个主

第十五章 伦理约束的经济起源

体中只有一人转向合作行为的情形。

在图表 15.1 严格限定的情形下,这种以契约与伦理的手段实现相互外部性内部化的方式在某种简明的意义上是可以互相替代的。如果双方能够根据要求合作的伦理规则(图表 15.1 中的 a_1 和 b_1)行动,那么就没有必要缔结明确的契约协议。

在我 30 年前与 W.C. 斯塔布尔宾合写的一篇文章里,[3]我们引入了帕累托相关与非帕累托外部性的区分。当互动关系中的某一方或双方的行为影响到另一方的效用水平,而且存在相应的安排可以修正相应的行为以有利于所有当事人,那么就会存在帕累托相关的外部性。也就是说,当存在帕累托相关的外部性时,严格来说就可以实行帕累托更优的矫正措施。在图表 15.1 所示的标准囚徒困境中,其中的相互外部性很明显就是帕累托相关的。无论契约还是伦理方面的内部化都可以将相关解转到帕累托最优的单元格 I。

如果相互作用的一方或所有各方的行为能够持续影响到其他利益方的效用水平但并不存在借以修正这种行为以实现所有各方共同收益的替代性安排,那么这种外部性就是非帕累托相关的。图表 15.2 的效用支付矩阵就说明了这种情形,这里仍然假设效用序数指数的运用得出的变化是对称的。

经济学家可能会直接观察到,尽管描述效用支付矩阵的行和列占优的结果持续存在,但不可能出现矫正性的调整措施。在图

---

[3] 詹姆斯·M. 布坎南和 W.C. 斯塔布尔宾:"外部性",载《经济学》第 29 卷(1962 年 11 月),第 371—384 页。

表15.2描述的选择情形中,就像此前一样,两个博弈者每个人独立的行为都会产生单元格 IV 的解,但是现在的方案是最优的。无论多么复杂,都无法再从交易过程中获得更多的收益。因而,那些几乎排他性地关注交易、交换与契约的经济学家们就不会总是这种互动。在图表15.2的独立调整解中,不存在可以进一步利用的经济相互依赖性。

不过请注意,相互外部性的关系却是仍然存在的。但这两个人在我们前面使用过的意义上在伦理方面仍然是相互依赖的,也就是每个人的效用都会因为另外一个人行为的单方面转变而受到影响。在经济学家看来,这里的外部性仍然是非帕累托相关的。

准确地说,在这种情况下非帕累托相关到底意味着什么呢?与图表15.1一样,A 从策略 a_2 转到 a_1 会给 B 带来溢出性收益(反之亦然)。但 B 仍不愿意接受对其行为的限制,即要求其从 b_2 转到 b_1,如果需要这样做的话。A 从 a_2 转到 a_1 带给 B 的溢出性收益要少于 B 预期从行为 b_2 转到 b_1 遭到的内部效用损失。行为"交换"可能造成的损失超过了收益;因此,相互外部性虽然仍然存在,但却是非帕累托相关的。

		B	
		b_1	b_2
A	a_1	2,2	1,4
	a_2	4,1	3,3

图表15.2

第十五章 伦理约束的经济起源

正如前述简单比较说明的那样,图表15.1与图表15.2描述的两种选择情形在经济特征方面存在着根本的差异。不过这一比较同样表明,相关互动过程的伦理内容基本没有差别。也就是说,帕累托相关的相互外部性(图表15.1)与非帕累托相关的相互外部性(图表15.2)之间的差异本身并不具有伦理意义。

当然,如果我们承认效用维度在经济关系与伦理关系中不同,这个结果也就不会让我们感到意外。对一种选择情形的任何经济评价都会涉及到评估双方(或各方)行为改变可能造成的收益与损失。交易必然是相互的;每个交易者都放弃了某种有价值的东西以换取其他交易者放弃的某种有价值的东西。在社会互动的领域中,相较于单方性获益的集合,显然可能共同获益之交易的集合要更小。(圣诞节虽然不求但却自来。)

二 伦理与经济上的自利

第一部分分析的两类互动形式不存在伦理方面的差异表明,与组织交易或缔结契约协议背后的动机相比,实现伦理内部化背后的动机更为普遍。扫一眼图表15.1和图表15.2就可以发现,无论在哪种情形下,每一方给其他一方单方行为的评价都会高于双方行为都发生转变的情形。在每一种情形下,每个人都会发现互动过程中的另一方基于伦理或道德原则采取互动策略是有利的。对任何人来说,下述方式都是"理想的"安排,即其他一方以合作的方式行为而其自己可以根据其原始效用指标自由行动。[4]

在前面描述的两种情形中,每个人都对其他人行为的伦理或道德特征具有直接的经济利益。因此,除非后者的行为被认为完全不可能发生改变,否则每个人都会认为,至少投入某些资源努力单方改变另外一方的行为促使其更加合作,从个人的角度来看是理性的。与此同时,如果"产生"这种期望的行为转变的技术包括古典的公共性,那么结果人们就会发现在宣传道德规范方面会进行普遍的投资,各方主体都会面临专家进行说服的企图,这些人我们可以称为"布道者"。

请注意这种结果是通过所有各方以私人身份进行的昂贵投入体现出来的,但是这种投入并未伴有下述清醒的意识,即其正在进行明确的投入交换。每一方都是根据其他各方行为潜在的变化衡量自己投入的回报。每一方都是放弃某种有价值的资源以换取其他各方行为发生改变的可能性。但是并不存在两方愿意限制自身行为的明确或默示协议,这种限制行为代表的是潜在的价值损失,为的是换取双方相互的限制。

在这里比较伦理的经济学分析与人们熟悉的其他方案是有裨益的。在其他这些方案中,预期改变个人行为之约束对主体的计算而言是内在的。这里关心的只是要回答下述问题:为什么当机

---

[4] 参见詹姆斯·M.布坎南:"伦理规则、预期价值与众多成员的情形"("Ethical Rules, Expected Values and Large Numbers"),载《伦理学》第76卷(1965年10月),第1—13页;重印于布坎南:《立宪契约中的自由:政治经济学家的视角》,大学站:得克萨斯A & M大学出版社,1978年版,第151—168页。

会主义式的效用最大化显示的是不合作时,为什么进行选择/行动的人还会以合作的方式行动呢?第一个也是人们最熟悉的方案援引的是习得与自我规定的道德规范居于支配地位,这种支配地位会有意识地允许在行为方面造成可以感觉的效用损失。个人在明显偏离会最大化其预期效用的行动过程中,遵循的是道德规范。第二种方案只是简单地以下述方式重新界定效用最大化,即行动/做出选择的个人充分考虑了其行为的长期结果,特别是其可会至少是很可能促使相关社会互动过程中其他各方做出回应性的行为。第三种而且密切相关的方案更直接将进行合作的倾向纳入了理性的含义当中,而且并不要求考虑长期后果。[5] 当然,在某种意义上,这里第二种与第三种方案并不是试图解释伦理约束的起源问题;相反,这些进路试图说明的是,通常被认为具有伦理或道德性的行为严格来说乃源于身处囚徒困境的那些人在彼此互动的过程中自利的结果。

通过与这些方案进行比较,即将某种类似合作行为的东西内在地纳入个人的选择计算当中,我这里提出的模型既不需要道德规范凌驾于效用最大化之上,也不需要重新解释效用最大化以得出似乎是由道德关注驱使的行为。全部或部分解决普遍存在的社会困境会要求修正约束结合,但本章我的进路并不试图为修正约束集合提供内在的起源。请注意图表15.1与图表15.2描述的情形强调的只是,互动的各方在改变他人行为方面具有经济性的自

---

[5] 戴维·戈塞尔:《通过协议实现道德》,牛津:牛津大学出版社,1985年版。

利，而且如果在技术上可行，他们会通过投资"改变行为"促进这种利益。就这种投资的结果体现了一方或所有各方更具有合作性的行为而言，行为改变的起源是外在于选择/行动的参与者的。无论某种自我规定的伦理限制，还是某种增强的"真正"自利的认识，都没有用其来全部或部分避免因伦理方面的相互依赖造成的效用损失。

三 布道者的生产率

正如前面指出的那样，承认伦理相互依赖性存在的那些人简单的效用最大化要求投入某些资源以实现社会互动中其他各方行为的单方改变，只要这种投资在某种范围内产生的回报超过了机会成本。当然，理性规范表明，这种投资的范围是由这里预期的边际产出等于其他投资的点决定的。

经济学家之所以尤其会忽视对这种投资进行分析，是因为其分析工具体现的效用或偏好函数是固定不变的。如果个人的偏好确实非常坚定因而不可改变，那么任何通过诱使偏好发生变化从而修正行为的投资根本就不会取得什么结果。在此情形下，承认伦理方面之相互依赖存在的那些人除了交易或契约之外就没有别的求助对象了，正如前面指出的那样，这种交易或契约只是对帕累托相关的子集才是可行的。

就许多方面而言，经济学家们固定偏好的实际假设是有裨益的，当然严格支持这一假设是对现实行为的描述会使得经济学家的工作遭到人们熟悉的社群主义式的批评，而这种批评又会扩展到从个人选择推导社会互动之特征的所有努力。就我看来,方法论个人主义必须承认个人效用函数与在其下进行评价的社会经济/法律/政治/文化情境之间的关系。但是承认这种关系自然会带来投资传播道德规范的生产率问题。当然这种努力的相对功效会因为目标的不同而存在差异。在"布道者"看来,根据经济学家的界定被硬性归入严格机会主义行为集合的那些人,比偏好不那么固定的人的产出要低。

要获得产出,用于传播道德规范的投资就必须通过效用函数的转变来改变人们的行为。但是前面已经强调了内部/外部区分的回报。这里的分析并不要求人们要改变其自身的偏好。尽管可以如弗兰克·奈特那般在经验描述方面说,人们确实希望"获得更好的满足",但我们这里没有必要额外采取这一步骤。我们并不需要这种独立的伦理。个人可能改变也可能不会改变自身的偏好。我的模型更为严格地表明,人们会理性地"希望其他人希望获得更好的满足",或者更明确地说,在社会交往过程中其他人以更合作的方式与他们本人相处。

四 通过伦理实现内部化

下一步的论证就是要准确表明,通过理性选择而且因而成功地投资传播道德规范如何来内部化伦理上的相互依赖。正如图表15.1与图表15.2简单的2×2矩阵表明的那样,每个人都面临着理性的激励去进行投资以改变他人的偏好持续。假定就离散的二元个人行为集合来说,每个参与者的投资都成功地改变了其他人的行为。不过正如前面提到的那样,只有当对相关结果的偏好次序发生改变的情况下才会出现这一结果。如果我们还是采取离散的 2×2 矩阵,成功地双向传播合作行为规范必然会更具图表15.3所示修改偏好次序。

		B	
		b_1	b_2
A	a_1	4,4	2,3
	a_2	3,2	1,1

或

		B	
		b_1	b_2
A	a_1	4,4	3,2
	a_2	2,3	1,1

图表 15.3

图表15.3的组合次序继续表明在博弈者选择中占优的行与列。与通过个人或联合行动实现的其他结果相比,单元格 I 的解是双方都喜欢的。请注意在图表15.1与图表15.2都存在的外部性,通过假定每一方成功修改其他人之偏好次序而得到了内部化。图表15.1囚徒困境的情形已经不存在什么问题了;效用函数的改

第十五章 伦理约束的经济起源

变已经使互动各方转向合作的解,而且这个解根据任何一种偏好配置都是帕累托最优的。

但当我们比较图表15.3与图表15.2时可以得出什么结论呢?如果改变双方的偏好次序以得到合作的行为,就可以实现单元格Ⅰ的解。但是如果根据图表15.2未进行修改或"原始的"偏好次序进行评价,这种结果就不是帕累托最优的。在这种情况下,外部性的内部化是表示各方的福利得到了改进,还是相反?或这是否是福利理论方面的指数问题?

当然,在某种意义上,这两个解仍然是无法比较的,因为我们出于分析的考虑而以对不同结果的偏好次序来界定个人。因而偏好次序的改变就会重新界定该人;可以估价的比较也就没有意义了。但至少在某种程度上,我们可以通过更认真地分析图表15.3与图表15.2的支付矩阵克服这种个人身份问题(哲学家可喜欢这个问题了!)。如果根据产生均衡的偏好次序进行评价,那么每种情形的独立调整或纳什均衡都是帕累托最优的。但是图表15.3的均衡中还存在一个社会稳定性问题,而这在图表15.2中是不存在的。正如前面指出的那样,在图表15.2的单元格Ⅳ的解中,每一方都仍然有动力投资改变另一方的行为以朝更多合作的方向发展。而且正如前面讨论的,如果这些投资成功,图表15.3所示的各种次序就可以发生改变。不过在图表15.3的解当中,却不存在相似的外部性。现在每一方都有动力确保行为保持不变,而且因此在效用函数方面没有什么变化。就可以预期在道德方面产生的行为模式会发生某种松动而言,在道德劝诫方面的投资还会继续,但现在这种投资的目标针对是伦理现状的维持。图表15.3的解既可以被描述为交易或经济均衡，也可以被描述为伦理均衡。前述第二个特征告诉我们，博弈者没有进行交易、缔约或协议的进一步激励。第一个特征则告诉我们竞争者没有努力改变其他各方行为的进一步激励，这个特征在图表15.2的均衡中是不存在的。

在确定个人互动的核心特征方面，这里引入的高度简化而且抽象的模型是很有帮助的，但是应当承认也可能扩展适用于某些更复杂的互动情形。当然，每个博弈者面临的二元行为选择集合（合作—背叛）可以被在一定限度内接近不断变化的多元集合取代。而且如果运用序数效用指数，两个博弈者之间就会出现对称的结果，而且这种对称性不必是互动的条件。更重要的是，两人式的互动可以推广到包括n人情形下的个人行为，其中每个博弈者都是在某种相对的意义上面对"所有其他人"。尽管相关模型的这种变化使得分析的逻辑结构仍然保持不变，但这确实减少了每个人可能面临的直接激励，即以私人的方式投资传播道德规范以影响其他人的行为。在人数众多的情形下，这种投资的结果实际上变成了公共物品，每个人都可能具有人们熟悉的那种搭便车倾向，抑制其自己作出贡献。因此这就需要进行道德劝诫工作的集体组织。当然这种搭便车的问题执行通过契约方式达成的合作方案所需的资金支持同样严重，也就是以普通法律防止背叛。不过，既然从理想方面来说，通过契约方式达成的方案限于那些当不加矫正时会具有经济性相互依赖的互动情形，而伦理相互依赖性则更为广泛，我们就可以预计在互动共同体的规模与（每个人）在传播、扩散与维持道德规范的投资数量之间存在着反向关系。

五 道德秩序的演进

尤其在其后期的著作中,[6]哈耶克强调了道德秩序规范的文化演进过程,这些规范迥异于道德共同体的规范,他还令人信服地指出,某种在文化方面演进形成的规范是跃进到他所谓之"伟大社会"的必要条件,在这种社会中,社会互动被扩大到包括那些并不具有描述道德共同体之遗传性集团身份的人。[7]哈耶克强调,那些根据道德秩序规范行事的个人并不知道、也不理解这些规范的起源。

就这里的分析而言,需要指出的是哈耶克强调的这种规范大致就相当于我们本章讨论的博弈论的情形。不管怎样,这些规范并不要求公开关注其他人的效用;利他主义并不会进入到人们的计算当中。相反,这些规范包括诸如信守承诺、尊重人身及财产权利等道德准则。这里的伦理还可以说大致适用于运动员精神的伦理;这些规范体现为遵守规则、拒绝欺骗等。

本章的分析可能有助于我们理解行为规则为什么对产生的道德秩序之运作是必要的。通过关注每个人对与其互动的人或可能

---

[6] F. A. 哈耶克:"自由社会的政治秩序",载《法律、立法与自由》,第3卷,芝加哥:芝加哥大学出版社,1979年版。

[7] 我在下述著作中详细阐述了道德共同体与道德秩序中的成员身份以及个人行为的差别,即詹姆斯·M. 布坎南的《道德共同体、道德秩序还是道德无政府状态》(*Moral Community, Moral Order, or Moral Anarchy*),阿博特纪念讲座专论17(科罗拉多斯布林斯:科罗拉多大学,1981年);重印于詹姆斯·M. 布坎南:《自由、市场和国家:20世纪80年代的政治经济学》,大不列颠:惠特希夫出版社,1986年版,第108—120页。

与其互动的人之行为具有的经济利益，我们就找到以修正偏好次序为目标之努力的根源，这种偏好次序的修正最终会导致人们所期望的行为变化。我们只需增加这样一个假设，即这种投资在某种程度和一定范围内是有成效的，从而"解释"通常借以改变偏好次序的过程。

就拓展的经济关系的有效运作而言最低程度的合作规范之存在是必要的，这就提供了一个很好的"非有意设计之秩序"的例证，哈耶克同样强调了这个例证，并且可以归结为18世纪苏格兰道德哲学家的卓见。在这里提到的具体情况中，参与与其他人互动之社会过程的每一个人都具有直接而且连续不断地激励去采取措施确保其他与之互动或可能与之互动的人"遵守规则"。人们无须知道这种行为描述的整个经济/政治/法律关系具有的普遍重要性，而且私人服从某种遵守规则限制的集合也是没有意义的。不过，由于这里所有参与者在激励方面大致都是对称的或可能是对称的，人们必然会发现其本身受制于外在的说服性压力，这种压力无须内部产生有意识的转变就会成功地改变其自身的偏好次序。最终，即便没有意识到自己被强制不按照自身利益的方式进行选择与行动，而与此同时其并不信任其他人在没有连续说服的情况下会以同样的方式行动，所有参与者也会发现自己"希望遵守规则"。

六　总结与比较

为什么社会经济关系中的个人彼此会以似乎与其自身的经济利益有悖的方式采取行动，难道是因为在旁观者看来这种利益是应当加以评估的？这一问题对经济学家来说特别重要，因为经验证据似乎已经对其基本行为假设的解释范围规定了限制，尽管这一假设在非常广泛的行为领域可以获得经验方面的支持。经济学家如何才能区分下述两种情形呢，即在操作方面可以适用有意义的效用最大化的假设与要解释观察到的行为选择就需要对这些假设进行某种修正的情形？

我可以说得更具体一些。为什么个人会按照社会经济博弈的规则行事？为什么他们往往会避开如果抓住显然就会增加其自利的机会呢？通过与对这些问题的不同回答进行比较，就可以充分概括我在本章中提出的论点。

违反规则的成本

经济学家对这个问题的标准回答会援用集体执行之规则的存在，这会确保给违反规则者带来的成本足以改变无规则状态下的效用序数指标。在这种模型下，个人总是按照最大化可以衡量之私利的方式行事的，而且他们不惜进行欺骗，只要预期这种行为可以促进其利益。图表15.1描述的囚徒困境情形被用来证明集体契约协议的正当性，这种协议可以有效地对所有各方执行合作的行为。这种协议本身，即"法律"包括而且必须包括足以将最初的效用指标转到图表15.3的指标的惩罚措施。

这个模型无法容纳通过非机会主义行为自愿安排的社会互动行为。简单的实证观察即可表明，相较于存在正式规则的领域，这种"有序的无政府"领域可能是非常庞大的。因此经济学家们的回答是不全面的。

最重要的先验规范

前面第二部分已经引入了以某种内部产生的行为激励使之偏离了严格解释的微观经济学假设进行的回应，这里可以简单总结一下。这些模型中最传统的是由伦理哲学家们经过多年提出的，在这种模型下，即便与主体的偏好次序存在冲突，在某些选择情形下由外在于个人的某种来源得出的"更高价值"也是非常有说服力的。"价值"战胜了"嗜好"。选择者/行为者敏感地意识到根据道德规则行事造成的机会成本，这种成本是以效用的损失加以衡量的。

这个本质上属于奥古斯丁式的模型的问题首先在于如何确定外部价值的源泉，其次是如何阐述当选择计算要求的行为与偏好相反的情形。

文明的私利

大卫·休谟的回应是以对个人私利的重新界定为依据的，而不是偏离效用最大化的行为。[⑧] 严格界定的个人利益包含了预期偏离广泛的合作性互动策略可能带来的普遍结果，特别是在重复或连续交易的情形中。个人选择在既有规则之外或违反既有规则行事时，也就是欺骗，即便当这样做只是权宜之计，也必须考虑在

[⑧] 休谟论的现代变体，参见罗伯特·阿克塞尔罗德(Robert Axelrod)：《合作行为的演进》(*The Evolution of Cooperation*)，纽约：基础图书出版公司，1984年版；罗伯特·苏格登(Robert Sugden)：《权利、合作与福利的经济学分析》(*The Economics of Rights, Cooperation and Welfare*)，牛津：巴塞尔·布莱克韦尔出版公司，1986年版。

第十五章 伦理约束的经济起源

其后的交往中其他各方可能采取对应的行为。就许多选择情形而言,完全承认这种反馈作用表明遵循规则就个人而言仍是理性的。

休谟式论点的局限性是显而易见的。还存在许多其他选择情形,其中个人背离或违反诺言会获得增进效用而随后的损失却很小,或者根本就没有。

扩展的理性

戴维·戈塞尔在现代勇敢地将理性选择本身的含义加以扩展以将所有类似因徒困境情形下的合作而非不合作行为包括在内。[9] 如果个人承认遵循简单效用最大化策略时涉及到的相互破坏性,那么,他或她在社会互动中发现其他人与其本身相同时就会发现采取"合作的倾向"是理性的。从当事人达成的隐含协议中就会产生体现为合作行为的道德性,而且不需要利用预期会重复交易或先验的规范。与其他人一样,戈塞尔的事业也要求个人至少有时会根据与偏好函数隐含之预期相反的方式进行选择或行动。[10]

受经济激励的生产转变

在某种意义上,本章提出的分析比上面介绍的任何一种方案都更简单与直接。个人之所以在社会互动中根据合作的规范行事,是因为其偏好次序的要求。即便存在机会,他们也"不想盗

---

[9] 戴维·戈塞尔:《通过协议实现道德》。
[10] 关于更详细的讨论,参见第十六章。

窃"。这种行为的激励方式不同于以下述内容做出的行为，即违反正式规则可能带来的逮捕与惩罚造成的预期损失，有意识的内部道德性压倒性的诱惑，普遍服从促进文明自利，承认临时合作倾向体现了理性的扩展。

这里的解释并不要求个人意识到下述内容，即其行为方式不同于其他人的投资没有改变其合作偏好次序的情况下可能采取的行事方式。这里不存在强制的感觉，无论是法律方面的还是伦理方面的都不存在；也不存在其他模型存在的那种心理压力。

这里的分析与社会学家对经济学家效用最大化的解释在实际运作方面是否有意义的批评是一致的。个人的偏好次序要受做出选择与采取行动之社会文化环境带来的变化制约。"社会规范"至少在一定限度内确实决定着个人的选择行为。但是该模型为社会学家的批评提供了有效的内容；社会规范影响的起源与方向本身也是根植于私利的计算。

正如最初表明的那样，我并没主张偏好次序受经济利益激励、因外在影响发生转变的模型具有解释一切的力量。在解释社会互动过程中行为偏离机会主义计算之私利方面，这些可能的方案，还包括其他前面没有讨论过的方案都是有帮助的。我表明的只是，一个人之所以不盗窃，部分是因为其不想，而且体现这种姿态的偏好次序部分是由于其他人为了促进其自身经济私利而进行的道德劝诫"产生"的。

第十六章　戈塞尔的事业

在本章中,我把批评戈塞尔的事业当作自己的任务。不过在开始之前,我要先说我基本同意戴维·戈塞尔关于只有社会秩序的规范设想,包括个人道德原则在其中具有的地位。该事业最终被判断为成功还是失败取决于适用的标准。如果将其看作这种社会秩序的一致基础在于人们的理性选择行为,那么该事业是失败的。如果将其看作人们应当(而且可能必须)采取戈塞尔结构体系中的道德姿态的宽泛论点,我认为该事业基本上是成功的。如果将其看作是可以通过经验证伪的命题,表明人们确实像戈塞尔的规则要求的那样进行选择,那么该事业提供的就是休谟式的希望而不是霍布斯式的绝望。

《通过协议实现道德》①一书由概念上独立的几个部分构成,这些部分似乎被更紧密地结合在一起,但实际大可不必。在该书的第一部分、同时也是内容最广泛的部分中,戈塞尔试图将合作行为建立在理性选择之上。在拥有严格而且互相尊重之原始权利的那些人之间的策略性互动当中,其论点是每个人采取合作策略都是理性的。正如其展示的那样,这一部分的分析属于讨论还价理

---

① 戴维·戈塞尔:《通过协议实现道德》,牛津:牛津大学出版社,1985年版。

论的范畴。本书的第二部分也是更棘手的部分,是力图将同样的论点扩展到人们原始权利的界定与分配方面。

我将在本章的第一、二、三部分中讨论戈塞尔这两个部分内容中的第一个,其中每一部分都将用于阐述不同的批评。在第四部分中,我将讨论戈塞尔事业的第二部分,涉及到权利的定义问题。在第五部分中,我将以经济学家的专业立场对整个分析提出具体的批评。之所以将这一部分列入,是因为我预期在所有对戈塞尔事业的批判性评价中,我是唯一从经济学角度进行批评的。最后,在第六部分中,我将讨论戈塞尔对社会秩序的一般观点。

一 合作与共同体的界定

正如前面指出的那样,戈塞尔在其著作的第一部分中将其对理性合作的分析作为对讨价合作理论的贡献。他试图表明,承认自身处于合作策略的个人会理性地选择那种产生合作解的行为模式。这一证明与下述说明相对,即囚徒困境下的合作行为必然会偏离个人理性,这里的理性被界定为个人效用的最大化。当然,戈塞尔并没有质疑非零和博弈的简单分析以及将客观化的指标转化为其效用方面的等价值。他的批评更具普遍性,而且在其论证的详细展开过程中具有相当的吸引力。当个人被置于这样的互动情形之下时,就会从其可能的解当中排除非对角的或行为方面不具有对称性的单元格。他/她这样做并非出于对其互动对象利他主义的关心,也不是因为期望进行重复交易,而是因为在其自身指标中具有理性基础的利益。在通常论述囚徒困境情形下的行为时,

第十六章 戈塞尔的事业

"积极利用"的诱惑是以激励性的力量出现的,而在以合作策略作为促进效用之措施的扩展理性选择结构中就会受到抑制。通过协议实现的道德并不要求为其他人考虑,或者诉诸超个人主义的规范。

就描述方面来说,戈塞尔的分析可以适用于人类互动的许多领域。我经常提到有序的无政府状态似乎规定着普通的非正式社会关系中的行为。作为个人,我们并不总是只要机会允许就互相利用。我们确实是根据相互尊重的规则行事的,而且将那种违反相互性规范的人贴上离经叛道的标签。

除了戈塞尔的事业之外,还有其他的方案也为这种行为提供了解释。哈耶克认为我们往往会根据某些在长期文化进化过程中形成的行动守则行事,而这些行为守则或规则不可能被解释为理性计算的结果。② 这些规则自发地进化,即使我们无法有意识地理解它们,其也会指引着我们的行为。这里我不想深入探讨哈耶克的论点;我只想说在相关的比较中,我个人比较赞成戈塞尔的观点。总地来说,我赞同理性选择的简约主义,尤其是其最终可能带来制度方面的改革。就我而言,默认自发演进不可避免,这种姿态的吸引力不大。

因此,我对戈塞尔事业首先也是最根本的批评就在于该论点的假设结构之内。③ 关于技术理性之适当界定的争论,就留给博

---

② 参见 F. A. 哈耶克:"自由社会的政治秩序",载《法律、立法与自由》,第 3 卷《自由社会的政治秩序》,芝加哥:芝加哥大学出版社,1979 年版。

③ 当然,还有其他解释的进路也不依赖进化的过程,而且不会将行为纳入通常界定的理性选择框架。这些进路通常涉及到对个人效用函数变量的重新界定。关于

弈论学者吧。在《通过协议实现道德》的情形下,而且出于我这里的论点考虑,我将接受戈塞尔的证明中的基本要素。我关注的问题不是技术性的界定。当博弈者的集合有多种可能不同的解释,在合作策略下人们组成的相关共同体的解释也有多个且互相对立,其成员可能因偏离合作策略的行为而"被利用",在这些复杂的互动情形下,合作行为意味着什么呢?

我的观点可以通过引用囚徒困境的经典解释形式非常直接地加以说明,在该情形下,两个疑犯因涉嫌犯罪遭到了逮捕,但没有确凿的证据。这两个疑犯会根据效用支付矩阵的结构交代犯罪。根据人们熟悉的论点,他们之所以这样做是因为采取的是个人效用最大化的策略。戈塞尔的事业试图替代这里的基本逻辑,表明疑犯不会坦白,而是相反,他们会根据理性产生的合作结构行事。

这似乎是有道理的。但是在严格解释的标准囚徒困境模型下,戈塞尔的事业是否真的意味着单个疑犯会采取不坦白的策略呢?当我们观察到支付矩阵中的"坦白—坦白"单元格被认为是社会最优的解时,那么这个问题的相关性就会立即显现出来。两个疑犯面临的指标结构是经过精心设计以为其提供激励,这些疑犯被认定已经实施了被指控的犯罪,结果就是他们的预期行为与社会期望的结果相一致。既包括潜在的犯罪分子(部分交叉的集合)也包括犯罪潜在之受害者的整个共同体,很可能会选择某种制度/

最近在这一方面的工作,参见丹尼斯·穆勒(Dennis Mueller):"作为人类行为描述性理论之基本假定的理性利己主义与适应性利己主义"("Rational Egoism versus Adaptive Egoism as a Fundamental Postulate for a Descriptive Theory of Human Behavior"),公共选择学会主席致词,巴尔的摩,马里兰州;马里兰大学,1986年,油印稿。

宪法结构给因实施犯罪而遭到逮捕的那些人带来困境。倘若把戈塞尔的理性规则推广到整个共同体,单个疑犯还应当坦白吗?

	企业 2	
企业 1	生产利润最大化产出水平的一半	独立调整产出（古诺模型）
生产利润最大化产出水平的一半	4050 美元, 4050 美元	3375 美元, 4500 美元
独立调整产出（古诺模型）	4500 美元, 3375 美元	3600 美元, 3600 美元

图表 16.1　两个企业、两种策略的互动(利润以美元表示,产业需求函数为: $p=200-q_1-q_2$;企业的成本函数为: $c_i=20q_i$,其中 $i=1,2$)

这一点可以用我的同事查尔斯·罗利设计的数学教学图解加以说明,这个图解在第二部分的分析中也是很有用的。在图表16.1与16.2中,支付矩阵表示的是两个同样的、生产与销售单一产品的企业。图表16.1的脚注列出了以代数方式界定的、产生上述支付结构的成本与需求函数。

在图表16.1的2×2矩阵中,每个企业都有两种行动方案。一个企业可以与另一个企业合作,也可以单独行动。如果两个企业都采取合作的策略,正如矩阵单元格Ⅰ表示的那样,总的利润就是最大的。

戈塞尔的模型能得出这样的合作策略吗? 如果两个企业彼此合作,总的利润就是最大的,但产品的消费者却从中受损。由于产量受到限制,价格变得更高了。在这种情况下,消费者被串通的两家寡头"利用"了。戈塞尔的论点大致是,合作行为源于以对策略情形的认识为基础理性地形成的某种倾向,当单独考察两个企业之间的互动时,这种论点还是很有可能成立的。不过,当互动的共同体被扩大到包括消费者与两家企业时,同样的论点就无法成立了。同样的行为,在一种共同体中被界定为合作的,但在另外一个不同的共同体中就变成了非合作性的。④

	企业 2 生产利润最大化产出水平的一半	独立调整产出（古诺模型）	生产完全竞争产出水平的一半
企业 1 生产利润最大化产出水平的一半	I 4050 美元,4050 美元	II 3375 美元,4050 美元	III 2025 美元,4050 美元
企业 1 独立调整产出	IV 4050 美元,3375 美元	V 3600 美元,3600 美元	VI 1800 美元,2700 美元
生产完全竞争产出水平的一半	VII 4050 美元,2025 美元	VIII 2700 美元,1800 美元	IX 0 美元,0 美元

图表 16.2　两个企业、三种策略互动

在戈塞尔的解释中,这可不是一个微不足道的难题。策略互动之共同体的界定存在的问题是一个无法轻易回避的普遍问题。不存在那种可以适用基于协议理性地产生之道德的"自然共同体"。人类学家与道德哲学家们早就承认个人针对部落成员的行为规范与针对陌生人的行为规范之间存在差别。人类社会要实现哈耶克所谓的"伟大社会"或我所说的"道德秩序",就需要具备由

---

④　就在我完成本章的草稿时,我的同事维克托·范伯格向我指出,此前关于戈塞尔一篇论文的批评就包括了与我在这一部分提出的基本相同的论点,甚至运用了同样的例子。参见 E. 乌尔曼-玛格丽特(E. Ullman-Margalit):《规范的出现》(The Emergence of Norms),牛津:克拉伦登出版社,1977 年版,第 41—45 页。

戈塞尔的分析得出的那种亲戚关系的行为特征。[5] 我关注的是他试图从博弈论或讨价还价的互动中得出这些规范,从这些当中可能很容易得出合作的解。我同样关注从类似博弈的情形推导合作的形成。[6]

二　合作与共同体的规模

与前面密切相关但在概念方面却有别的批评关系到的是,在显然涉及到相当多主体的互动过程中个人采取合作行为的可能性。假设如第一部分讨论的那样,不存在亚群体与整个群体的合作问题。

这里应当强调基本博弈论的分析情形规定的方法论方面的约束。简单的、两人博弈充其量也只是提供了洞察可以推广到多数人情形之行为根源的能力。严格来说,两人情形下的互动过程帮助仍然比较有限。随着互动过程中选择/行为单位数量的增长,至少一方当事人可能采取非合作行为指数也会增加。从戈塞尔的分

---

[5] 参见詹姆斯·M.布坎南:"道德共同体、道德秩序还是道德无政府状态",载布坎南:《自由、市场与国家:20世纪80年代的政治经济学》,布莱顿,英格兰:惠特希夫出版公司,1985年版,第108—120页。

[6] 参见罗伯特·阿克塞尔罗德:《合作的演进》,纽约:基础图书出版公司,1984年版。有些批评者指出,采取合作行为的倾向是对人们行为的普遍性描述,完全独立于互动的情形,无论这种倾向来自理性选择还是演化。疑犯们不会坦白:双头垄断会最大化其共同利润。按照这种观点,根据对更广泛之集团的普遍化"效率"和"最优性"概念评价这种行为的结果是不适当的。不过如果采取这种辩护路线,在任何情形下,"合作"本身都可能或不可能被作为值得积极评价的性格特征。子博弈之困境的解可能会在更大的博弈中造成困境。

析中我们无法得出合作策略的选择与集团规模之间的关系。

戈塞尔规定的规则是,倘若一个博弈者预期采取合作策略的支付高于预期从体现各方独立行动之效用最大化行为的解中获得的支付,那么他/她就会采取合作的策略。[7] 该规则确实要求考虑其他博弈者采取的策略的概率,但这样做只是为了避免"被利用"而不是进行"利用"。在简单的两人博弈矩阵中实现对角单元格的可能性确实是被认真对待的,但提到的只是这些单元格支付较低的那一对。

我们可以以图表16.1的数字说明戈塞尔规则的适用,以及策略选择与数量的依赖性关系。(就当前而言,假定相关企业独立于更大经济博弈中其他可能的博弈者。)戈塞尔的规则是,如果企业预期的支付价值高于双方当事人都独立调整行为之单元格 IV 表示的价值,那么就会采取合作策略。假定在这种两个企业的模型中,企业 1 预期企业 2 采取合作行为的概率系数为 0.5。在这种情况下,戈塞尔的规则就会得出合作的解,因为 4050 美元加上 3375 美元然后除以 2 得出的价值超过了 3600 美元。从合作中预期得到的价值是 3718 美元;从独立调整产出预期获得的价值是 3600 美元。

不过,假定有三个而非两个相同的企业,同时产品需求与企业的成本函数不变。在这种情况下,即使仍然可以预期每个企业采取合作策略的概率系数同样还是 0.5,但戈塞尔的规则却会要求采取不合作的策略。根据计算,从合作得出的预期价值是 1950 美

---

[7] 戴维·戈塞尔:《通过协议实现道德》,第 166 页。

元，而企业独立调整产量的预期价值是2025美元（附录提供了详细的计算过程）。随着互动主体数量的增加，要是戈塞尔的规则仍然会得出合作策略的解，任何一个博弈者采取合作策略的概率都必须增加，而这似乎有违人们如何行为的基本常识。

这个数字例证只是将互动的人数从两人扩大到三人；随着数量突破少数几个人的界限，即便那些试图根据戈塞尔的理性道德规则行事的人在许多情形下也会消失。这个明显的缺陷对戈塞尔的事业而言是至关重要的，因为就是竞争市场这种普通的两人关系可能破裂导致有必要存在某种道德性，这种道德性会在没有利害关系的情况下体现出类似互惠的特征。科斯式的讨价还价可以建立在少数几个人的溢出关系之上；正是因为难以进行类似市场的讨价还价造成了人数众多情形下的问题。

三　惩罚的理性

第三个方面的批评与第一和第二部分讨论的批评密切相关。在戈塞尔的理想化社会当中，个人理性地形成了一种倾向，当就传统的效用最大化意义而言可以获益时，这种倾向会抑制他们去采取利用其他人的策略。这种社会秩序的运作要求共同体足够多的成员普遍遵守这种理性的道德规则，从而使得搭便车与寄生行为仅是例外而非常规。

在这种解释当中，是没有我们所谓的道德企业家的空间的；独立行动的个人针对其他人强制实施理性道德规则的方法也是不存在的。如果能够将单个的企业家的某种作用纳入，戈塞尔的整个事业似乎会更有希望。

同戈塞尔一样，如果我们愿意放弃将传统的效用最大化作为理性行为定义必备而且核心的特征，那么我们就可以提出下述问题，为什么理性的扩张需要终止于个人在策略互动中呈现出不去利用其他人的倾向那一点呢？能否根据戈塞尔那样的基础提出这样的论点，即针对那些违反契约论原则的人可能理性地产生采取惩罚性行为的倾向？为什么不惩罚那些偏离合作规范的人呢？

扩展这种类似戈塞尔事业之东西的价值在于能够纳入个人作为道德企业家的作用。与戈塞尔更有限的模型要求的数量相比，共同体整个成员中很少一部分的子集遵守理性就可以保证策略互动合作解的实现与维持。

这一点可以通过图表 16.2 的矩阵加以说明，该表格在图表 16.1 的基础上增加了一行和一列。这个例子与图表 16.1 的例子一样：有两个相同的企业生产同样的产品。就当前而言，正如第一部分表明的那样，我会忽略对消费者的关注。增加的行与列表示的是，当两个企业中一个或两个采取我们所谓惩罚性的策略时两个企业获得的支付。在这种情况下，我们将这种策略界定为生产行业产出的一半，这种产出可以满足边际成本等于价格的要求。当两个企业都采取这种策略时，那么利润就会降至 0，这是当消费者的利益最大化时的竞争解。

就像以与独立调整产出之情形的比较作为基准点或后退选择时，不也是可以认为要求观察到另一方的非合作行为时就采取这种惩罚行为的策略是理性的吗？认真分析一下图表 16.2 矩阵中各个单元格的数字。假定两个企业最初位于单元格 I，都采取合作策略;但是企业2试图占便宜,转到了单元格II的结果。如果企业1认识到企业2可能背叛,那么其回应模型当中可能就会包括进行惩罚的倾向;企业1会转向单元格VIII的解,其中企业2的支付大大减少,低于其独立调整产量可能获得的收益(单元格V)。

通过比较矩阵左上方四个单元格简单的以牙还牙的序列,可能背叛的一方(在这个例子中是企业2)在博弈过程中肯定会遭到净损失。相形之下,在不考虑价值减少的情形下,企业2甚至在以牙还牙的序列中价值也会锐减,实施惩罚的企业1也是一样。如果企业1告知从理性地角度讲其本身倾向于采取惩罚,而且使企业2认为这种策略集合是可信的,那么实施惩罚的企业就建立起了一种激励结构,结果在企业2没有明确坚持任何合作策略的情况下也往往能够维持合作的解。企业2知道,如果偏离合作策略,那么其在整个过程结束时必然失败;企业2同样知道,虽然企业1也会遭到损失,但在这个过程中相较于企业1它是失败的。

我不想进一步阐述这个论点,因为在别的地方我已经在"撒马利亚人的困境"与"惩罚困境"[8]这种标签下讨论了这种策略行为。我将这一讨论与戈塞尔的事业联系起来的原因是要表明,一旦该模型将理性拓展到传统的效用最大化界限之外,就像戈塞尔提出

---

⑧ 参见詹姆斯·M. 布坎南,"撒马利亚人的困境"("The Samaritan's Dilemma"),载布坎南:《立宪契约中的自由:政治经济学家的视角》,大学站:得克萨斯A & M大学出版社,1977年版,第169—180页;也可参见"惩罚的困境"("The Punishment Dilemma"),载布坎南:《自由的界限:在无政府状态与利维坦之间》,芝加哥:芝加哥大学出版社,1975年版,第130—146页。

的更严格的相互策略一样,似乎就没有理由认为惩罚策略不是理性的。

我不清楚戈塞尔会如何回应对其论点的这第三点批评。在某些情况下,他也许会接受将理性规范扩展适用于惩罚策略。他确实表明,威慑是理性的,而且即使威胁失败,也仍然是理性的。我对此表示赞同。但是他并没有充分强调惩罚策略并非发动威胁的策略。只要其他人合作,实施者就不会威胁他们。传递会惩罚那些占便宜的人的策略完全不同于将威胁作为占便宜的手段的策略。戈塞尔同样没有认识到,与他的互相回应的策略相比,惩罚策略能够带来社会的稳定,而无须大部分当事人普遍坚持互动。⑨

四 人的界定

前三个部分的批评独立于由权利理论推导出的内容。只要存在某些共同承认的社会互动的初始位置集合,那么就可以分析个人在这种互动当中的行为规则。实际上,即便限于这一范围之内,戈塞尔的事业仍然是雄心勃勃的。不过,戈塞尔的事业走得更远,试图勾勒一种规范的权利理论,这种理论从理性的讨价还价者出发位置推导初始位置的界定。

我认为戈塞尔这一部分的工作基本上是前后不一致的。我的批评最好通过援引戈塞尔对我本人在《自由的界限》一书观点的论

---

⑨ 这里我的讨论仅限于威胁惩罚个人偏离合作的行为。当然,更广的论述还可以包括普通的道德灌输,目的在于向那些否则就可能背叛的人灌输内疚感与羞耻感。

第十六章 戈塞尔的事业

述进行讨论。我运用了霍布斯无政府状态中的"自然均衡"分布概念。当完全不存在普遍同意或接受的、界定个人权利、禀赋或界限的规则时，往往就会出现这种分布。我认为，人们就某种权利的界定、将事情与行为划分为"我的与你的"范畴唯一的根据就在于这种分布的均衡。这样的协议之所以会出现，是因为当事人认识到停止在掠夺与防守方面投入资源是可以获益的。在权利在所有者之间的交换出现之前，也就是会进一步增进预期费用的第二个合同阶段之前，首先必须先确立权利的集合。戴维·戈塞尔完全理解和承认我的分析的价值，包括其在我的事业中的作用。不过，就他自己的事业而言，他对我的解释持批评态度，因为其所谓的未能承认在前契约或霍布斯式的情形中强制的非正当性。戈塞尔的批评在表面上看来是很有吸引力的，而且这里我应当承认者可能是考察我的论点的大部分哲学家都承认的一点。

为什么那些在前契约的均衡中遭到奴隶主强制的奴隶，应当同意会永久保持奴隶主在前契约阶段之优势的合同条款呢？尽管存在下述事实，即通过取消限制以换取奴隶继续为奴隶主工作可以使奴隶主与奴隶双方状况都得到改善，戈塞尔仍然认为这样的协议不可能得到以理性为基础的道德的证明。

戈塞尔的批评是不成功的，因为在我看来，他并没有解释无政府状态下所谓之强制的基础。奴隶为什么会被奴隶主控制？显然，他/她之所以陷于被奴役的地位完全是因为无法实现更有利的生存条件。可以说奴隶不具备可行的退出选择，不具备可以让其独立生存的选择。这里没有界定是否存在强制的独立生存基准。倘若奴隶无法独立存活，能够说他/她是被强制的吗？不过，假定奴隶以前是独立生存的，但在违背其意愿的情况下被抓获了。尽管从我们文明化的意识来看，奴隶主的奴役行为是不公正的，但是这里经过现实的分析，我们必须得出这样的结论，即奴隶的独立生存是不可行的，而且在可能存在奴隶主的情况下，任何这种独立生存都只能是幻想。

戈塞尔之所以不愿意以前协议的状态作为衡量合作盈余的基础，部分源于其希望将其理性道德的规则加以扩展，从而包括协议或契约一旦缔结就必须加以服从在内。在前契约的情形下，因为违背其意志而被抓获的奴隶绝不会理性地服从会保持奴隶主之优势地位的协议。不过请注意，第三部分讨论的理性的扩展可以适用于服从的情形。认识到奴隶可能不会理性地服从相关协议，奴隶主就可能在认可协议之前告知奴隶，偏离相关条款的行为将会遭到惩罚。实际上，协议本身还可能包含建立有效执行协议的机关。

我承认，我本人的解释具有概念解释的意义，而戈塞尔对其辩护性的方案则不打算使用同样的方法。就其目的而言，个人的独立生存提供了计算合作收益的规范基准。相形之下，在我的事业中，潜在契约的各方都是从某种被定义为初始状态的现状出发的，原因很简单，因为不可能存在别的出发点。这种对现状的经验性接受没有明确的规范性内容，而且并不意味着根据分配正义标准做出的赞扬或谴责。我基于契约论的解释使我能够证明合作制度出现的正当性，就在这种制度下对个人行为的约束而言，我发现类似于戈塞尔的某种规则是必要的，无论这种规则是自愿遵守的还是由主权者强制执行的。用亚当·斯密的精致术语而言，我的分析体现了自然自由正义，而且在某些层面，还存在与显然更广泛而且更有雄心之戈塞尔事业相似的内容。我从权利的现有分配出发进行分析,而且我对这种分配并没有运用任何正义的判断标准。我的重点几乎全部放在借以实现潜在变化的程序方面,而不是变化的出发点或终点。戈塞尔将其辩护性分析扩展到开始合作的最初分配方面,而且试图证实,"公平"的分配只是与已经存在的状况间接相关。虽然他这里的事业并不要求像罗伯特·诺齐克要求那样进行广泛的修正(见下文),但是戈塞尔用法中洛克式的附带条件提出的界定性问题远比诺齐克的要严重。在二者的事业中,过去的不公正必然都是相关的。

如何界定过去的不公正?就此而言,我会在戈塞尔的辩护性框架下讨论这个问题。如果一个人被占了便宜,或者其福利低于其完全无须与其他人被迫互动的独立存在情况下可能达到的水平,那么他/她就受到了不公正地对待。用于判断剥削的某种退出标准是很有用的,而且实际上我在最近的文章中也援用了这样的标准。[10] 但这样说也是很冒险的,即个人在完全与社会互动隔绝的状态下实现的福利水平会超过几乎所有人在复杂的现代社会都会取得的一丁点儿福利。即使扩展到适用于集团而非仅仅是单独的个人,退出标准也不会给那些现有权利分配的批评者提供多少帮助,因而也不会在分享合作收益方面提供多少区别对待的理由以矫正过去的不正义。

---

[10] 参见詹姆斯·M. 布坎南:"税收的伦理界限"("The Ethical Limits of Taxation"),载《斯堪的纳维亚经济学杂志》(*Scandinavian Journal of Economics*),第86卷(1986年),第102—114页;也可参见詹姆斯·M. 布坎南和罗杰·费思(Roger Faith):"脱离与分享盈余:内部退出理论"("Secession and the Sharing of Surplus: Towards a Theory of Internal Exit"),乔治梅森大学公共选择研究中心,1985年,油印件。

在具体适用方面，戈塞尔的洛克式附带条件在下述意义上也是空洞的，即其得出的结果与在我本人对现状的经验性运用中以更简单方式得出的结果相同。以下述例子为证。无论比较富裕的人还是比较贫困的人，在与社会交换体系隔绝的情况下，都只能获得非常微薄的收入。个人的"自然天赋"与他置身于其中的社会交换体系密切相关。任何人享有的几乎全部收入都源于由社会互动产生的合作盈余。尽管在现状中的福利水平存在很大差异，但是我们观察到的分配完全属于由戈塞尔的附带条件界定的初始位置概括得出的整个讨价还价集合。

如果我们要探究"自然自由的正义"，那么就必须直面权利和禀赋的分配等等。当然，探讨产生现有分配的历史过程的各个阶段还是有道理的。契约论的公平标准可以适用于任何一个或全部阶段。认定历史过程的某个发展阶段"不公平"（例如逮捕与囚禁奴隶），可能就是意味着某种契约论式的将"不公平"归于由现有状况界定的最终状态。但是，这样的归结无论如何并未消除根据公平的程序标准、实际或假设的契约评估现有状况可能进行之改变的规范正当性，这些标准或契约等同于在历史上被用于评价以前阶段的那些程序。作为程序，矫正性的重新分配如果实施就会违反契约论的或协议的公正标准，而我本人分析的重点就在于这种程序。

正如观察到的那样，现有的分配是通过复杂的政治/法律演化、审慎的政治行动、偏好转变、经济发展以及社会变迁等复杂过程形成的。我们观察到的模式在何种程度上体现了公正性的要求？而且，如果在产生现有状况的以前阶段中公正性标准已经遭

第十六章　戈塞尔的事业

到了违反,那么历史上的这些违反行为本身是否可以为矫正某些阶段的违反提供了正当理由?或者是否最好将关注点放在由此时此地发展的整个过程上?

我承认,在适用于有关预见性的问题之前,契约论的运用并不要求矫正此前的不正义。相关问题最终必须通过共同体成员的普遍态度从经验方面回答。"机会均等"、"公平待遇"、"同等情况同样对待"、"游戏规则相同"、"法律面前人人平等"以及"平等就业",在我看来,这些都是获得了广泛接受的程序平等原则。这些原则与戈塞尔的事业包括洛克式的附带条件完全一致,而且实际上是其所要求的。

正如前面指出的那样,即便全盘接受戈塞尔的论点,矫正式的重新分配可能也是不存在的。相形之下,戈塞尔将市场描述为道德上的自由区可能被误解为是间接对由市场互动产生的分配模式进行保护。仔细分析他的论点可以发现,根据附带条件,人们仅有理由获得其外部边际产品的价值,即超过租金的价值。[11] 正如其讨论中表明的那样,从每一家大型职业俱乐部都可以赚得50万美元的自由棒球员没有"资格"获得全部这些收入。[12] 如果他非棒球方面的选择是作为卡车司机的2万美元薪水,那么另外的48万美

---

[11] 相关讨论见詹姆斯·M. 布坎南和罗伯特·托利森(Robert Tollison):"异质投入的同质化"("The Homogenization of Heterogeneous Inputs"),载《美国经济评论》第71卷(1981年3月),第23—30页;另外参见前述作者:"立宪契约中的强制税收"("Coercive Taxation in Constitutional Contract"),乔治梅森大学公共选择研究中心,1985年,油印件。

[12] 戴维·戈塞尔:《通过协议实现道德》,牛津:牛津大学出版社,1985年版,第276页。

元就只能来自于交换体系,因而就必须根据戈塞尔的讨价还价规范共享最小与最大的差额。如果一个人在真正隔绝的情形下获得的收入是 5000 美元而非 2 万美元,整个租金就增加到 49.5 万美元。正如这个例子表明的,适用戈塞尔的规范可能会要求在分配方面严重偏离随着市场过程的运作产生的那些分配模式。

如果租金在市场收益结构中占据主要份额,那么戈塞尔要求分享整个合作盈余的规则,与罗尔斯提出的为人们熟知的差别原则同样专断,而且没有多大差别。无疑,罗尔斯认为与世隔绝的个人不可能产生任何价值,所有观察到的收入都是"社会租金"。当就价值产出不存在激励诱导性的反馈时,由罗尔斯式的规则得出了平等的结论。而戈塞尔的原则只有当与人们在彼此隔绝的情况下生产价值能力的差别联系起来时,才会得出不平等的结论。在实际运用当中,这两种观点会比戈塞尔的讨论表明的那样更为接近。

虽然就具体的分享原则存在分歧,但无论戴维·戈塞尔还是罗尔斯都试图避免将契约协议用作检验分配公平性的标准。两位哲学家都试图"根据缔约者会同意的内容界定该原则",而这却是我始终都试图避免的。因此我本人的契约论要更为严格;它使我认识到,从理想的概念化协议中会得出几个分享原则中的一个,包括罗尔斯、戈塞尔与其他重新分配的宗旨较弱的分享原则。

五 市场是道德上的自由区

在竞争市场的交换中,作为个人的买者与卖者之间的理想化关系是戈塞尔事业的基石。在这种关系中,双方通过(合作)交易

第十六章 戈塞尔的事业

获得了共同的收益,而这些收益则以确定的方式在各方当事人之间进行共享,无须任何一方进行其他方面的考虑,无须诉诸先验的道德规范而且无须在讨价还价方面进行昂贵的投入。根据这样的理想化方式,这种基本的市场关系吸引戴维·戈塞尔这位现代道德哲学家也就不让人意外了,其方式与吸引18世纪的道德哲学家亚当·斯密的方式一样。(当我们认识到戴维·戈塞尔对交换关系道德内容的理解在其专业同行中属于例外而非常规时,就会出现对20世纪道德哲学的诅咒性的指责。)

18世纪最伟大的发现就在于认识到,市场自发调整的特征能够在广泛的社会交往领域中消除人们当中那种囚徒困境般的利益对立,因而也就消除了对由政治对个人行为进行普遍而且压倒性的指引。不过,亚当·斯密强调,市场的这些特征,也就是容许个人的自利行为产生对社会有益的结果,需要具有适当的"法律与制度"环境。个人的权利必须得到保障,契约必须得到实施,交易中的欺诈行为必须加以防止。亚当·斯密与戴维·戈塞尔的事业之间没有不一致的地方。斯密也许会认同戈塞尔的潜在推论,即正式的法律制度必须由理性的道德加以补充,这种理性道德包括人们在相关关系中的相互尊重。就这二者的相对重要性而言,亚当·斯密及其绝大多数追随者也许比戈塞尔持更大的怀疑态度。这让我们想起了斯密在受连续交易规律约束的荷兰商人的行为与粗鲁的苏格兰高地人一次性的行为之间的区分。[13]

---

[13] 参见亚当·斯密:《法学演讲录》(*Lectures on Jurisprudence*),牛津:克拉伦登出版社,1978年版,第538页。

尽管没有明确说明,但戈塞尔的分析表明,被冠以"市场"的社会关系集合或多或少地会从参与者的自利行为自然产生,进而在这种关系的集合中,理性道德的规则与简单的效用最大化原则之间不可能产生冲突。交易的参与者会避免占便宜,避免违反达成合意的交易条件。不过,如果我们取消法律的保护伞,即亚当·斯密的"法律与制度",即便在最简单的交换关系中也会出现囚徒困境下的基本要素。明确承认市场关系是理性道德的例证而非"道德上的自由区"实际上会加强戈塞尔的整个事业。正如亚当·斯密强调的那样,人会进行交易,而动物不会,不过最近的经验证据表明动物也具有井然的效用函数,而且体现出了某种财产权意识。交换的存在难道不就是戈塞尔式的理性道德适用于市场关系的正常行为的最好证据吗?[14]

当然,在每个人都是价格接受者的理想化市场关系与不存在外生交易条件的关系之间存在重大的差别。在完全竞争的情形下,只有当在实施契约条款进行欺骗可能获得收益的情况下,才会产生囚徒困境那样的冲突,除非在一般均衡经济学家设想的抽象概念中,否则就完全无法阻止这种欺骗,戈塞尔未加批判就吸收了这种抽象的概念。在一般均衡下,不存在生产者租金,投入的所有者都获得回报都等于其机会成本。但是正如第四部分关于租金的讨论揭示的那样,市场体系之内的机会成本与体系之外的机会成本是非常不同的。正如前面所述,戈塞尔的论点表明只有在价格不确定的非竞争性情形下才会产生分配冲突的问题。在市场过程

---

[14] 感谢我的同事戴维·列维就这些内容进行的讨论。

第十六章 戈塞尔的事业

的概念化不那么抽象的情形下,无论是生产者租金还是消费者租金都是普遍存在的,而由戈塞尔的共享规范得出的市场分配中立也消失了。

出于基本相同的原因,戈塞尔对市场具有下述制度角色的属性过于热情,即市场可以在其事业所需要的意义上消除外部性。只要整个经济体系能够分解为简单的两人或两个单位的买卖交易,双方的理性道德就只是要求分享某些合作盈余。只有在下述"市场失灵"的情形下才必须扩展道德性以承担更重要的责任,即无法进行前述分解,或者在简单的交换过程中对非主要参与者产生了外部性效果。

这样的例子大家都是熟悉的。例如将有毒废水排入河流导致鱼类死亡。采取这种行为的人就是占并非其主要交易对象的人的便宜,通过明确诉诸戈塞尔式的理性道德,他/她必须抑制自己这样做。不过,如果权利进行了彻底的安排,就没有必要诉诸这种明确的共享规则。显然这样的外部性会比较少见。

市场确实允许人们的行动无须直接考虑他人的利益,而且在非常广泛的互动范围中,这一过程确实为整个共同体带来了福利最大化的结果。只有在存在相关外部性的情况下,市场过程在这一方面才会失灵。但是,如果外部性的定义就是交易非主要参与者产生了无法补偿的损害或收益的话,这种外部性只是整个外部性集合中很小的一个子集。福利经济学通常的区分是技术外部性与金钱外部性,如果行为直接影响到交易之外各方的生产或效用函数,产生的就是技术外部性,如果行为只是通过交易条件或价格的变化影响交易之外各方,产生的就是金钱外部性。这种区分在普通法的传统中同样获得了广泛的承认。标准意义上的市场失灵只有当存在第一种外部性的时候才会出现；市场之所以能够发挥作用是因为第二种外部性被忽略了。

这里留给道德理论的问题是，是否存在做出这种区分的方法。这一点与第一部分讨论的内容密切相关。人们怎样才能知道自己的行为给第三方带来的两种没有补偿的损害或收益之外部性之间的差别呢？这里可以举例说明。假定我与建筑公司、批发商和雇员以及其他等等进行了简单的交易，而且在主要大街与百老汇大街交接的拐角处开一家汉堡店。这样我就会给街对面现有汉堡王连锁店的所有者/经营者造成资金方面没有补偿的损害。此人即是我的交易的第三方，而且该第三方因我的行为受到了损害。显然这是一种金钱外部性。但我是在占汉堡王连锁店的便宜，因而是应要求我不这样做还是根据某种规范与其共享合作盈余呢？经济学理论告诉我们我无须这样做，而且无论以正式法律还是派生的道德方式，强迫我这样做的任何努力对整个共同体的福利而言都是有损害的。要在需要援用某种理性道德与不需要援用的没有补偿的损害或收益之间做出区分，似乎是不可能的，即便在戈塞尔的事业认可的限度内亦是如此。

六 戈塞尔事业的评价

基于我的理解，我已经对戈塞尔的事业提出了几项根本性的批评。这些批评主要与（如果不是全部的话）戈塞尔事业的一种解释有关，即他是为了确立根据理性选择行为要求进行有序社会互

第十六章 戈塞尔的事业

动必要的道德基础。不过，这只是我在本章第一段列举的评价戈塞尔事业的三套标准之一。根据第二套标准，我对戈塞尔整个事业的判断是持赞许态度的。在这一部分中我将为此判断进行申辩，而且对第三套标准略加评述。

总地来看，戈塞尔的事业试图填补我们的理解与解释方面存在的巨大空白，即在社会关系中我们彼此之间如何以及应当如何行动。我相信，正如我们所知，如果所有人或者其中相当一部分人都突然开始按照传统选择理论的效用最大化模型行事而且只受正式法律实施框架限制，整个社会秩序就会在一夜之间倾覆。我们只需要援引犯罪及惩罚的统计数据就可以表明这一点。就我们的常规模型而言，解释为什么人们会实施犯罪比解释人们为什么不实施犯罪要容易得多。

与戴维·戈塞尔相比，我不那么关注下述这个问题，即我所谓的"道德秩序"要求的行为规范是否或能否建立在理性选择的扩展之上。正如我指出的那样，我对他在这方面是否成功表示怀疑。无论如何，我是关注我在现代生活复杂的社会/政治/经济体系中必须与之互动的人的行为中是否存在这种规范的。戈塞尔与我一样都相信，就自由社会秩序而言，由其事业中得出的那种规范或者某种大致相似的规范是必要的。如果戈塞尔的努力被重新解释为要提供一种论点（即便是拐弯抹角的）以支持前述命题，就会具有更大的分量，即便对那些仍对其更具有雄心的事业持高度怀疑态度的人也是如此。显然，如果我们要想建设性地改进或甚至建设性地防止进一步的腐化，我们就必须在可能的范围内认识提供自由社会之基石的道德规范的源泉。

如果这样解释,戈塞尔就可说是位道德建构主义者,其事业因为采取个人主义/契约论的基础而有别于其他道德哲学家。相形之下,我自己的观点可说是宪法建构主义式的,我的事业同样建立在个人主义/契约论的基础之上。但我的重点在于约束个人行为的规则而非行为本身的规范。在这种大致的区分图表中,罗尔斯综合了道德与宪法建构主义两者的内容,不过仍然是在契约论的框架之下。就与诺齐克或哈耶克的非建构主义的关系而言,我们三个人,即罗尔斯、戈塞尔与布坎南显然彼此更为接近。

根据我的第三套标准,我认为戈塞尔的事业给我们带来的是休谟式的希望而非霍布斯式的绝望。回想一下,霍布斯是在17世纪中期英格兰动荡的革命岁月当中进行写作的;而休谟则是在18世纪相对比较有序的苏格兰提出他的观念的。在大卫·休谟与亚当·斯密时代的苏格兰,设想理性道德的经验现实远比以清教徒与保王党作为接受分享合作盈余规则的模范容易得多。在抛弃超个人主义的价值来源,无论霍布斯还是休谟都是个人主义者;一个提供了进行限制的理由,另一个则提供了保持既有现状的原因。

戴维·戈塞尔的事业既有霍布斯式的要素,也有休谟式的要素。他的事业预设的是我们生活在更接近休谟时的苏格兰而非霍布斯时的英格兰吗?社会互动者的共同体是否已经进行了充分地界定以使得通过协议达成的道德制度可行?理性道德可以独立于历史、文化以及制度/宪法结构吗?也许我们确实具有积极回答这三个问题的道德义务。

数学附录：

从图表16.1的例子看来，当两个企业的互动转变到三个企业的互动而产品需求与企业的成本函数保持不变时，当然相关产业总体的利润最大化产出是不变的，仍是90单位。在三个企业的情形下，这些产出将在这三个相同的企业之间平均分配，每个企业都生产30个单位。每个产出单位的价格仍是110美元，而每个企业的利润则变为2700美元[(30×110美元)－(30×20美元)]。这与两个公司情形下4050美元的利润形成了对比。在考虑是否根据戈塞尔的规则采取合作策略时，企业必须将这种策略下预期的支付与三个企业都完全独立调整产量时预期的支付进行比较。

首先考察企业1进行合作情况，在这种情形下，就意味着产出为30个单位，是总体利润最大化产出的三分之一。该企业预计其他两个企业采取合作策略的概率为0.5。如下所示，这就存在四种概率，其中的C与N分别表示合作与非合作的策略。

企业1 采取合作策略时的支付

企业2的行为	企业3的行为	概率	企业1的利润
C	C	0.25	2700美元
C	N	0.25	1800美元
N	C	0.25	1800美元
N	N	0.25	1500美元

预期的支付价值为1950美元。

这里企业 1 的利润是通过假定所有采取不合作策略的企业在采取合作策略的企业保持总体利润最大化产出时会实现利润最大化的方式计算得出的。

如果企业 1 采取独立调整产量的策略而且其他两家企业采取同样的策略，那么企业 1 的利润为 2025 美元。

这里的价值是通过假定所有三个企业都独立调整产量的方式计算得出的。

第四编

科学、哲学和政治学

第十七章　沙克尔和匹兹堡讲演[*]

重温 G. L. S. 沙克尔(G. L. S. Shackle)的激进主观主义,无论是在智识上还是在感情上都令人激动不已。沙克尔始终一贯地勇于指出自己的观点对经济学的整个科学研究领域具有的含义。与我的许多同行一样,我也觉得自己很容易受制于正统的方法论,以至于不知不觉地不那么关注自己的著作中明显的逻辑上的不一致。而如果全面地评价我的著作,是会发现这种不一致的地方的。本章为我提供了一个机会来重新评价我自己的立场,特别是与沙克尔采取的立场比对时。沙克尔在他的新书《企业、时间与思想》中重新阐述了自己的立场。这本书收集了二十篇论文,大都短小精悍,几乎都是近期撰写和发表的,而大多数经济学家这么大岁数都早已过了多产期。但正如我们一直就知道的,乔治·沙克尔可不是普普通通的经济学家,他这本新出版的著作的一大特色是,他

---

[*] 本章是詹姆斯·M.布坎南以下文章稍作修改的版本,该文是一篇书评,题为"沙克尔和匹兹堡讲演"("Shackle and a Lecture in Pittsburgh"),载《市场过程》(*Market Process*)第 7 卷(1989 年春季),第 2—3 页,评论的是 G. L. S. 沙克尔的《企业、时间与思想》(*Business, Time, and Thought*),斯蒂芬·F. 弗罗温(Stephen F. Frower)编,纽约:纽约大学出版社,1988 年版。

仍能以闪烁着激情的散文笔法表述甚至是大家所熟知的思想。

我重新评价自己的立场时,可以直接引述沙克尔的一段话作为开场白:

> 我们在研究一件非常重要的事情,那就是选择。如果选择意味着什么的话,它意味着的就是独创。(无论在多么小的规模上)创造历史,就是使一种办事途径而不是另一种办事途径成为可能。我要说(这是迈出了决定性的一步,超越了所有正统观念甚至奥地利学派的观念),所谓独创指的是一种原动力的思想活动,因此,按其最基本的性质来说,选择的结果是不可预测的。当然,许多选择仅仅是对习惯或简单算计的回应或服从。但我们所说的选择指的应该是一种重要的思想活动。如果这种活动是真正独创性的,它在性质和出现的时间上就是不可预知的,因而我们实际上没有能力明确指出,当前的某种选择是否是唯一的结果。①

我想指出,沙克尔在此处和别处给选择下的定义,往往把两个可以区分开来的精神事件合并在一起;这两个精神事件在一定限制条件之下都可以纳入沙克尔的定义,但就它们无论是对经济理论还是对经济学家的整个科学事业具有的含义来说,它们都是不同种类的事件。

我打算用我个人的一段经历作为例子,说明这两个完全不同

---

① G.L.S.沙克尔:《企业、时间与思想》,第206页以下,着重号为原作者所加。

第十七章 沙克尔和匹兹堡讲演 283

的选择概念的区别。我希望这么做的时候,能够在沙克尔的立场所隐含的科学虚无主义和正统新古典经济学的实证主义之间架起所谓的桥梁。

1987年底,全国企业经济学家协会的一位工作人员邀请我在该协会预定于1988年9月在匹兹堡召开的会议上发表年度"亚当·斯密讲演"。我发表的这个讲演包含有两个完全不同的选择,可以用来说明我想要强调的选择种类上的区别。首先是有某位工作人员或几位工作人员或某个委员会代表该协会作出了一个决定或选择。作出这个选择的表现是向我发出了最初的邀请函。这个选择是创造性的,因为它使一系列事件成为可能,这一系列事件在该选择之前并不存在,确确实实是由这个选择本身创造出来的。这种创造性的选择似乎吸引了沙克尔的几乎全部的注意力,而根据推断他的论述把所有其他"选择"都降格为行为反应。

但我认为,我所发表的这篇讲演还包含着第二种真正的选择,这一次是我作出的选择:是接受还是拒绝邀请。从某种基本的意义上说,我在这种情形下所作的选择不是创造性的,而是反应性的。我发现自己面对着一组改变了的可供选择的环境条件,但我没有直接或间接地做任何事情使环境条件发生变化,而正是这种变化使新的机会变成现实。然而很显然,我确实面对着一种真正的选择,这种选择符合沙克尔的无所不包的定义。我的接受行为并非仅仅是对刺激作出反应。

当我们涉及可预测的领域即科学探索的领域的时候,创造性选择和反应性选择之间就有种类上的差别了。那些向我发出邀请函的人可以从概率上预测我的反应性选择。而我即使是从概率上也没有办法预测是否会有人发出这种邀请函。把布坎南的名字与１９８８年亚当·斯密讲演放在一起,从柯兹纳(Kirzner)所说的企业家精神的意义上说是创造性的。

我无需把这个有关我个人经历的例子扯得过远。但它确实使我能够澄清我用各种方式所表达的自己的立场,这种立场似乎包含着矛盾,因为我一方面接受了沙克尔的大部分批评,同时又继续使用新古典学派的分析框架。新古典学派的分析局限于而且必须完全局限于反应性选择,反应性选择总是可预测的,至少在概率的范围内是可预测的。对于反应性选择,是有可能建立起一门真正的科学的,而且即便每个参与选择的人都保留有沙克尔所说的最为充分的自由以发起他或她自己的一系列未来事件,也可以预测会出现顺序模式。反应性选择的范围非常广阔,涉及一系列可能的选择环境。在一个极端,个人主体从一开始就被安排好只能以一种方式、可预测地对自己遇到的选择作出反应;在这一限度内,不存在任何有意义的"选择"。当我们超出这一限度时,个人选择才成为可能,试图预测个人行为时不确定性就会取代确定性。不过,这种不确定性不一定会扩展至许多人在至少某些方面处境相同时作出选择的行为模式,也不一定会扩展至某一个人在一系列相同环境下作出选择的行为模式。

我要强调指出,当我们从作出选择的个人的角度进行审视时,个人的反应性选择也可以满足沙克尔提出的衡量独创性选择的标准。这样的人确实引发了一系列特定的事件,这些事件对于他或她来说,只有在作出了真正的选择之后才会存在。由于我接受邀请在匹兹堡发表了"亚当·斯密讲演",我引发了一系列事件;而假

第十七章 沙克尔和匹兹堡讲演

如我的选择是不接受邀请的话，便不可能发生这些事件。不过我认为，该事例中我的选择本身并不是创造性的，因为它确实像所有的反应性选择那样，至少从概率上说是可以预测的。反应模式可能具有较大的确定性，从而我的个人选择肯定是我所面对的两种选择中的一种，尽管仍可以恰当地称其为随机性的确定性。而且，当我们顺着反应性选择系列往回走而对许多人和许多时间序列进行概括的时候，反应性选择模式的确定性会增大，科学探索也就会取得更大的成果。

然而，所有这样的反应性选择从种类上说不同于真正的创造性选择，虽然创造性选择的的确确引发一系列始终保持不确定性的事件，但是这些事件不仅在个人行为的层面上，而且在许多人和许多时期的可以想象的一般行为模式的层面上，都是不确定的。在创造性选择中，个人行为从概率上说是不可预测的，因为这种选择本身可以创造供其他个人选择的对象。富有创造性的选择者不是从自然环境或其他人以个人或集体名义摆在他或她面前的、"现成的"不同"道路岔口"当中作出挑选。我接受或拒绝"亚当·斯密演讲"的邀请时所面对的反应性选择，是由代表全国企业经济学家协会行事的工作人员作出的创造性决定引发的。这种选择在一些方面不同于我对改变了的机会作出反应时所面对的选择。

毫无疑问，G.L.S.沙克尔是20世纪最不受人重视的经济学家之一；他作出的重要贡献是坚持不懈地强调了选择的不确定性。值得我们称赞的是，现代奥地利学派经济学家尤其是伊斯雷尔·柯兹纳，则相应地强调富有企业家精神的选择在经济的动态运行中发挥的作用是必不可少的。要理解经济秩序的运行方式，我们就得适当关注选择的两个方面,而新古典学派的正统学说确实忽视了创造性选择,没有把这种选择看作是反应性选择的必要补充。但是,虽然所有名副其实的"选择"都是独创的,可并非所有"选择"都是创造性的(富有企业家精神的)。

在这短短的一章中,我通过阅读沙克尔的著作再次受到激励而改变了自己的立场,对新古典学派经济学的正统观念采取了较为宽容的、不那么苛刻的态度,而不像我在纪念哈耶克和米塞斯的论文集中发表的文章那么严厉。[②] 我仍然是个沙克尔主义者,但我现在比从前更多地认识到个人与模式不确定性之间的本质区别。

---

② 参见詹姆斯·M. 布坎南:"经济学是选择科学吗?"("Is Economics the Science of Choice?"),载《通向自由的道路:F. A. 哈耶克纪念文集》(*Roads to Freedom: Essays in Honor of F. A. Hayek*),埃里奇·斯特赖斯勒(Erich Streissler)编,伦敦:拉特利奇和基根·保罗图书公司,1969年版;重印于《经济学家应该做什么?》,印第安纳波利斯:自由出版社,1979年版,第39—63页。另见詹姆斯·M. 布坎南:"主观经济学领域:介于预测科学与道德哲学之间"("The Domain of Subjective Economics: Between Predictive Science and Moral Philosophy"),载《方法、过程与奥地利学派经济学:路德维希·冯·米塞斯纪念文集》(*Mothod, Process, and Austrian Economics: Essays in Honor of Mudwig Von Mises*),伊斯雷尔·柯兹纳(Israel Kirzner)编,列克星敦,马萨诸塞州:列克星敦图书公司,1982年版;重印于《经济学:介于预测科学与道德哲学之间》,大学站:得克萨斯A&M大学出版社,1987年版,第67—82页。

第十八章　规范个人主义的基础

为社会互动制度辩护的最终理由是什么？社会互动制度允许从生物学上界定的人类成员在居住地、职业、结社、评价、生活方式、生产和消费等方面作出各自的选择。从某种重要的规范意义上说，为何认为这种制度要优于在某种相对程度上限制各人的这种选择自由的其他制度？为什么人们喜欢自由主义的社会秩序（它描述着允许个人在许多相互连结在一起的社群之间流动），而不喜欢那种规定和实现每个人在许多社群维度内部的地位的秩序？社会哲学家在鼓吹自由主义社会或自由社会，鼓吹最大限度地行使个人自由的时候，却常常忽视了这些基本问题，其原因或许是他们错误地认为，问题的答案是显而易见的，因而也是多余的。

一　认识论个人主义

值得赞扬的是，道格拉斯·雷（Douglass Rae）迫使人们考虑这些问题。1988年6月在加利福尼亚州圣克鲁斯召开的一次会议上，雷提交了一篇论文，题为"认识论个人主义、一致同意与自由的意识形态"。① 这篇论文共分三个部分,其第一部分直接讨论上述辩护的问题并作出了临时性回答。雷宣称,自由主义传统(《同意的计算》②就产生于这一传统)以他所谓的认识论个人主义为其根本的辩护原则。他认为,自由主义鼓吹各项自由制度,尤其是市场经济制度,可以在认识论方面找到规范性的辩护理由。按照雷的叙述,认识论个人主义主张,个人被授予特权充当选择者,因为他或她要比任何其他人更为清楚地知道什么"最有利"于自己的幸福。

我并不否认雷的表述和其隐含的批评具有描述意义,只要它适用于为个人主义及其制度后果所作的规范性辩护,这种辩护表明了我的许多经济学和政治经济学同事的态度。不过,我想否认雷的论点应用于我的基本哲学视角时具有任何描述上的精确性。正如我在《同意的计算》和其他著作中表明的,我的概念性出发点并非建立在雷氏所称的"认识论"个人主义的基础之上,无论是就其描述性成分而言还是就其规范性成分而言都是如此。③ 在下面的讨论中,我将试图较为详细地说明我的基本本体论假设和规范性假设以表明我的立场,并讨论这些假设为何绝对不同于强加在我头上的认识论个人主义。

虽然经济学家很少停下来思考其架构的哲学基础,但是如果

---

① 道格拉斯·雷:"认识论个人主义、一致同意与自由的意识形态:同意的计算再认识"("Epitemic Individualism, Unanimity, and the Ideology of Liberty: The Calculus of Consent Revisited"),在自由基金大会上提交的论文,圣克鲁斯,加利福尼亚州,1988年6月。

② 詹姆斯·M. 布坎南和戈登·塔洛克:《同意的计算:立宪民主的逻辑基础》,安阿伯:密歇根大学出版社,1962年版。

③ 我在这里发表的看法,并不代表我的合著者戈登·塔洛克的观点。

第十八章 规范个人主义的基础

不得不明确表态的话,他们大都会接受功利主义这一称号,而他们的模型描述性地体现了这一称号。在这些模型中,各个选择者(主体)都通过选择自己喜爱的现有可选物的组合来使效用最大化,而可行性集合则由自然的限度和制度上的限度来确定。在这种架构中,"效用"或更为一般地说"被最大化的东西"被假设不依赖于任何选择本身而存在。个人的效用函数被称为所有潜在可选物的完全序数阵列,既有可行性集合之内的可选物也有可行性集合之外的可选物。事实上存在着一种唯一的效用最大化选择,一旦效用或偏好函数在适当的约束条件下被指明就可以确定这种选择。

如上所述,整个这种构架内含有这样一个本体论假设,即:存在着"某种东西"(不管是不是把它称作效用函数),至少从概念上说,可以将它客观化并与个人选择区分开来。如果作这种假设的话,则个人选择行为与他或她的效用函数之间的关系就变成了事实问题。也就是说,由此会出现一个供人探讨的事实问题,探讨所作出的选择与(用独立标量衡量的)个人处境的变化之间的对应关系。也就可以根据效用函数提供的标准把某些选择归入适当的选择甚或最大化的选择之列。

只有采用了这种本体论(我不接受这种本体论),才会出现认识论个人主义据称会遇到的那些问题。而且只是在这种本体论的范围之内,认识论个人主义与其潜在替代物之间的冲突才具有意义。只有假设某个人的选择行为和效用函数从概念上说是作为不同的东西而存在的,提出以下问题才是有意义的,即这个人或某一第三方或某几个第三方是否能够非常可靠地识别出根据已知的效用函数界定的"最佳"选择。

如果个人的幸福或福利等于效用并把它当作最终的规范目标，而且如果进一步假设个人较为清楚地了解他或她自己的效用或偏好函数，那么也就具有了认识论的基础，在该基础之上可以提出理由来扩展个人自愿选择的范围，因此也就可以提出理由来建立和维护那些最大限度地允许这种选择的制度。反过来说，也就有根据提出理由来质疑那些限制个人选择自由的制度的规范合法性。个人主义社会秩序的那些制度，尤其是市场交换制度的规范正当性来源于这些制度在利用授予参与者的这种认识论特权方面所具有的相对功效。反过来说，限制个人选择的那些制度，尤其是国家的那些制度可能的规范正当性只能来源于出现某种有效的证明，证明参与者的认识论特权会被其他因素以某种方式抵消而有余，或者证明，在其他环境下，参与者根本不享有这种特权。

对认识论特权的挑战

我打算简要考察三种不同的但又相互关联的挑战，它们对最大限度地依赖于个人选择的社会安排的合法性提出了质疑；每一种挑战都试图否认参与这种社会安排的个人享有认识论特权。

仁慈的家长主义

福利经济学家常常带有贬义地提到这样一些人，这些人力图把自己"爱管闲事的偏好"强加在他人头上，而后者相互冲突的偏好只是反映了不同的生活方式。因而必须承认，很难把这样两种企图区分开来，一是想要强加真正爱管闲事的偏好，一是想要实行

第十八章　规范个人主义的基础

仁慈的家长主义。不过,不容否认,某些人身上确实存在着仁慈的家长作风。这种人真诚地力图确保其他人而不是他们自己获得最高的幸福或效用。家长主义者只是拒绝接受认识论特权这一主张;他们认为,个人并不知道什么对自己最有利或有益。家长主义者提出了相反的主张,认为他们作为局外人,作为有知识的专家,要比作出选择的当事人自身更加了解相关的选择能否达到当事人最终想要达到的目标。家长主义的主张是,从某种最终的或事后的分析来看,个人必须承认自己最初的无知或易于犯错误,从而事后必须承认自己作出"正确"选择的能力是有限的。

请注意,家长主义者的主张可以完全局限在认识论的范围之内。他们不必把个人效用最大化作为规范目标。他们也不必把反映某种超个人主义的"社会"利益或"公共"利益的论点引入相关的函数之中。他们只需宣称,某个人要比个人自己更加清楚地知道如何确保他们的幸福。

"科学"社会主义

"科学"社会主义者,尤其是具有马克思列宁主义古典传统的"科学"社会主义者,对个人在自由主义之下享有的认识论特权提出了完全不同的一种挑战。对个人"有益"的东西应该由历史发展的客观规律来决定。具有规范意义的单位是人类,而不是目前存在着的、经验上可辨识的个人。既不需要个人(即便是作为无产阶级的成员)的自愿参与,也不需要他们的事后赞同来作为辩护活动的任何一部分。在这一架构中,"社会选择"不是来源于"个人价值",而是执行公认的人类命运。

"科学"社会主义者对个人主义的挑战依然是认识论方面的，但要比家长主义者严重得多。至少从言词上说，最终目标仍然是政治共同体中各个参与者的福利，但这种福利即使从概念上说也不是用个别可分的效用指标衡量的。个人本身仅仅被界定为共同体成员；从原则上说，他们想象不出自己有可以与其他人区分开来的、可以辨识出来的幸福，更不用说关于这一方面的知识了。

政治理想主义

对自由主义社会秩序（即允许个人进行范围广泛的自愿选择，特别是通过市场经济的各种制度进行选择的第三种）批评也可以从认识论方面加以解释，只不过在这里占据舞台中心的是认识的对象，而不是实现目标的手段。我称这种批评为"政治理想主义"，它不包含个人的概念，这些个人追求可分开确认、具有非社群意义的目标。这个特征是与科学社会主义者共有的。但在政治理想主义者那里，共同体中的人的目标不应该在某个科学探索的借口中寻找，而应该在柏拉图所说的、可以由哲学家为我们界定的至善（即真、善、美）中寻找。在这种批评看来，那些允许个人在广阔的行动领域进行私人选择的制度，往往会助长普通人粗俗的、动物性的欲望，于是这些欲望便会压倒较为崇高的价值，这些崇高的价值只显现给少数被选中的、具有无穷智慧的人。

这里所概述的对自由主义社会秩序的批评，连同其他变体，例如专家治国论，是相互交叉的，每个都含有认识论上的不同预设，既涉及关于个人所拥有的手段的内部知识，又涉及关于为行动提供最终动力的目的的"外部"知识。本部分的目的不是详尽考察这些或其他一些对自由主义的批评,相反我的目的是要表明,任何纯粹认识论上的辩护都很容易受到这里提出的论点或其他论点的攻击。建立在认识论辩护理由之上的自由主义社会秩序,无论是从分析上说还是从经验上说,其基本主张都会容易遭到解构。

三 主观主义:认识论的限度和规范性含义

在这短短的一章中,我的目的是要说明,规范个人主义的基础不是在认识论方面。此外,我还要说明,上述利用认识论观点的易受攻击性对自由主义社会秩序进行的批评,与最充分地表明了我自己的立场的另一种辩护理由毫不相干。

我自己的本体论预设,不允许从概念上把某一个人的选择行为和他或她的效用函数区别或区分开来。有人认为我的立场是严格主观主义的立场,我在《成本与选择》一书和其他著作中已讨论了这种立场的应用。④ 从主观主义的视角看,独立于个人选择行为而即便是从概念上可以观察到和认识到的"效用函数"本身,是不存在的。存在的仅仅是个人选择,我们建立理论时针对的是这种选择,而不是与某个效用函数的所谓某种关系。譬如,我们可以观察到,人们有时对已经作出的选择感到后悔,而且我们可以假想,某一第三方也许本来能够预测到选择之后会出现这样的后悔。因而,我们可以假定这个第三方也许本来能够在选择之前向选择

---

④ 詹姆斯·M. 布坎南:《成本与选择:经济理论研究》(Cost and Choice: An Inquiry in Economic Theory),芝加哥:马卡姆出版社,1969年版。

者提供"好的"意见。但这些有关选择的理论哪一个也不需要引入独立于选择的效用标量。

现代经济学家把个人塑造为在一组组可供选择的商品之间进行选择以使独立于选择本身而存在的效用函数最大化,但现代经济学家并未提供任何证据证明实际存在着这样的函数,如果被追问的话,他会承认,这样的函数只不过是个说辞,用以帮助在强加的理性选择再现模型中解释选择行为。虽然这一概念与认识论个人主义有关联,但它却与我的本体论视角毫无关系;个人选择他选择的东西,无需存在事前和事后的"知识"以根据某一衡量幸福的标准判定选择是"正确的"或"不正确的"。在作出选择的那一时刻,个人选定所喜爱的可选物,这一同义反复式的命题不包含任何有关认识论特权的假设。

个人作出的选择势必包括自我创造以及强加在他人选择之上的约束条件的创造。这种相互作用发生于整个时间序列。任何时候的快照所描绘出的"个人",都是此前他或她自己以及别人作出的选择的人工产物。如果承认,任何人在选择之后都必然不同于作出选择的那个人,并承认这种差异部分地是由选择行为本身造成的,那么把衡量"正确性"的标准直接应用于包含有认识论标准的选择本身就是荒唐可笑的。[5]

---

[5] 关于我的立场的详细阐述,参见詹姆斯·M. 布坎南:"自然之人和人工之人"("Natural and Artifactual Man"),载《经济学家应该做什么?》,印第安纳波利斯:自由出版社,1979年版,第93—114页。我一直受到 G. L. S. 沙克尔的著作的影响。关于他的立场的最为全面的阐述,参见 G. L. S. 沙克尔:《认识论与经济学》(*Epistemics and Economics*),剑桥:剑桥大学出版社,1972年版。

第十八章　规范个人主义的基础

认识涉及的是存在的事物,或可以被人认识的事物。所以,认识不能扩展至不可认识的事物,不可认识的事物肯定包含所有未来发生的事情,其中包括将要作出的选择。无论是可以在内心作出选择的个人,还是可以从外部强加选定物的家长主义者,都不能声称享有认识论特权,因为在 t_0 处选择可选物会自动创造出 t_1 处的环境,而对 t_0 处的选择的任何评价都必须在 t_1 处的环境之内作出。

我试图加以对照比较的这两种本体论概念之间的区别,对于提出来支持或反对可供选择的社会组织安排的那些辩护理由是有意义的。如前所述,认识论个人主义在我的本体论预设中不起丝毫作用,但这种说法与辩护性理由没有任何直接关系。

在我看来,自由主义社会秩序的基础在于这样一个规范性前提,即:个人是社会组织方面最终的主权者,个人有权选择他们将在其下生活的组织制度结构。根据这一前提,社会组织结构的合法性应该依据是否得到了那些将要在其下生活或者正在其下生活的人们的自愿同意来判断。个人是主权者这一根本性前提确实允许把决策权授予代理人,只要人们依然明白个人仍然是委托人。根据这个前提,凡是不承认个人是主权者或委托人的社会组织安排,都不具有合法性。另一方面,个人是主权者这个规范性前提,并不给予内部允许范围最为广泛的个人选择的组织结构(特别是例如市场制度)以排他性的规范合法性。只要个人自愿地决定生活在"限制选择的"制度之下,就必须也给予这种制度以合法性。

对于这里的辩护架构来说,选择的认识论特征是完全不相干的。允许个人在可选物之间进行选择,仅仅是因为他们是最终的主权者。这个结论成立与否，与掌握的关于手段或目的的知识状况毫不相干。如果认为个人是最终的主权者，也就可以直接得出结论说，他们是所有关于立宪或制度问题的建议和观点的收件人。有人认为在某些选择领域应该依赖专家，这种观点必须提交给作为主权者的个人来裁决；正是个人选择听从专家代理人的意见，而不是对认识能力本身的某种外部评价，使得专家代理人的潜在作用具有合法性。

四　应　用

我用规范个人主义的主观主义基础对抗其认识论基础。上面的讨论表明了这两种哲学框架的主要差异。我还未考察这两种基础在实际应用方面的含义。我想，可以较为容易地表明，社会哲学家如果依赖认识论特权来为个人选择自由和允许最大限度地行使这种自由的制度辩护，那么他们就要比完全依赖于主观主义解释的哲学家承担更困难的举证责任。

让我们来看一下 18 世纪和 19 世纪初为奴隶制辩护的理由。从柏拉图一直到 19 世纪智识上诚实的哲学家，都依据认识论方面的理由支持奴隶制。从人们在固有的认识能力方面存在差异这一预设（该预设得到了强有力的经验支持，尽管没有对人们进行明确的分类）出发，这些哲学家，无论是古典的还是现代的，都支持在认识能力与允许个人进行自愿选择的范围之间建立和维持制度上的对应关系。这些制度显然旨在允许那些认识能力较高的人把自己的意志强加给那些被认为认识能力较低的人。当然，这种制度上

第十八章 规范个人主义的基础

的对应关系并不局限于显而易见的奴隶制；它同样适用于所有那些允许个人选择权存在差别的制度。

认识论个人主义者究竟如何对抗杰出人物统治论者有时颇具说明力的论点（这种论点本身亦使人联想到认识论标准）呢？如果回答说，个人确确实实"最清楚地知道"什么对他或她"有益"，那会显得非常空洞，特别是当看到个人作出的选择似乎肯定会使他或她挨饿、陷于贫困、挥霍无度和吸毒成瘾时，就更是如此了。根据认识论方面的理由，"为了他或她自己的利益"，（在现代国家的支持下）使大街上无家可归的酒鬼成为奴隶不是更好吗？

在所有这些情况下，认识论个人主义者所负有的论证责任，会与主观主义者所面对的论证责任形成鲜明的对照。后者可以适当地对宣称享有超个人地位的杰出人物统治论者的请求充耳不闻。划一条生物学上的界线把人类成员与其他动物区别开来，无疑要比认识论个人主义者作辩护时必须在人类内部划界线（即便是没有界线的界线）容易许多。我并不是说所有识别问题因此就消失了；作为人类个体的成员资格与自由选择是不相干的这一点并不适用于儿童和弱智者。然而，这些问题与另一种框架中产生的问题相比似乎是微不足道的。

如果对一个人"最为有益的事情"独立于这个人的选择而存在，在其内可以进行选择的制度安排就与目标的界定没有直接的关系。制度和立宪方面的设计问题，就是在达到所规定的世界状态方面提高"效率"的问题。与此相对照，如果对一个人"最为有益的事情"不是独立于这个人的选择而存在，如果"最为有益的事情"确实被认为是最终的规范目标，那么制度结构在某种水平上肯定会促进这种选择。只是在进行选择的那一时刻,"最为有益的事情"在客观上才是有意义的。在所观察到的奴隶制环境下,像柏拉图那样说主人拥有较高级的认识,知道什么对奴隶个人"最为有利",是荒唐可笑的。指导奴隶的活动时,主人在进行选择的那一时刻是在选择"对主人最为有益的事情";他或她只会这么做。

不过,同认识论的主张相比,主观主义的主张需要更加关注选择的层次。如前所述,把主人的选择界定为选取"对奴隶最为有利"的事物,从本体论上说是荒唐可笑的。另一方面,"对作为奴隶的个人最为有益的事情"虽然只能由当事人来确定,但或许也会像某种层次的契约性选择那样,包括自愿同意服从另一个人的强制性权力。奴隶制作为一种制度安排,不能脱离其强制性设置而被谴责为"不是最有益的"。

规范个人主义以及那种允许个人进行自愿选择的制度结构的可供选择的哲学基础,对于个人责任来说具有完全不同的含义。从认识论方面为个人主义所作的辩护容易展现政治共同体中的一些成员缺乏能力,这就有可能将这种缺乏能力的矫治政治化。即便制度结构本身反映的可能是对规范个人主义的普遍接受,掌权者也会对这样一些人表示关心,这些人在选择手段或目的时显得无能为力,不知道什么对自己最为有益。因而就为现代福利国家敞开了通路,这种国家把认识论个人主义要素与那些捍卫奴隶制的人信奉的杰出人物统治论结合在了一起。规范个人主义者如果在本体论上采用主观主义,则其假设便是,人类的成员既然是个人,他们也就被认为而且必须被认为应该对自己的选择负责。个人不应"受到保护以免受自己愚蠢行为的伤害",尽管这种基本态度会被普通的同情心所缓和。

第十九章　建构主义、
　　　　　认知与价值[*]

本章讨论1987年阿尔普巴赫欧洲论坛的一般性主题,即"认知与决策"。当然,这个主题的涉及面应当尽可能地广泛,以容纳许许多多重点的变化。但即使我想这么做,我也无法在一章的篇幅内囊括这样一个一般性主题的所有方面。在这里,我不会做这样的尝试。相反,我将试着论述这个一般性主题的某些方面。

正如你们当中一些可能了解我的工作的人会预料到的那样,我将把注意力集中在我们对规则或制度的选择上,这些规则或制度使我们能够没有冲突地生活在社会秩序之中,同时达到尚可以接受的幸福水平。更为具体地说,我将考察以下两者之间的联系,一是我们拥有的或可能拥有的对可选规则的预期运行性能的知识,一是我们可以对这些规则进行的选择。

第一步要作这样的假设,即:我们实际上确实选择一些约束条件,并在这些条件之下进行日常活动,既有私人活动也有公共活

---

[*] 1987年9月在奥地利的阿尔普巴赫举办的阿尔普巴赫欧洲论坛上,我发表了全体会议的开幕讲演,本章即为该讲演的修改版。讲演稿发表在该论坛的公报上,奥托・莫尔登(Otto Molden)编:《认知与决策》(*Erkenntnis and Entscheidung*),维也纳:阿尔普巴赫欧洲论坛,1987年。

动。也就是说，社会秩序的规则，即我们从前人那里继承的并在不了解其目的和作用的情况下遵守的规则，并非仅仅是某种文化演讲过程的产物。这里的假设是，至少在一定限度之内，规则是人们的选择有意"建构的"，而这些人将受到规则所包括的约束条件的制约。

正如你们将看到的，在把话语引向规则的建构性选择时，我将修改和超越那种与F. A. 哈耶克的著作联系在一起的对文化演讲的强调。当然，我承认，文化演进在确立社会秩序规则方面很重要，我也无需给演进性规则和建构性规则的相对重要性分派权重。我只是想说，至少在某种相关的范围内，我们可以有意识地修改那些约束我们相互作用的制度。

一　道德建构主义

在我的论证中接下来的一步涉及到道德建构主义和立宪建构主义的区分。我们长期以来一直承认，对行为的约束可以是道德的，也可以是超道德的，或者换句话说，既可以内在于潜在主体的精神，也可以是从外部强加的。一个人可以由于内心的道德命令（"偷盗是不对的"）而不偷盗，也可以因为有外部的制裁（"我若偷盗，将受到惩罚"）而不偷盗。

道德建构主义者试图通过改变潜在主体的道德来改变其行为。从传统上说，道德家一直竭力向我们灌输道德戒律，这些道德戒律据称得自于某种外部的知识来源——得自于上帝，得自于理性，得自于自然法。而且常常直截了当地用这种戒律来约束主体理性的私利。我不是道德哲学家,因为我不能够宣称从先验的有关价值的知识来源获得道德戒律。实际上,我非常怀疑是否真的存在这种道德价值的来源。

我更同情完全不同的一种道德建构主义,它试图把行为的道德戒律建立在个人合理的私利范围之内,即建立在现有的认知和偏好的基础之上,而不是建立在某种超个人主义的来源之上。我们可以在大卫·休谟和18世纪苏格兰道德哲学家的其他领头人那里发现这第二种道德建构主义的要素。一些要素也出现在康德的整个学说中。但在这里,我想把注意力集中在一本重要的著作上,即美国哲学家戴维·戈塞尔写的《通过协议实现道德》。① 在这本著作中,戈塞尔试图证明合作性道德是理性选择必不可少的组成部分。在他的架构中,道德规则并不约束根据理性效用最大化考虑所作的选择。相反,在可以预测彼此行为的环境中,与其他人打交道时讲道德是合乎理性的。

戈塞尔使现代博弈理论中经典的囚徒困境所显示的环境具有了普遍意义,而且他认为,选择一种合作式的行为安排是有理性基础的。尽管他的技术架构有些方面尚存在问题,但我认为,戈塞尔超越哈耶克并把论证向前推进了一步。如果我们承认(我认为我们必须承认),我们确实是按照使"庞大社会"的秩序成为可能的行为规则行事的,那就留下了这样一个没有得到回答的问题:"这是为什么?"戈塞尔的架构提供了一种解释性的回答,该回答不需要

---

① 戴维·戈塞尔:《通过协议实现道德》,牛津:牛津大学出版社,1986年版。对戈塞尔的著作展开的讨论,参见第十六章。

第十九章 建构主义、认知与价值

道德共同体的利他主义,利他主义只适合于人数较少的部落群体的情形。

在一种非常真实的意义上,戈塞尔论证说,个人为自己选择安排或个人行为规则,这些安排或规则将指导他们在一系列与其他人相互作用的过程中的选择行为模式。用我自己的话来说,个人是在可供挑选的"道德约束"之间进行选择;他们是在可供挑选的约束中选择而不是在特定情形下可供他们挑选的最终状态之间进行选择。若注意到,个人理性的道德确实需要约束特定情形下无限制的选择权,那么便可以在戈塞尔和传统道德家之间达成某种和解。但这些约束本身也是"较高"层次上的替代性安排理性选择的产物,是由这样的理性选择选定的。

因而经典的囚徒困境可能会使人产生误解。如果收益矩阵被解释为反映的是个人实际上在单个相互作用过程中所面对的效用收益,那它就不能描述戈塞尔所说的理性道德人面对的情况。既已理性地选择了合作性安排并把它当作道德构成中一个具有约束力的成分,个人就不会也无法面对经典囚徒困境中按序数排列的收益结构。对角线的方格中不含有带来常见优势的序数效用数字。

戈塞尔的架构显然是契约论的,而且他认为,个人一般说来会同意在相互作用过程中采用有可能产生合作剩余的彼此合作的安排。不过,这种安排不会扩展至不采用这种安排的人。戈塞尔的计划要求个人能够在概率的范围内辨认出搭便车者和/或寄生者,并愿意对这种人采取适当的从放逐到惩罚的各种不合作态度。

在戈塞尔的架构中,对个人的认知要求非常高。个人首先要认识到有可能获得合作剩余，而且他或她必须以半客观的方式预计出这种剩余，以便与相互作用的其他当事方达成共识。此外，他或她还必须识别出潜在合作者这一相关共同体的范围。正如高蒂尔所承认的，即便在（相对于解释性分析而言的）"理想理论"中能够进行这种操作，人们现有认知能力的实际限度也会提出相关性的问题。我们必须强调指出，戈塞尔的计划过于雄心勃勃了。

尽管如此，戈塞尔作出的努力在现代社会哲学家当中仍是独一无二的，他提出了一种从概念上进行解释的框架，使我们得以理解人们如何能够在"有秩序的无政府状态"下生存和繁荣昌盛。我长期以来一直认为，在西方自由主义环境下所观察到的大部分相互作用，都是在没有正式的法律化和政治化约束的情况进行的。戈塞尔的分析在某种程度上对此作出了解释，正因为它这么做了，我对它表示欢迎，认为它是一种值得仔细关注的贡献。

二 宪法建构主义

如果我们把戴维·戈塞尔的计划解释为分析个人选择"道德构成"时的理性基础，而这种选择将约束他在囚徒困境式的特定相互作用过程中的非合作倾向，那么，该计划就与"宪法建构主义"有直接的联系；多年来，宪法建构主义直接或间接吸引了我很多的注意力，从根本上说它衍生自托马斯·霍布斯的架构。

认识到我们作为社会成员，必然会以各种方式并持续不断地与他人相互作用，我们便会理性地决定对我们自己的行为以及他人的行为进行约束，这些约束将从外部对我们的意志产生作用，将强制性地加在我们头上。只要我们确信,其他人的选择会受到同样的约束,我们就会自愿地、有意地选择限制我们自己的行动自由,限制选择自由。选择这样的约束时,我们是在力图从以下确信当中获得预期的收益,即确信其他人的行动自由会受到同等限制。当个人行为被限定在适当规定的范围之内时,也就有可能建立和维持公民秩序;按照戈塞尔的说法,这种范围既可以是从内部强加的,也可以是从外部起作用。法律和道德既可以相互补充也可以相互替代。因而在某种戈塞尔式的分析框架中,以理性为基础的法律逻辑完全类似于以理性为基础的道德逻辑。

所以,约束的来源有三个,其中一个是非理性的,另外两个则以理性选择为基础。

1. "偷盗是不对的。"
2. "选择一种不偷盗像自己那样遵奉道德准则的人的安排,是合乎理性的。"
3. "选择一种适用于整个共同体的惩罚偷盗行为的强制性法律,是合乎理性的。"

当然,这三种可供选择的约束并不一定相互排斥。

我在第一部分已围绕戴维·戈塞尔的著作比较详尽地讨论了这三组约束中的第二组。在这里我要较为详细地讨论第三组约束,将其与第二组约束作一番对照比较。也就是说,我想要把戈塞尔的理性道德与人们更为熟悉的源于政治秩序理性的立宪契约作一番比较,立宪契约是要对人们立宪之后的行为有所强制。

这两组以理性为基础的对个人选择的约束有一重大差异,即任何霍布斯式的公民秩序结构必然具有"外部性"。当初与"主权者"订立的无论是真实的还是想象的契约或合同,约定个人作为臣民必须服从那个负责执行所商定的规则的人或代理机构的命令。个人必须超出自己内心事前的承诺而服从潜在的强制力,不管实施这种强制力的代理人或代理机构的可预言性或可控制性。即便随着技术的发展,最终的规则执行者有可能采取某种不具人格的机器人的形式,个人作为臣民也仍然要受到结构中编排的外部约束的束缚。更为常见的情况则是,如果最终的规则执行者必然体现为人的代理机构,则必须承认有可能出现超出双方同意基础上的法律范围而滥用权力的行为。

霍布斯对此绝望地回答说,"控制者究竟怎么才能受到控制呢?"但历史经验表明,在某些时期和某些地方,在某些条件之下,宪法本身是可以约束享有主权的政府的。尽管如此,宪法建构主义者仍必须把注意力主要集中在有效地约束得到宪法授权和批准的政府的活动上。国家本来是个人用以保护自己不受他人的侵害、用以提供集体物品和服务的代理机构,但保护个人不受国家的侵害已成为政治哲学家面临的一项严重挑战。即使在"理想理论"的层次上,也尚未找到令人满意的解决这个问题的方法。

遗憾的是,这个问题如今被人理解的广泛程度,还不如 17 或 18 世纪。两个世纪以来的讨论一直被我在别的地方所说的"选举谬误"所困扰,即只要政府按照正式选举的议会议员或立法机关议员作出的决议民主地行事,个人就可以受到充分的保护不受政府越权的侵害。只要个人仍可以自由地参与选举过程,对国家权限的传统担心就没有理由。只要立法机构反映大多数人的真正偏好,宪法就没有必要约束政府行使权力,这样做实际上也是不可取的。我认为,这一整套相互关联的思想和态度反映了严重的混淆,这种混淆可能会带来悲剧性的后果。

正如现代公共选择理论所证明的,个人参与选举过程和确保政府代理机构不谋私利之间的联系充其量是脆弱的。在人数众多的选民当中,个人几乎没有或根本没有基于理性的利益参加投票选举,他或她从理性上说没有动力去了解供集体选择的各种政策的后果。而且,多数人侵害少数人利益的可能性,要远远大于非多数人统治时的情形。选举谬误的一个实际后果就是,给予现代国家越权进入某些活动领域的行为以人为的合法性,而如果没有选举谬误的话,这些活动领域是绝不会以契约或双方同意的方式转让给任何主权者的。

正如我在别处指出的,目前迫切需要理解人与国家的关系中牵涉的主要问题。这种理解并不会像似乎曾经出现在18世纪的政治哲学中那样,"自然而然地"出现在现代西方文化的思想过程中。

三 知识、理解与价值

从一种非常真实的意义上说,在18世纪末和20世纪末之间智慧一直在不断地丧失。我们现在知道和理解的事物,似乎要少于大卫·休谟、亚当·斯密、威廉·冯·洪堡以及詹姆斯·麦迪逊生活和工作的时代。但我们知道得较少的是什么呢?当然,从科学上说,我们两个世纪以来已取得了激动人心的进步。关于物理或自然世界的知识疆界已得到了极大扩展。我们对世界的几乎所有方面的了解都比过去多得多。那怎么能够说我们对某些事情的了解比过去少了呢？

为防止我们在哪怕是纯"科学"方面表现出毫无根据的自高自大的态度，最好提醒一下我们自己，我们在古代曾丧失过关于自然世界的知识。罗马帝国后期的特征是，人们对许多事物的了解都低于罗马帝国鼎盛时期达到过的认知水平。不过，说到现代，则没有证据表明科学技术知识有所丧失。我指的是我们在丧失关于有组织的社会共同体中人与人的关系的知识，特别是关于人与国家各项制度的关系的知识。

这两种情形中的认识对象具有本体论上的差异。自然世界独立于人创造的世界而存在。相比较而言，秩序的各项制度本身则是由人自己建构或创造的。"我们所知道的事物"的这种差异，把自然科学家与社会科学家绝对区分了开来。对于前者而言，即对于自然科学家而言，从根本上说只是一种实在，当然，可以从不同的角度看这种实在，但其特征仍然是外生性，所有声称是科学家的人都会承认这种外生性。这种实在不一定是静态的，其形式规律即便从某种理想的意义上说也不一定是可逆的。但是，自然世界的外生性却保持不变。与此相对照，在社会科学中，经验上可以观察到的制度性和组织性实在仅仅是许许多多可能的选择当中的一种。因为制度性和组织性实在，并不而且也不能外生于那些受这种实在约束的人的选择，所以我们也就有一种不可能出现在自然科学中的认知差异来源。不仅不同的社会科学家可以从不同的角度看这种实在，而且不同的社会科学家还可以把不同的外生属性强加给这种实在本身。在某种超越自然科学家的意义上，社会科

第十九章 建构主义、认知与价值

学家几乎必然是认知建构主义者。如果社会科学家无所作为,拒绝考虑现有结构以外的可供选择的结构,那他就没有担负起应负的责任。

社会科学家所面对的,是在各种制度性和组织性安排当中进行连续不断的选择,它们是可以代替现有安排的安排,需要对它们进行科学的和分析性的研究。全面的研究计划,要把一种主要的分析模型扩展至各种可供选择的现有结构;根据定义,这种计划从类似于自然科学的那种严格意义上讲,不能说是"科学的"。人的行为并不局限于在现有的制度和组织环境中所观察到的那些行为。

我们可以把18世纪至现代丧失的智慧确定为,人们未能普遍认识到,可行的制度性和组织性安排是有限度的,这种限度是由造成"人性"稳定的那些因素强加的,这些因素曾使18世纪的哲学家激动不已。正因为社会改革家不受存在于所观察到的社会关系模式中的结构的束缚,他们才试图让这些结构超出由自然人的特性规定的可行范围。无论是"新苏维埃人"还是无比仁慈的专制君主,都不是可行的社会互动结构的居民。社会主义"致命的自负"(哈耶克语)已显示出来并让所有的人都看到了。

20世纪60年代以来学术话语的不断发展带来了希望的曙光。公共选择理论将效用最大化模式扩展至政治领域,揭示了幻想政府仁慈的不切实际,也使人看清了上面谈及的选举谬误。F. A. 哈耶克、约翰·帕斯莫尔、托马斯·索维尔等人的批判性著作告诉我们,建立在人类完善性假设基础之上的结构是极其脆弱的。时机已经成熟,我们应该考察一下各种可供选择的制度性和组织性安排，这些安排包含有18世纪关于人性限度的最新智慧或知识，与此同时应时刻关注普通科学取得的巨大进步。该是做切实可行的梦而不是白日梦的时候了。

戴维·戈塞尔作出巨大努力，想要把合作性道德建立在理性选择计算的基础之上，这也许是向前迈出的意义重大的一步。人们重新对霍布斯所说的控制主权者的问题感兴趣，也许提供了一项富有成效的补充性纲领。无论是"道德建构主义"还是"宪法建构主义"，都会受到理解和认识人类潜力限度的鼓舞。

第二十章　组成社会的
人类的潜能与限度[*]

在这一章的开头我将提出几项告诫，特别是当我考察我自己的专业领域即政治经济学或经济学内的学术和科学工作者的贡献时。这里所说的贡献，是指他们为解决无论是在国家内部还是国家之间存在的社会互动问题已经作出的、正在作出的和可能作出的贡献。给予了这些告诫之后，我将（在第二部分）作实证性更强的讨论，阐明社会科学家和哲学家所能发挥的作用。接下来我将（在第三部分）概述可以采取哪些具体步骤来确保我们能满怀希望地进入21世纪，若不采取这些步骤，就没有创造性可言。在第四部分，我将试图把我的讨论与历史环境联系起来，同时对几种可供选择的未来作些推测。

在西方国家，我们在某种程度上享受着现代成就，其表现形式是范围广泛的个人自由、经济繁荣以及国内和国际稳定秩序的同时存在。但这种现代成就是极为脆弱的，我们必须认识到其脆弱

---

[*] 本章是一篇文章的修改版，该文题为"组成社会的人类的潜能与限度"("The Potential and the Limits of Socially organized Humankind")，载《1988年诺贝尔奖获得者日本论坛》(*Nobel Laureates Forum in Japan, 1988*)，东京：Yomiuri Shimbun，1989年版，第85—94页。

性。它很容易被摧毁，很容易遭受侵蚀，既来自于蓄意的攻击，也来自于不受人注意的历史演进。随着现代成就的哲学基础日益被遗忘、被忽视和被误解，这种脆弱性会不断增加。概括地说（第五部分），本章呼吁人们既要认识到有计划和有组织地改变制度性秩序的可能性，又要认识到历史、人性、科学、技术以及资源强加在改善人类状况的努力之上的限度。

一　科学、理解与控制

既强调科学发现可能带来的利益，同时也强调误解和滥用所谓的科研成果可能造成的损害，这一点极其重要。我作为一名自然科学以外的学者，或许有责任在这里强调负面的东西，至少是有责任敲响警钟。许多现代科学家对自己取得的成就满怀信心，认为已真正发现了有关自然世界运行的新规律，并亲眼看到了随着这些规律的应用，人类的控制范围在不断扩展，于是他们自然而然地倾向于把社会互动结构中似乎是缺陷的东西归咎于"科学"的落后，并且期望将科学领域不适当地扩展到社会控制领域就会使人类社会所改善。

让我把我的意思精确地表达出来。我并不是说根本就没有经济"科学"，或更为通俗些，根本就没有人类行为"科学"。实际上，我们在发展和检验有关人们如何在规定的约束条件下行为的可证伪的假说方面，已取得了重大进展，这些假说使我们能够预测约束条件的改变会对人类行为模式产生什么影响。那些在人类科学中建立、检验和扩展假说的人所从事的活动，本质上与普通硬科学工作者所从事的活动没有什么不同。

然而，从我所谓的约束条件的公共创造性中产生了根本的差异，我们认为这些约束条件属于人类科学研究的领域。根本就没有自然秩序，在这种秩序之内，我们作为人类动物必须彼此限制自己的活动。我们必须待在人为建立起来的或由历史演变而来的"动物园"中。根本就没有我们可以把样本放回去进行科学上的客观观察的自然栖息地和"丛林"。无论是人种学家还是人类学家都提供不了多大帮助。

正如没有自然的秩序约束我们的社会互动那样，也没有理想的秩序先验地展示给我们，就好像它包含着科学发现的真理。那些规定了人类在社会中相互作用的限度的约束条件，要从许许多多可供选择的约束条件当中选择。没有外部标准——无论是蕴含于自然之中的还是天启的——可据此挑选出一些约束条件，说它们"在客观上"是最佳的。如果说专家们从事科学发现和技术应用这幅图景可被认为是所感觉到的现代科学所起作用的特点，那么，社会政治舞台上与此最为相似的便是极权主义体制，在这种体制之下，精英把自己与社会中的其他人区分开来，并运用其科研成果来控制和指导人类行为以达到精英自己选定的目的。正如现代历史确凿无疑地告诉我们的，所有这些旨在科学地控制人类的努力往往都会失败，达不到统治者所追求的目标。

一旦从精神上摆脱了极权主义的社会工程模式，我们就不得不承认，非集权主义体制下的社会组织问题要复杂得多，可以在标准意义上直接应用科学成果的范围仍然很有限。如果没有专家精英可以合法地宣称知道什么在某种客观意义上是理想的社会安排，而且如果承认参与社会互动过程的个人是最终的法官，那么，即便在理解人类选择行为方面取得了重大进展，也仍然存在着这样的问题，即那些参与人类社会互动这一复杂网络的人们如何取得一致意见。如果把社会组织问题分析为如何就自我强加的约束条件（在这些约束条件之下，我们相互之间进行各种活动，其中包括战争、贸易乃至恋爱）达成一致意见的问题，那就具有重要的意义。当然，科学研究与理解有助于我们就彼此在国内和国际上赖以生存的规则达成一致意见。但是，从根本上说，这个问题并不涉及技术性地应用科学发现的问题，因而把这个问题看作是技术问题，亦即看作工程问题，似乎是愚蠢的标志。

二　社会哲学家的作用

我已经说过，对人类行为本身的科学研究实质上与普通科学家的研究工作没有什么不同。作出发现，这些发现逐渐增加知识储备，知识储备可能有助于最终改善人类状况。对于自然科学家本身而言，作出了发现后工作也就完成了。研究成果发表之后，把这些成果转化为有价值的实际应用的任务就留给了工程师。

人类行为科学方面的情况则似乎与此完全不一样。在非极权主义社会，没有适当的作用让"社会工程师"即专家去发挥，他们接受科学研究的成果，运用这些成果达到工程师想要达到的或统治精英规定的特定最终目标。那么，应该由谁去利用人类行为科学的研究成果呢？究竟谁能够承担"立宪设计"工作呢？也就是确立或修改制度规则以"改进"预期的结果格局。

第二十章 组成社会的人类的潜能与限度

社会哲学家与社会工程师之间有一种微妙的但极其重要的区别。社会哲学家在有关立宪设计的讨论中起领导者的作用；而从工程师这个词推论，社会工程师是要或多或少地直接把科研成果转变为最终目的。这样的推论若运用于社会哲学家则会使人产生误解，社会哲学家可以使自己充分了解科学规律，然后担负起这样的作用，即说服政治团体中的其他人就能够促进实现共同享有的目标的立宪设计原则达成一致意见。

就立宪设计展开的必要对话，这涉及到持续不断地评估社会秩序现有规则的运行，并评估各种可供选择的潜在规则的运行特性，这就必须把两个不同要素区分开来。人们既会在有关制度如何运行的理论方面有分歧，也会在利益方面有分歧，人们正是根据利益来衡量制度的预期运行。[①] 从概念上把在社会组织问题上产生分歧的这两个潜在根源区分开来具有根本意义，尽管理论和利益这两者之间的区别实际上很少明确表现出来。在有关立宪设计的讨论中起领导作用的社会哲学家，其主要任务是促使人们从一开始就把这两个要素区分开来，并运用科研成果调和各种相互冲突的理论。除了这个本质上具有科学性质的任务外，社会哲学家还可以通过减少或消除造成利益之间冲突的根源，从而促进参与者之间达成一致意见。

这第二项任务的重点如果是放在促使人们就一组规则或约束条件达成一致意见（人们在这组规则下相互作用，从中间接地产生结果或最终状态）上，而不是放在促使人们就想要达到的最终状态

---

① 参见第五章。

本身达成一致意见上,它就不会像初看起来那么艰难。当把注意力集中在规则、约束条件、章程以及秩序的一般原则上的时候,就更难以识别出个人或团体的利益。当选择个人将要参与的"社会博弈"的规则时,个人在某种程度上必须从无知之幕②或不确定性之幕③的背后进行选择。也就是说,个人必须在无法十分准确地预测自己将如何受到这些规则预期运行的影响的情况下进行选择。人们在其背后作选择的帷幕越不透明,理性原则就会越多地要求采用一般性的准则,从而有助于减少或消除利益基础之上的冲突。

我不想说,关于规则(在这些规则之下,我们相互作用,在资源配置、收入分配、价值取向、增长率等方面产生复杂的结果)的一致意见会像受到一只看不见的手指引那样,自动地出现。实际上,社会哲学家必须积极地参与整个对话、分析和讨论。只有当他或她在科学方面的才能和诚实得到人们承认时,其他人才会在选择结构变化时服从他或她的权威。④ 但社会哲学家不能表现出社会工程师的那种傲慢态度,最终,他或她所建议的对规则的修改必须以假说的形式提出,对假说的检验是看那些将在所选定的结构之内行动的人们能否取得一致意见。⑤

---

② 参见约翰·罗尔斯:《正义论》,剑桥:哈佛大学出版社,1917年版。
③ 参见詹姆斯·M. 布坎南和戈登·塔洛克:《同意的计算》,安阿伯:密歇根大学出版社,1962年版。
④ 参见第十二章。
⑤ 詹姆斯·M. 布坎南:"实证经济学、福利经济学以及政治经济学",载《法律和经济学杂志》第2卷(1959年10月),第124—138页。

三　自由、繁荣、和平与正义

至此为止的所有讨论都是一种准备工作，为的是我能够对组成社会的人群（从地方共同体、民族国家一直到国际组织）可能采取的具体步骤提出我自己建议，目的是确保 21 世纪"更为美好"。在这里，小心谨慎是必不可少的。如果我打着科学的幌子展示我自己的以个人好恶为基础的社会改革偏好，那既是狂妄自大的表现，也是愚蠢的表现。即使从最好的方面看，也必须把我提出的建议仅仅看作是有关某些规则的运行性能和人们可能喜欢什么规则的假说，这些假说要在持续不断的对话中被检验，所有的人都应该自觉地以平等的精神和相互尊重的态度参与这种对话。我的建议产生于我自己对人类科学研究成果的一般性了解，产生于这些成果在比较制度分析中的运用。

在我看来，对于社会中的个人应该追求的某些最终目标，确实存在着普遍的一致意见。作为个人，我们珍视自由，珍视在广大的私人空间为自己作选择的自由。作为个人，我们还认为，人人有权不经受过大的艰难困苦就可以得到充足的基本商品和服务。最后，作为个人，我们认为，无论是在地方共同体的内部，例如在人们之间和群体之间，还是在包括民族国家在内的单独组织起来的共同体之间，都应该建立和维护和平或秩序。个人自由、繁荣、和平——这些是人们普遍赞同的价值。但是，在现代社会政治安排所体现的复杂互动过程中能确保这些价值不受损害吗？

当然，主要问题是，人们觉得自由、繁荣以及和平是个别化的价值，而未将其推广至社会环境。作为个人，我珍视我自己的自由、我自己的经济福利、我自己的和平，只有当我被迫承认这些价值无法有差别地或有区别地提供给我个人的时候，我才会把注意力转向将这些价值推广至社会互动制度下包括我在内的所有的人。

如何能够让社会互动使所有的人能同时享有自由、繁荣、和平的价值？政治平等、经济互利和相互尊重给获取所有这些价值或其中任何一个价值规定的限度是什么？

历史经验提供了经验性证据，表明个人自由与经济繁荣之间具有必然的互补性。在一些国家搞的试验中，自由受到中央集权的政治指导压制，宣称这些指导的目的是扩大既由剥削者也由剥削者享有的经济产量，这种试验现在已被承认失败了，而且是普遍失败了。目前正确确实实在世界范围进行制度改革，其基础是，愈来愈多的人们认识到个人自由与经济繁荣之间的这种互补性。

在和平为一方和繁荣与自由为另一方之间也有类似的互补性。资源被浪费在了个人、团体和民族国家之间两败俱伤的冲突中；当个人的精力被强制性地动员起来用于达到社会冲突中的社群主义目标时，个人会发现自己的自由被剥夺了。

从18世纪的伟大科学发现中产生的一门独立学科政治经济学（经济学）包含着这样的认识，即自由、繁荣以及和平这些互补性的价值是可以获得的。所以无怪乎，我的18世纪和19世纪初的同行们是那么热情洋溢地鼓吹市场组织。只要国家提供和维护适当的结构约束（即"法律和制度"，亦即游戏规则），便可以听任作为经济主体的个人去追求他们自己确定的目标，个人追求这些目标

第二十章 组成社会的人类的潜能与限度

的时候,会以彼此相互尊重的方式享有自由、繁荣以及和平等价值。国家在维护和执行规则方面起着至关重要的作用,这些规则划定了经济游戏的范围;但国家有时也应尽量减少其作用,例如国家不应在政治上过细地干预个人和团体进行自愿交换的自由。政策改革的注意力应该完全集中在规则、结构框架、广义的法规上。

伟大的古典经济学家的这一理想从未完全实现过。人们未能理解在政治上关注结构(这种关注既是必需的,也是适当的)和在政治上干预社会经济游戏本身这两者之间的区别。结果,国家几乎从来没有为经济提供过令人满意的支持性结构,尤其是在货币单位方面。而且,众所周知,国家无论是在哪里都未能把政治操纵完全限定在结构方面。

为什么古典政治经济学的想象未能激起许多代知识界领袖人物的想象?为什么19世纪中叶以来的社会哲学家丧失了对古典学说的兴趣?为什么出现了盛行社会主义的世纪?社会主义为何得到了社会哲学家的积极支持?

一旦我们认识到,我在前面列出的人们普遍追求的自由、繁荣与和平等目标或价值是不完全的,上述问题就比较容易回答了。前面的列举忽略了正义,正义也是一种价值,在亚里士多德所说的两种意义上都是如此,一种是交换上的正义,另一种是分配上的正义,前者是规则体系的特征,后者是产生于经济制度中的分配结果模式的特征。古典政治经济学家所想象的那种体制,满足了同等自由这一准则,但他们的想象却丝毫也没有直接涉及基本商品的享用,这种享用取决于禀赋和才能在参与者之间的分配。

盛行社会主义的这个世纪进行了分配方面的一些试验,其许多后遗症,在宣布社会主义上帝死了以后很久,一直到20世纪90年代依然存在。这些试验当时和现在都被认为具有崇高的道德目标,即推进实施用更高的平等衡量的分配准则。但这些试验的一般特征却是所宣称的目标和所观察到的结果明显不一致,这是一种能够而且必须接受科学分析检查的不一致。带有明显极权主义色彩的试验未能实现分配上的正义,现在已被人们广泛承认。尚未被人们普遍认识到的是多数主义民主政治的普通机制固有的威胁。对民主政治的传统看法的特征一直是,隐含地接受黑格尔之后带有浪漫色彩的政治和国家形象或模型,其基础是出人意料地未受到质疑的这样一个假设,即充当政治代理人的那些人们摆脱了一切个人利益,在履行其公职时表现得既仁慈又无所不知。

正义驱动的道德目标和利益驱动的选民及代理人造成的现实之间的不一致,产生了若进行更加仔细的科学分析本来肯定可以预料到的结果。因而无怪乎,当现代民主所具有的政治动力开始起作用时,矫正经济结果使其在分配上更加均等的努力会为利益驱动的获取分配有利地位的努力提供掩护。在福利国家再分配的庇护之下,现代民主制度由利益驱动的政治活动给我们带来了"剧烈搅拌的国家"⑥,这种国家确实与再分配有关,但它在很大程度上却与福利国家的"合法"目标无关,已或多或少公然被转变成了相互对立的利益集团之间的负和博弈。现代国家的再分配活动,仅仅受多数主义选举的约束,究竟是否"改善"了市场原本会产生

---

⑥ 安东尼·德·雅塞(Anthony de Jasay):《国家》(*The State*),牛津:布莱克韦尔图书公司,1985年版。

第二十章　组成社会的人类的潜能与限度

的未受干扰的分配格局仍然是个尚未搞清楚的问题，急需进行分析性的和经验性的研究。[7] 我们确确实实看到，在"剧烈搅拌的国家"，相互对立的集团为了争取在政治上得宠，投入大量的人力物力搞寻租活动，再分配博弈因此而浪费了巨大的宝贵资源。在我们进入20世纪最后十年的时候，至少是在我自己的国家，这种浪费似乎在以指数级数增长。

我并不是说，面对分配正义方面存在的实际问题，我们可以无所作为，我确实也不认为，历史演化形成的市场前禀赋分配以及市场本身的运行产生的分配格局，具有道德合法性。不过，从实用角度考虑，依据大家商定的平等准则，这种分配格局很可能要优于"剧烈搅拌的国家"中实际寻租政治正在产生的那种分配格局。但这种政治活动并不是满足分配准则的唯一制度途径。此处再一次有必要把经济秩序结构方面的潜在改革与这种结构之内可进行的活动清楚地区分开来。有可能把再分配要素嵌入立宪体制之内，这些要素是可以有效地与利益集团的政治密谋隔绝开来的。

正义首先要求阐明宪法的详细规定和实行法治，法治本身则体现法律面前人人平等的原则。这个基本原则必须加以扩展，确保所有的人"按相同的规则参与博弈"，严格禁止政治上的区别对待或歧视。其次，正义要求，开始进行"博弈"时，参与者面对的是制度上可行之程度的均等机会。我常常说，这个原则意味着人们能平等地享有接受所有层次的由国家资助的教育的机会。除了这

---

[7] 参见杰弗里·布伦南和詹姆斯·M.布坎南：《规则的理性——立宪政治经济学》，剑桥：剑桥大学出版社，1985年版。

些在实施的步骤外,还应该对代际资产积累相传进行某种纠正,而且仍应该仅仅通过立宪程序而不是通过普通政治活动做到这一点。

如果我们利用社会科学中分析和经验方面的成果来现实地而不带有浪漫色彩地评估政治前景,我们便有充分理由认为,若超出上述立宪正义的范围,就应该抵制"剧烈搅拌的国家"打着建立福利国家的幌子展示给人们的诱惑。听信鼓吹扩张福利国家的骗子,只会进一步牺牲自由、繁荣以及国内和平,而不会在实现公认正义准则方面取得什么实际的进展。

在一章的篇幅内,我无法详尽描述这样一种政治经济体系,它既在立宪方面是可行的,又在规范方面被世纪之交的公民们所喜爱。我说过,以18世纪伟大的古典经济学家们的洞见为基础,适当地辅之以20世纪末的技术、资源、人类智能和科学进步,我们就能够建立起可以实现个人自由、经济繁荣、和平以及正义的社会/经济/政治秩序。只有当政治活动基本上被局限于结构改革,对私人生活的政治侵犯被有效的法律法规严格限制时,这种秩序才有可能建立起来。

当然,上面强调集体活动的限度,并不意味着个人作为有组织的政治单位的成员,不能拥有可通过集体努力最有效地达到的共同目标。"生产性国家"[⑧]有其合法的行动范围,但这种行动必须保持在个人评价所规定的限度之内。在这种适当引申出的古典自

[⑧] 詹姆斯·M. 布坎南:《自由的限度:在无政府状态与利维坦之间》,芝加哥:芝加哥大学出版社,1975年版。

由主义观念中,国家目标、社会利益、社会福利等词语是没有其位置的,或者说是没有意义的,当然,条件是,我们不用相互作用的个人之间真正的一致意见来界定这些词语。

我的建议直接适用于一国经济的内部结构,但相同的原则也很容易扩展至日益相互依赖的国际社会。利益驱动的各国公民和社团之间自愿交换的政治化,将减少国际关系中所有成员的经济福利和自由。对政治化干预的立宪制裁既应该运用于国内市场,也应该运用于国际市场。

四 社会主义之后,怎么办?

前面我提到了盛行社会主义的世纪的结束,提到了社会主义上帝的死亡。这些说法都基于我对本世纪历史的解读。对国家和政治的具有浪漫色彩的信仰,出现并流行于上个世纪末和20世纪,现在已不复存在,这种信仰一旦丧失,就很可能不会重新出现了。在上一部分,我力图概述后黑格尔时代可能出现的"好社会"的特征。但如前所述,这种规范结构仅仅是作为一组假说提出来的,对它们的检验是看人们能否就其中所蕴含的变革取得广泛一致的意见。

我的论点有两个互补要素,或者说是硬币的两面,每一个都是达成一致意见必不可少的。首先是必须就政治(其中包括官僚政治)的实际运行机制的相对无效率取得某种一致看法。必须摘掉具有浪漫色彩的眼罩;人们必须学会观察实际存在的普通政治,而不是把政治的所有参与者都设想为圣人。公共选择这门我一直与其联系在一起的新学科,做了大量工作来消除这种浪漫色彩,不过,直接观察那些手伸得过长的现代国家各部门的计划是如何失败的,或许要比任何一种科学证明有意义得多。

但光是消除浪漫形象是不够的,还必须伴之以理解和领会亚当·斯密所说的简单的天然自由制度,从而普遍乐于不打扰事物,听任经济以自己的方式运行,摆脱政治化的干预。我并不相信,现在已具备了构建"好社会"所需的这第二个要素。相反,我们现在虽然普遍怀疑普通的政治是否能高效率地做成什么事情,但与此同时,我们却似乎公开地不愿意让自愿达成一致意见和自愿联合的力量自由发挥作用。我们确实已不再相信社会主义上帝,但我们要走很长一段路才能重新相信古典经济学家所鼓吹的自由放任原则。

至少是我自己国家内公民们的整体态度,很容易被利益集团所利用,利益集团有自己现成的国家行动议事日程,旨在为自己带来极高的租金或利润。由于公众不愿意采用自由放任原则,不愿意借助于市场解决实际的或想象出来的问题,这些利益集团便可以随心所欲地限制自愿交换,由此而为其成员获得租金,同时减少国内和国际经济大家庭中其他成员的自由和经济福利。

保护主义和重商主义体制,即对国内和国际市场运行具体而完全任意的政治化干预,同社会主义的指导、计划和管理体制相比,对于前述社会秩序的建立来说,似乎是严重得多的威胁。两个世纪中,我们显然兜了一个圈子又回到了原处。当年亚当·斯密试图消除的那些制度障碍,目前在各个地方正死而复生,似乎是从历史的深处重又走来。到处都可以听到与当年相同的论点,无论

第二十章　组成社会的人类的潜能与限度

是支持的还是反对的。所以，你们这些经济学界以外的人士肯定认为，经济学的科学研究工作对我们如何安排事务，如何建构我们赖以在社会互动中生活的规则，影响微乎其微。

这种经验可以重复出现，证明了社会互动结构的公共人造性，我已指出，正是这个特征把人类科学和非人类科学区别了开来。而且，正如这种经验所表明的，这个特征还关系到科学家所起的说教作用。对物理学家而言，完全没有必要重复很久以前就使其同事相信某一定理是有效的那些论点。对于政治经济学家而言，亚当·斯密曾经提出的那些论点，是令人信服的，可我们却允许人工结构发生了改变。于是我们的工作又重新开始。

亚当·斯密之所以享有知识英雄的地位，是因为他最先证明了，对市场上自愿交换的政治化干预，既减少经济福利，也减少个人自由。但斯密自己仍很天真，觉得政府一旦明白保护主义和重商主义措施会造成广泛的危害，就会按原则行事，取消所有这样的限制。我们现在知道，运转中的政府绝不会做这种事情。它们只会对选民的利益作出反应，这种反应本身无可厚非。但在现有那些约束条件诱发的动态情形之中，利益的相互作用却必然导致出现各种保护主义限制模式。

当前，保护主义和重商主义体制似将成为正在一步步临近的世纪之交的特征。只要我们允许多数主义民主的普通政治在没有适当立宪约束的情况下运行，就无法逃脱保护主义和重商主义体制。我们已慢慢了解了利益集团政治。现在需要做的是，把一些原则纳入立宪结构之中，根据这些原则强加一些约束，阻止普通政治侵入市场交换。接受并积极支持贯彻这些原则的立宪结构改革,可能但并非一定要在某种程度上皈依新的公共利益道德本身。可以诱导个人和专业制造商集团的代表,为了他们自己的利益而支持广义的立宪约束。只要一个人作为专业制造商明白,禁止保护他或她的产业的立宪约束亦将扩展至所有产业,他或她就会认识到,这样的约束将增进而不是损害他或她的利益。若可以预期,一些利益集团能够在损害其他利益集团的情况下获得不公平的有利地位,那就必然会助长保护主义的和重商主义的趋势。如果这种预期被去除掉,保护主义和重商主义体制就必然崩塌。

21世纪的到来,无需受到一片叫喊之声的迎接,最好听不到人们呼喊着要求得到农业补贴、征收纺织品关税、限制汽车进口、实行汽车出租业特许经营、颁布租金管制法、实施最低工资条例、采取报复性反倾销措施,听不到人们呼喊着要求得到重商主义经济秩序以及其他各种各样的人们非常熟悉的现代变体。非政治化的经济秩序,无论是在一个民族国家的内部,还是在民族国家联盟的内部和之间,从政治和立宪上说都是有可能建立起来的。

五 潜能与限度

在结束本章的时候,我返回到它多少有些宏大的标题,"组成社会的人类的潜能与限度"。让我们用早先表达的感激之情净化一下知识界的气氛,即:若没有社会、法律和政治组织带来的利益,我们当中只有很少几个人现在能在这里。我们会生存不下去;假如我们被迫生活在几乎无法想象的霍布斯所说的无政府状态下,甚或生活在大部分人类历史所经历的部落组织之下,那么物质世

第二十章　组成社会的人类的潜能与限度

界只能养活其很微小的一部分人口。我们现在活在世上，靠的是这样一些人和力量的恩典，他们设计、建构、维持和确保了我们在其中生活、工作和游戏的秩序所需的各项制度。

18世纪我们跨过了一道门槛，明白了法制、私有财产的稳定、取消对私人选择的政治干预，会如何释放出蕴藏在每个人身上的企业家能量。由此诞生了现代时期。人类几近实现其社会组织潜能，不料社会主义幻想的出现使这一前景受到了威胁，并部分地受到了阻碍；现已证明，社会主义幻想建立在浪漫的向往之上，而不是建立在科学的理解之上。社会主义幻想的主要缺陷是未能认识到社会化组织的限度。我们无法逃脱由自然的和人类的约束所规定的可行性空间。如果愿望良好但被引入歧途的努力忽视这些约束，想要超出我们以社会方式能够做的事情的范围，那就会对国际社会关系中的所有人造成不可挽回的损害。

认识到这种限度以避免造成损害，同认识到在这种限度之内可以实现的潜能，一样重要。必须使民族国家和这些国家相互之间的联盟等政治组织，待在其潜在能力和可能性的疆界之内。在我们即将进入21世纪的时候，阻止政治化的手伸得过长，或许是我们的第一要务。利维坦式的国家是本世纪的最大特征。如果这头"怪兽"的成长不受到限制，其生产潜力不被用于确保秩序框架不受损害，使个人能在其内追求他们自己的潜能使他们能够实现的目标，那么我们就将打碎我们的所有梦想。

作者索引

（页码为原书页码，请参照正文中边码使用。）

Ackerman, Bruce A. 阿克曼,布鲁斯·A. ,51

Alchian, Armen 阿尔奇安,阿门, 8,126

Althusius, J. 阿尔色修斯,J. ,13

Arrow, Kenneth J. 阿罗,肯尼思 J. ,22,23,32,43,44

Axelrod, Robert 阿克塞尔罗德,罗伯特,191,199

Becker, Gary S. 贝克尔,加里 S. ,53

Bentley, Arthur 本特利,阿瑟,45

Bernholz, Peter 伯恩霍尔兹,彼得,89,95

Black Duncan 布莱克,邓肯,43,44

Brennan, Geoffrey, and J. M. Buchanan 布伦南,杰弗里和詹姆斯·M. 布坎南,15,41,44,56, 75,78,140,246

Buchanan, James, M. 布坎南,詹姆斯 M. ,3,19,22,25,26,29,31, 33,43,51,53,56,61,62,69,70, 75,81,84,89,91,92,95,100, 109,113,114,125,126,135,160, 170,172,179,184,189,195,199, 203,217,220,225,226,231,239, 243,247

Buchanan, J. M. , and Roger Faith 布坎南,J. M. 和罗杰·费思,205

Buchanan, J. M. , and Dwight R. Lee 布坎南,J. M. 和德怀特·R. 李,144

Buchanan, J. M. , and W. C. Stubblebine 布坎南,J. M. 和 W. C. 斯塔布尔宾,75,172,182

Buchanan, J. M. , and Robert D. Tollison 布坎南,J. M. 和罗伯特·D. 托利森,207

Buchanan, J. M. , R. D. Tollison, and G. Tullock 布坎南,J. M. ,R. D. 托利森和 G. 塔洛克,55

作 者 索 引

Buchanan, J. M. , and Gordon Tullock 布坎南, J. M. 和戈登·塔洛克, 8, 14, 25, 26, 39, 43, 46, 115, 138, 221, 242

Buchanan, J. M. , and Viktor Vanberg 布坎南, J. M. 和维克托·范伯格, 51, 67, 137

Cannan, Edwin 坎南, 埃德温, 117
Coase, Ronald H. 科斯, 罗纳德 H. , 第6章, 67—75, 109, 110, 117—118, 170, 210
Coleman, Jules L. 科尔曼, 朱尔斯 L. , 60
Congleton, Roger 康格尔顿, 罗杰, 161
Cornes, R. 科纳斯, R. , 70

Dahl, Robert A. 达尔, 罗伯特 A. , 153
Demsetz, H. 德姆塞茨, H. , 69
Downs, Anthony 唐斯, 安东尼, 43, 44, 137

Elster, Jon 埃尔斯特, 乔恩, 5, 94
Epstein, Richard 爱泼斯坦, 理查德, 86—87
Ethier, W. J. 埃塞尔, W. J. , 177

Fishkin, James S. 费希金, 詹姆斯 S. , 51, 59
Friedman, Milton 弗里德曼, 米尔顿, 30

Gauthier, David 戈塞尔, 戴维, 51, 58, 59, 161, 185, 192, 195—213, 232—235, 238
Gray, John 格雷, 约翰, 122, 125

Habermas, Jürgen 哈贝马斯, 尤尔根, 51, 52, 59, 60, 61, 62
Hardin, Russell 哈丁, 罗素, 125
Harsanyi, John 哈森伊, 约翰, 14, 26, 48
Hayek, F. A. 哈耶克, F. A. , 54, 56, 100, 114, 174, 189, 190, 196, 199, 212, 220, 233, 237, 238
Hegel, Georg W. F. 黑格尔, 格奥尔格·W. F. , 7, 35, 45, 245, 248
Hobbes, Thomas 霍布斯, 托马斯, 13, 64, 195, 203—204, 212, 231, 235, 238, 250
Hume, David 休谟, 大卫, 191, 192, 195, 212, 232, 234, 236
Hutt, William H. 赫特, 威廉 H. , 91, 107, 109—123

Jasay, Anthony de 雅塞, 安东尼·德, 245
Jevons, W. S. 杰文斯, W. S. , 111

Kaldor, N. 卡尔多, N., 168

Kant, Immanuel 康德, 伊曼纽尔, 232

Kaufman, W. 考夫曼, W., 16

Keynes, John M. 凯恩斯, 约翰·M., 34, 40, 93

Kerzner, Israel 柯兹纳, 伊斯雷尔, 218, 220

Kliemt, Hartmut 克利姆特, 哈特穆特, 78, 179

Knight, Frank H. 奈特, 弗兰克 H., 20, 21, 36, 109, 186

Levy, David 列维, 戴维, 144, 148, 174, 209

Lindblom, Charles E. 林德布洛姆, 查尔斯·E., 153

Locke, John 洛克, 约翰, 13, 205—207

McClennan, Edward F. 麦克伦南, 爱德华·F., 57

McKenzie, Richard B. 麦肯齐, 理查德·B., 3

Madison, James 麦迪逊, 詹姆斯, 47, 48, 49, 137, 147, 149, 156, 236

Manne, H. G. 曼内, H. G., 68

Marshall, John 马歇尔, 约翰, 176

Marx, Karl 马克思, 卡尔, 11, 108

Meade, J. E. 米德, J. E., 75

Mill, John Stuart 密尔, 约翰·斯图尔特, 111, 112

Mishan, E. J. 米珊, E. J., 69, 71, 72

Mueller, Dennis 穆勒, 丹尼斯, 197

Nozick, Robert 诺齐克, 罗伯特, 35, 205, 212

Olson, Mancur 奥尔森, 曼库尔, 107, 117

Ortega y Gasset, José 奥尔特加·y.加塞特, 何塞, 16

Page, Talbot 佩奇, 塔尔波特, 52

Passmore, John 帕斯莫尔, 约翰, 238

Pigou, A. C. 庇古, A. C., 68—71, 74, 75, 118

Plant, Arnold 普兰特, 阿诺德, 117

Plato 柏拉图, 7, 225, 228, 229

Rae, Douglas 雷, 道格拉斯, 221, 222

Rawls, John 罗尔斯, 约翰, 14, 26, 48, 51, 54, 55, 58, 122, 138, 207, 208, 212, 242

Ricardo, D. 里卡多, D., 11

Robbins, Lionel 罗宾斯, 莱昂内尔, 30, 38

作者索引

Rowley, Charles 罗利, 查尔斯, 198

Sandler, T. 桑德勒, T., 70
Samuelson, P. A. 萨缪尔森, P. A., 6
Scalia, Antonin 斯卡利亚, 安东尼, 86—87
Schelling, Thomas 谢林, 托马斯, 5, 94
Schumpeter, Joseph 熊彼特, 约瑟夫, 43
Sen, Amartya 森, 阿马蒂亚·K., 7, 122
Shackle, George 沙克尔, 乔治 L. S., 217—220, 226
Shefrin, H. M. 谢夫林, H. M., 5
Smith, Adam 斯密, 亚当, 11, 12, 13, 19, 20, 21, 22, 25, 27, 35, 112, 120, 264, 165, 167, 175, 176, 205, 208, 209, 212, 236, 248, 249
Sowell, Thomas 索维尔, 托马斯, 63, 238
Spinoza, B. 斯宾诺莎, B., 13
Sugden, Robert 苏格登, 罗伯特, 191

Thaler, Richard 泰勒, 理查德, 5, 94
Thompson, Earl 汤普森, 厄尔, 147

Tullock, Gordon 塔洛克, 戈登, 76, 137

Ullman-Margalit, E. 乌尔曼—玛格丽特, E., 199
Usher, Dan 厄舍, 丹, 41

Vanberg, Viktor 范伯格, 维克托, 62, 69
Vanberg, Viktor and J. M. Buchanan 范伯格, 维克托和 J. M. 布坎南, 58, 138
Vassilakis, S. 瓦西拉斯基, S., 167
Vaughn, Karen I. 沃恩, 卡伦·I., 62
Vining, Rutledge 维宁, 拉特利奇, 41, 46, 91
Von Humboldt, Wilhelm 冯·洪堡, 威廉, 236
Von Mises, Ludwing 冯·米塞斯, 路德维希, 220

Weitzmann, Martin 魏茨曼, 马丁, 163, 167
Wicksell, Knut 威克塞尔, 克努特, 38, 45, 46, 47, 109, 110, 113—115, 117, 118

Yough, Allyn 扬, 阿林, 167

名 词 索 引

（页码为原书页码，请参照正文中边码使用。）

Agreement as criterion for reform 作为改革标准的协议, 114—115

Anarchy as order 作为秩序形式的无政府状态, 234

Calculus of consent 同意的计算, 第四章, 43—49

Catallactics 交换学, 31

Catallaxy 交换制度, 31

Central planning 中央计划, 35

Choice 选择

    among constraints 在约束当中进行选择, 5

    as creative 创造性的选择, 218

    as imaginative 想象的选择, 219

    as reactive 回应性的选择, 218

    within rules 在规则之内进行选择, 23—24

    and scarcity 选择与稀缺性, 30—33

    as self-creative 作为自我创造的选择, 226

Classical economics 古典经济学, 11—13

Classical liberalism 古典自由主义, 119—123, 第十一章, 125—135

Collective choice 集体选择, 7

Communitarianism 社群主义, 14

Competitive equilibrium 竞争性均衡, 32, 164

Compliance 服从, 57

Comflict versus cooperation 冲突与合作, 9

Constant returns and specialization 固定回报与专业化, 166—169

Constitution 宪法

    and fiscal rules 宪法与财政规则, 93—95

    and regulation 宪法与管制, 92—93

Constitutional choice 立宪选择, 47

    interests and theme 立宪选择、

名词索引

利益与主题,第五章,51—64

and large-numbers 立宪选择与人数众多的情形,153—155

and leadership 立宪选择与领导,第十二章,137—150

Constitutional constructivism 宪法建构主义,134—136

Constitutional design 宪法设计,241—143

Coustitutional economics 宪法经济学,第一章,3—18

 distinguished from orthodox economics 与传统经济学不同的宪法经济学,4

Constitutional interpretation, and contra-ctarianism 宪法解释与契约论,第七章,81—87

Constitutional politics 宪法政治学,9—11

Constitutional revaluation 宪法的重估,第八章,89—97

Constitutional rules 宪法规则,39

Constraints as objects of choice 作为选择目标的约束,5,231

Construct theory 建构理论,12—13

Constructivism, moral and constitutional 道德与宪法建构主义,232—236

Consumers' sovereignty 消费者主权,112

Contractarian political philosophy 契约论政治哲学,12—13

Contractarianism 契约论

 and classical liberalism 与古典自由主义,第十一章,125—135

 and constitutionalism 与宪政,第七章,81—87

 as foundation for economics 作为经济学的基础,38—39

Cooperation 合作

 and conflict 与冲突,9

 and definition of community 与共同体的界定,196—199

 and disposition 与配置,233

 and optimality 与最优化,197—199

 and rational choice 与理性选择,第十六章,195—213

 and sharing of surplus 与分享盈余,204—209

Cost 成本

 private and social 私人与社会成本,68

 transaction 交易成本,68—69

Creative choice 创造性的选择,218

Cultural evaluation 文化评估,40页的注释

Democracy 民主,16

and justification 民主与合法化,44

Dialogue 对话
 and agreement 对话与协议,51
 in constitutional choice 立宪选择中的对话,58—63

Distribution 分配
 and economic reform 分配与经济改革,105—106
 in politics 政治中的分配,10

Division of labor and extent of market 劳动分工与市场的范围,164

Economic order 经济秩序,21—24
Economic principle 经济原则,30
Economic reform 经济改革,第九章,99—108
Economics 经济学
 constitutional 宪法经济学,3
 and ethics 经济学与伦理学,第十五章,179—193
 of property rights 产权经济学,8
 of self-control 自我控制的经济学分析,5
 of temptation 诱惑的经济学分析,94

Economy 经济制度
 as constitutional order 作为宪法秩序的经济制度,第三章,29—41,90—92
 as order 作为秩序的经济制度,第三章,29—41

Elitism 精英主义,228
Entitlements and reform 权利与改革,103
Entrepreneurship 企业家精神,220
Equilibrium 均衡
 competitive 竞争性均衡,32页注释,164
 and core 均衡与核心,32页注释
 in exchange 交换中的均衡,32
 natural 自然均衡,203

Ethic of work 工作的伦理,第十四章,159—178
Ethics 伦理学
 in constitutional choice 宪法选择中的伦理学,第十三章,153—157
 and economic interdependence 伦理学与经济上的相互依赖,161—162
 and economics 伦理学与经济学,第十五章,179—193
 and evaluation 伦理学与评估,189—193
 and externality 伦理学与外部性,169—175
 and interdependence 伦理学与相互依赖,180—185

and legal constraints 伦理学与法律约束,179
Evaluation 评估
　cultural 文化评估,40页注释
　of morals 道德的评估,189-193
Excess burden 过度的负担,95
Exchange 交易
　and economics 交易与经济学,31
　as perspective in economics 经济学中的以交易为视角
　in politics 政治中的交易,83-84
　as process 作为过程的交易,31
Expressive voting 表达性的投票,140页注释
External economics 外部性经济学,166-169
Externality 外部性
　in civil order 市民秩序中的外部性,235
　and ethics 外部性与伦理学,169-175
　fiscal 财政外部性,160-61
　and increasing returns 外部性与回报递增,166-169
　interal and external 内部外部性与外部外部性,67
　and majority voting 外部性与多数人投票,71-79

and morals 外部性与道德,210-211
　pecuniary 金钱外部性,210
　relevance and irrelevance 相关的外部性与非相关的外部性,180-185
　technological 技术的外部性,210

Fact-value distinction 事实/价值之分,17
Fairness in rules 规则的公平性,59,140页注释
Fiscal constitution 财政宪法,93-95
Functions of an economy 经济制度的功能,20-21

Gains-from-trade and role of economists 交易收益与经济学家的作用,第十章,109-123
Game theory and economics 博弈论与经济学,31-32

Idealism in politics 政治中的理想主义,45,224-225
Imagination 想象,17
Increasing returns 回报递增
　and competitive equilibrium 与竞争性均衡,166-169

and specialization 与专业化,166—169

Individualism 个人主义,8
 epistemic 认识论个人主义,221—227
 normative 规范个人主义,82—83,第十八章,221—229

Individuals as sovereigns 作为主权者的个人,227

Interests in constitutional choice 立宪选择中的利益,第五章,51—64

Investment in moral suasion 道德劝诫方面的投资,185—189

Justice 正义
 commutative and distributive 交换正义与分配正义,245
 of natural liberty 自然自由的正义,206
 as objective 作为目标的正义,245

Justification for democracy 民主的正当化,44

Labor supply and externality 劳动供给与外部性,166—169

Laissez-faire 自由放任,34—38

Laws and institutions 法律与制度,27

Leadership in constitutional choice 宪法选择中的领导,第十二章,137—150

Legitimacy of economic order 经济秩序的正当性,26

Liberalism, classical 古典自由主义,119—123,第十一章,125—135

Liberty, natural 自然自由,27

Limits to science 科学的界限,240—241

Macroeconomics 宏观经济学,33—34

Majority rule 多数派规则,46
 and externality 多数派规则与外部性,71—79

Market as moral force 作为道德力量的市场,208—211

Market failure 市场失灵,第六章,67—79

Market size and specialization 市场规模与专业化,164

Maximization 最大化,30—33

Meddlesome preferences 进行干预的偏好,7,223

Merit goods 公益品,7

Methodological individualism 方法论个人主义,8,14

Monetary constitution 货币制度,第八章,89—97

Monetary rules 货币规则,95－96
Morel constructivism and self-interest 道德建构主义与自利,232
Morality in market 市场中的道德性,208－211

Natural equilibrium 自然均衡,203
Naturalistic fallacy 自然主义的谬论,17
Normative evaluation 规范的评价,26
Normative individualism 规范个人主义,82－83,第十八章,221－229

Objective function for economy 经济制度的客观功能,25
Optimality of competitive equilibrium 竞争性均衡的最优化,164
Order 秩序
　without design 非有意设计的秩序,190
　economic 经济秩序,21－24
　as emergent 自然产生的秩序,22
　in structure 结构中的秩序,23－24

Paternalism 家长主义,223－224
Perception 感觉,17
Politicization of market failure 市场失灵的政治化,第六章,67－79
Politics and distributive justice 政治与分配正义,245－246
　as exchange 政治与作为交换的分配正义,43,45－49,83－84
Prisoners' Dilemma 囚徒困境,94,180－185,197－199,233
　and optimality 囚徒困境与最优化,197－199
Property rights 财产权,8
　economics 产权经济学,126
Public choice 公共选择
　and constitutional tules 公共选择与宪法规则,236
　perspective 公共选择视角,43
Punishment dilemma 惩罚的困境,203

Rational choice 理性选择,15
　and cooperation 理性选择与合作,第十六章,195－213
　and retribution 理性选择与惩罚,201－203
Rational deference 理性服从,137
Rational ignorance 理性无知,137
Rationality as postulate 假设的理性,15
Rational leadership 理性的领导,142－143
Rectification 矫正,206－207

Reform 改革
　　economic 经济改革,第九章,99—108
　　and trade restrictions 改革与交易的限制,113—123
Regulatory constitution 管制性的宪法,92—93
Renegotiation of contract 重新议定契约,57
Rent-seeking 寻租,55
Retribution as rational choice 作为理性选择的惩罚,201—203
Rights and reform 权利与改革,103
Rule of law 法治,246
Rules 规则
　　constitutional 宪法规则,39
　　and fairness 规则与公平性,140页注释
　　and judicial interpretation 规则与司法解释,85—86
　　of monetary order 货币秩序的规则,95—96
　　as obejects of choice 目标选择的规则,46
　　in politics 政治活动中的规则,84—85
　　of regulation 管制的规则,92—93
　　and structure 规则与结构,23—24

Samaritan's dilemma 撒玛利亚人的困境,203
Scarcity and choice 稀缺性与选择,30—33
Science limits 科学的界限,240—241
Self-control, economics of 自我控制的经济学分析,5,94
Self-interest and public interest 自利与公共利益,48
Slavery and contractarian construction 奴隶制与契约论解释,204—205
Social choice 社会选择,7,22,38—39
Social contract 社会契约,12—13
Social cost 社会成本,68
Social engineering 社会工程学,240
Socialism 社会主义,34—38
　　and after 社会主义以及其后,247—249
　　scientific 科学社会主义,224
Social norms 社会规范,193
Sovereignty of individuals 个人主权,227
Specialization 专业化
　　and gains-from-trade 专业化与

交易收益,165
and increasing returns 专业化与回报递增,166—69
Spontaneous order 自发秩序,190
Structure of economy 经济制度的结构,第二章,19—28
Subjectivism 主观主义,25,225—227

Team production 团队生产,160—161
Teleological order of economy 经济制度的目的论秩序,29
Transactions cost 交易成本,68—69

Unanimity 全体一致
　as criterion 作为判断标准的全体一致,45—46
　and majority voting 全体一致与多数派投票,46
Utilitarian foundations for economics 经济学的功利主义基础,38—39
Utilitarianism as basis for choice 作为选择之基础的功利主义,222

Veil of ignorance 无知之幕,48
　and interests 无知之幕与利益,54—58
Veil of uncertainty 不确定性之幕,48

Welfare politics and constitutional 福利政治学与宪法变革,96—97
Welfare state 福利国家,245—246
Work ethic 工作伦理,第十四章,159—178
　and work supply externality 工作伦理与工作供给的外部性,169—175
Work-leisure choice and externality 工作/休闲选择与外部性,166—169

编 辑 说 明

本书前言、第一、二、三、四、五、十七、十八、十九、二十章由朱泱翻译,第六、七、八、九、十、十一、十二章以及索引部分由毕洪海翻译,第十三、十四、十五、十六章由李广乾翻译。全书译文由毕洪海统一调整。